国家一流专业建设系列教材

U0674213

税务会计

蔡艳芳 程芙蓉 ◎ 主　编
刘晓霞 解国芳 ◎ 副主编

中国财经出版传媒集团

经济科学出版社
Economic Science Press

·北 京·

图书在版编目（CIP）数据

税务会计 / 蔡艳芳，程芙蓉主编 . -- 北京：经济
科学出版社，2025.2. -- （国家一流专业建设系列教
材）. -- ISBN 978 - 7 - 5218 - 6395 - 6

Ⅰ. F810.62

中国国家版本馆 CIP 数据核字第 2024ZE4850 号

责任编辑：凌　　敏
责任校对：王肖楠
责任印制：张佳裕

税务会计

蔡艳芳　程芙蓉　主　编
刘晓霞　解国芳　副主编

经济科学出版社出版、发行　新华书店经销
社址：北京市海淀区阜成路甲 28 号　邮编：100142
教材分社电话：010 - 88191343　发行部电话：010 - 88191522
网址：www. esp. com. cn
电子邮箱：lingmin@ esp. com. cn
天猫网店：经济科学出版社旗舰店
网址：http://jjkxcbs. tmall. com
北京密兴印刷有限公司印装
787 × 1092　16 开　18.75 印张　400000 字
2025 年 2 月第 1 版　2025 年 2 月第 1 次印刷
ISBN 978 - 7 - 5218 - 6395 - 6　定价：62.00 元
（图书出现印装问题，本社负责调换。电话：010 - 88191545）
（版权所有　侵权必究　打击盗版　举报热线：010 - 88191661
QQ：2242791300　营销中心电话：010 - 88191537
电子邮箱：dbts@ esp. com. cn）

总　序

武汉纺织大学会计学院是学校重点建设的特色学院，是中国会计学会理事单位、湖北省会计学会副会长单位、湖北省纺织产业发展研究会秘书依托单位、湖北省建设工程标准定额管理总站重点联系单位，与英国特许会计师公会、美国注册管理会计师协会联合开展本科及硕士阶段教育。学院以人才培养为中心，遵循"勇担当、精理论、重实践、能创新"的人才培养理念，立足湖北，面向华中地区，培养既具备扎实专业理论知识和实务技能，又具备国际视野和企业财务分析、财务管理与决策能力的高素质应用型创新人才，致力于将会计学、财务管理专业建设成"中部引领、国内示范"的高质量本科品牌专业。自2020年以来，会计学、财务管理专业先后获批国家一流本科专业建设点，2021年获批教育部首批新文科建设项目。近年来，学院凝练出的教学成果先后获湖北省教学成果一等奖2项。

树立成果导向的教育理念，培养高素质应用型人才已经成为国内外高等教育改革的主流。在会计高等教育改革中，教材体系是否能够科学完整地反映出会计、财务管理学科中各主要分支学科之间相互联系、相互制约的特点，能否适应国内外会计学科的发展现状与未来趋势显得尤为重要。为及时反映与跟踪国内外会计、财务管理领域出现的重大变化，武汉纺织大学会计学院组织业务能力强、教学实践经验丰富的教师团队撰写了本套"国家一流专业建设系列教材"。该套教材包括《会计学原理》《中级财务会计》《财务管理》《管理会计学》《高级财务管理》《成本会计》《会计信息系统》《审计学》《税务会计》等专业主干课程的教科书。

本套系列教材具有以下特点：

一是科学性。本套系列教材以马克思主义经济学及现代管理学为指导，在深入阐明会计、财务管理等学科基本理论的基础上，展开对企业等经济活动主体具体业务的探讨。尤其是在阐明各种会计方法、技术和手段时，既注重从理论上进行解释，也注重案例分析与实务操作。

二是系统性。本套系列教材立足对企业经营活动作逻辑性的系统处理，对课程及教材之间的相关性进行充分论证，最大限度降低教材之间的重叠，较好实现了教材内容之间的合理划分与关联性对接。

三是实用性。本套系列教材在力求构建理论框架的同时，紧贴当代经济活动，着重通过实例对专业知识点进行阐述，以方便学生理解、掌握或应用，体现出鲜明的时代特征。

四是前瞻性。本套系列教材在一定程度上把握住了精品教材的创新力度，对相关原理的引入，吸收了会计、财务管理及相关交叉领域前沿的学术研究成果。

本套系列教材适用于普通高等学校的会计和财务管理专业教育，也可作为财会实务工作者的学习参考用书。我相信这套教材不仅将受到会计专业学生的欢迎，而且也能得到实际工作部门的好评，成为实际工作者的必读参考书。

李青原

教育部"长江学者奖励计划"特聘教授（2021）

2023 年 11 月

前　言

随着我国税制改革的不断推进，税务会计作为企业会计的一个重要分支，其地位和作用日益凸显。我们根据应用型大学的定位和新时期对财税工作者的特定要求，在研究税务会计理论和实务的基础上，参考国内外同类优秀教材，编写具有自身特色的税务会计教材，以满足教学的需要。

本教材共分为七章，第一章介绍税务会计的概念和基本原理；第二章至第五章分别介绍增值税、消费税、企业所得税和个人所得税会计；第六章介绍财产和行为税会计；第七章介绍剩余的四个税种会计。在介绍实体税种时，根据最新的税收法规和会计准则的要求分别从税制要素、会计核算和纳税申报三个模块具体展开。同时每章均附

思考与练习答案

有思考与练习题并提供答案，便于学生学完每一章后复习、巩固所学内容。本教材在编写的过程中突出了以下特点：

第一，融入思政元素，实现教材思政与课程思政有机结合。本教材根据每一章的内容，提出了与该章内容相关的课程思政目标，以便在传授税务会计知识的同时实现对学生价值观的引导，实现知识传授、价值创造和能力培养的多元统一。

第二，案例丰富，实用性强。针对税务会计的课程特点，本教材对各实体法应纳税额的计算、会计核算和纳税申报设计了详细的例题讲解，以帮助学生对相关知识点的理解，达到更好地掌握和运用税收法律法规和企业会计准则的目的。

第三，应用数字技术，打造新型教材。我国税收政策、会计政策不断变化，给企业涉税会计问题带来了很大的影响。本教材根据最新的税收政策和会计政策编写，并通过二维码链接的形式补充大量的税收政策和会计法规，以供参阅。

本教材可以作为会计专业本科生、研究生学习用书，也可以作为会计实务工作者以及对税务会计感兴趣人士的学习参考书。

本教材由武汉纺织大学蔡艳芳和程芙蓉主编，负责全书写作大纲拟定和编写的组织工作，并对全书进行了总纂。具体编写分工如下：第一章和第二章由蔡艳芳编写；第三章由解国芳编写；第四章由程芙蓉编写；第五章由刘晓霞编写；第六章和第七章由李国心、程芙蓉、蔡艳芳和蒋炳蔚共同编写。

本教材在编写过程中，得到了经济科学出版社领导及编辑的大力支持和热心帮助，

同时也参考借鉴了本学科相关教材和著作，在此一并表示衷心的感谢！

由于编者的水平有限，加上编写时间仓促，书中难免有疏漏之处，恳请广大读者和同行提出宝贵意见，以便修订、再版时更正。

编　者
2025 年 1 月

目 录

第一章　税务会计总论

【学习目标】

通过本章学习，了解税务会计的基本概念和税法的构成要素，理解税务会计的基本假设、核算对象和核算方法等，掌握税务会计的会计处理程序和科目设置。

【思政目标】

通过学习税务会计的基础知识，使学生认识到税收是国家取得财政收入的重要工具，也是国家调控经济、维护政权稳定的重要手段；培养学生的法治观念，使其自觉树立依法纳税的价值理念，遵守税法规定，履行纳税义务；引导学生关注国家税收政策和税收制度的变革，理解税收在国家发展和社会进步中的重要作用，培养学生的家国情怀和担当精神，使其能够积极投身到国家建设和发展中去，为实现中华民族伟大复兴的中国梦贡献自己的力量。

第一节　税务会计概述

一、税务会计的产生

税务会计是社会经济发展到一定阶段后从传统的财务会计中分离出来的，融合税收法律和会计核算为一体的专业会计。随着国家的产生，税收应运而生，作为税款的缴纳者，必然会关心自己的纳税负担，自然就产生了对涉税业务进行计量和记录的需求。但在很长一段历史时期，社会生产力水平低下，税收制度不完善，纳税人涉税的原始记录和计量没有形成规范的体系。随着 19 世纪末 20 世纪初现代所得税的产生，各国税收逐步走上法制化轨道，社会也从自给自足的自然经济逐步走向工业经济，税务会计的产生也就逐步具备了经济、法律等环境。

在税务会计的产生和发展历程中，现代所得税法对其影响最大，企业所得税涉及企业的筹资、投资、经营等各环节，涉及收入、成本、费用等会计核算的各方面。而增值税的产生和不断完善，对税务会计的发展起了重要的促进作用，增值税要核算其增值额，这就要求企业在会计凭证、会计账簿的设置、记录上分别反映收入的形成和物化劳动的转移价值及转移价值中所包括的已纳税款，这样才能正确计算其应纳增值税额。在此背景下，税务会计有必要从传统会计中独立出来，以充分发挥现代会计的功能。随着税收制度的改革，税务会计的功能越来越复杂，在企业中的地位越来越重要，以至于现在越来越多的人承认，税务会计与财务会计、管理会计构成会计学科的三大分支。可以说，现代企业会计形成了以财务会计为核心，以税务会计和管理会计为两翼的企业会计体系。

税务会计是以纳税人为会计主体，以货币为主要计量单位，依据国家现行的税收法规，运用会计基本理论和方法，对企业资金运动中有关涉税的内容进行连续、系统、全面的核算与反映，目的在于使纳税人在遵守税法或不违反税法的前提下，及时、准确地缴纳税款并向税务部门提供涉税信息的会计学科。税务会计是为了专门适应纳税人的需要，将会计的基本理论、方法与纳税活动相结合形成的一门边缘学科。

二、税收和税制构成要素

(一) 税收与税法

1. 税收。税收是政府为了满足社会公共需要，凭借政治权力，强制、无偿地取得财政收入的一种形式。与其他财政收入形式相比，税收具有以下基本特征：

（1）强制性。国家凭借其公共权力以法律形式对税收征纳双方的权利与义务进行制约，既不是由纳税主体按照个人意志自愿缴纳，也不是按照征税主体的意愿随意征税，而是按照法律进行征税。

（2）无偿性。国家征税后，税款就成为国家的财政收入，由国家统一管理与分配，不直接向具体的纳税人返还或支付报酬。

（3）固定性。税收是以法律形式存在的，国家征税前预先对纳税人、纳税对象、税目、税率、应纳税额、纳税期限、纳税地点等作出具体规定，使得税收收入在一定时期内相对连续和稳定。

2. 税法。税法是指用以调整国家与纳税人之间在征纳税方面的权利及义务关系的法律规范的总称，它构建了国家及纳税人依法征税、依法纳税的行为准则体系，其目的是保障国家利益和纳税人的合法权益，维护正常的税收秩序，保证国家的财政收入。税法体现为法律这一规范形式，是税收制度的核心内容。税收制度是在税收分配活动中税收征纳双方所应遵守的行为规范的总和。其内容主要包括各税种的法律法规以及为了保证这些税法得以实施的税收征管制度和税收管理体制。税务会计应以税法为准绳，在遵从或不违反税法的前提下，履行纳税义务，寻求纳税利益。

(二) 税制要素

税收制度是由有权的国家机关制定的有关调整税收分配过程中形成的权利义务关

系的法律规范的总和。税收制度构成要素是指各单行税种具有的共同的基本要素，主要包括纳税人、征税对象、税目、税率、纳税环节、纳税地点、纳税期限、减免税等。

1. 纳税人，即纳税义务人。税法规定直接负有纳税义务并享有纳税人权利的单位和个人，包括法人和自然人。与纳税人紧密联系的还有扣缴义务人，即税收法律、行政法规明确规定负有扣缴义务的单位和个人。扣缴义务人在支付或收取款项时，代税务机关向负有纳税义务的单位和个人扣留或收取并缴纳税款。

2. 征税对象。也称征税客体，是征纳双方权利和义务共同指向的客体或标的物，是区别一种税与另一种税的主要标志。它体现不同税种征税的最基本界限，决定不同税种名称及税种性质。

3. 税目。征税对象的具体化，反映具体的征税范围，体现每个税种的征收广度。不是所有的税种都规定税目，只是对有些税种课税对象比较复杂，才需要设置税目。

4. 税率。应纳税额与计税依据之间的关系或比例，是计算应纳税额的尺度，体现征税的深度。税率的基本形式有比例税率、累进税率和定额税率。

5. 纳税环节。税法规定的征税对象在从生产到消费的流转过程中应当缴纳税款的环节。不同税种的纳税环节是不一样的，有的税种纳税环节单一，有的税种则需要在多个环节中选择和确定。

6. 纳税地点。根据各个纳税对象的纳税环节和有利于对税款的源泉进行控制而规定的纳税人的具体纳税地点。

7. 纳税期限。纳税人按照规定缴纳税款的期限，有按年、按期和按次纳税之分。

8. 减免税。国家对特定纳税人或征税对象给予减轻或免除税收负担的一种税收优惠措施，包括税基式减免、税率式减免和税额式减免三种具体形式。

三、纳税人、扣缴义务人的权利与义务

（一）纳税人、扣缴义务人的权利

1. 纳税人、扣缴义务人有权向税务机关了解国家税收法律、行政法规的规定以及与纳税程序有关的情况。

2. 纳税人、扣缴义务人有权要求税务机关为纳税人、扣缴义务人的情况保密。税务机关应当为纳税人的情况保密。

3. 纳税人依法享有申请减税、免税、退税的权利。

4. 纳税人、扣缴义务人对税务机关所作出的决定，享有陈述权、申辩权，依法享有申请行政复议、提起行政诉讼、请求国家赔偿等权利。

5. 纳税人、扣缴义务人有权控告和检举税务机关、税务人员的违法违纪行为。

（二）纳税人、扣缴义务人的义务

1. 纳税人、扣缴义务人必须依照法律、行政法规的规定缴纳税款、代扣代缴、代收代缴税款。

2. 纳税人、扣缴义务人和其他有关单位应当按照国家有关规定如实向税务机关提供与纳税和代扣代缴税款有关的信息。

3. 纳税人、扣缴义务人必须接受税务机关依法进行的税务检查。

第二节　税务会计的基本理论

一、税务会计的对象与目标

（一）税务会计对象

税务会计的对象是税务会计的客体，它是纳税人因纳税而引起的税款的形成、计算、缴纳、补退、罚款等经济活动以货币表现的资金运动。在各类经济活动中，凡是涉税事项都是税务会计的对象，主要包括以下几个方面：

1. 计税基础或计税依据。

（1）流转额（金额、数额）。流转额是企业在经营过程中的销售（购进）量、销售（购进）额等，它是各种流转税的计税依据，也是企业所得税的计税基础和前提。

（2）成本、费用额。成本、费用是企业在生产经营过程中的耗费和支出，包括生产过程中的生产费用和流通过程中的流通费用。成本、费用主要反映企业资金的垫支和耗费，是企业资金补偿的尺度。一定会计期间的成本、费用总额与同期经营收入总额相比，可以反映企业的生产经营成果。财务会计记录的成本、费用、支出额，按税法规定允许在税前扣除的部分是计算应纳税所得额的基础。

（3）利润额与收益额。财务会计核算的经营利润、投资收益等，都需要按税法规定调整、确认为应税利润和应税收益，它是正确计税的基础。

（4）财产额（金额、数额）。对各种财产税，如房产税、车船税等，需要在财务会计对各类资产确认、计量、记录的基础上，按税法规定的税种，正确确认应税财产金额或数额。

（5）行为计税额。对行为税（如印花税、车辆购置税），应以财务会计确认、记录的应税行为交易额或应税标准为课税依据。

2. 税款的计算与核算。按税法规定的各税种，在正确确认计税依据的基础上，计算各税种应纳税款，并作相应的会计处理。

3. 税款的缴纳、退补与减免。纳税人应按税法规定，根据会计相关法规，正确进行税款缴纳的会计处理。对多缴税款、按规定应该退回的税款或应该补缴的税款，要进行相应的会计处理。减税、免税是对某些纳税人的一些特殊情况特殊事项的特殊规定，体现了税收政策的灵活性和税收杠杆的调节作用。纳税人也要正确地对减免税款进行会计处理。

4. 税收滞纳金与罚款、罚金。纳税人因逾期缴纳税款或违反税法的规定而支付的各项税收滞纳金、罚款、罚金，也属于税务会计对象，应该如实记录和反映。

（二）税务会计目标

税务会计目标可以分为基本目标、最终目标和特定目标。

1. 基本目标是遵守或不违反税法，即达到税收遵从，从而降低税法遵从成本。

2. 最终目标是向税务会计信息使用者提供有助于其进行税务决策、实现最大涉税利益的会计信息。

3. 特定目标则是根据税务会计信息使用者的不同，提供具有决策相关性的信息：首先是各级税务机关，可以据此进行税款征收、监督、检查，并作为税收立法的主要依据；其次是企业的经营者、投资人、债权人等，可以从中了解企业纳税义务的履行情况和税收负担，并为其进行经营决策、投融资决策等提供涉税情况的会计信息；最后是社会公众，通过企业提供的税务会计报告，了解企业纳税义务的履行情况，对社会的贡献额、诚信度和社会责任感等。

对纳税主体来说，税务会计更看重的是其自身的税收利益。

二、税务会计基本前提

1. 纳税主体。纳税主体就是通常所称的纳税人或纳税义务人，即法律、行政法规规定负有纳税义务的单位和个人。纳税主体主要包括履行纳税义务的自然人、法人及其他组织。纳税主体与财务会计中的会计主体有一定的联系，但又有区别。在一般情况下，会计主体应是纳税主体。例如，某工业企业既是会计主体，又是纳税主体。但在某些特殊或特定情况下，会计主体不一定就是纳税主体，纳税主体也不一定就是会计主体。例如，合伙企业进行会计核算，是会计主体，但不是企业所得税的纳税主体，而是个人所得税和其他某些税的纳税主体；其他个人（指个体工商户以外的个人，即自然人）不进行会计核算，不是会计主体，而是纳税主体。

2. 持续经营。持续经营是指企业的生产经营活动将按照既定的目标持续下去，在可以预见的将来，不会面临破产清算。这是增值税税额留抵、企业所得税税款递延、亏损弥补、享受跨期的税收优惠、税收返还或退还的前提条件。

3. 货币时间价值。货币时间价值是指货币随着时间的推移而发生的增值。这一基本前提是税收立法、税收征管的基点。因此，各个税种都明确规定了纳税义务发生时间的确认、纳税期限、纳税申报期限、税款缴纳期限等。

4. 纳税年度。纳税年度是指纳税人按照税法规定缴纳税款的起止时间。根据我国税法规定，纳税年度自公历1月1日至12月31日止。如果纳税人在一个纳税年度的中间开业，或者由于合并、关闭等原因终止经营活动，使该纳税年度的实际经营期不足12个月的，应当以其实际经营期为一个纳税年度。企业清算时，应当以清算期间作为一个纳税年度。纳税年度不等于纳税期限。如增值税、消费税的纳税期限通常是按月纳税；企业所得税是按月或按季预缴，年度汇算清缴。

三、税务会计原则

1. 税法导向原则，也称税法遵从原则。税务会计应以税法为准绳，在财务会计确认、计量的基础上，再以税法为判断标准进行重新确认和计量，在遵从或不违反税法的前提下，履行纳税义务，寻求税收利益。该原则体现了"税法至上"，即对税务会计来说税法优先于会计法规等其他普通法规。

2. 以财务会计核算为基础原则。由于税务会计与财务会计的密切关系，税务会计一般应遵循各项财务会计准则。只有当某一事项按会计准则在财务报告日期确认以后，才能确认该事项按税法规定计量的应纳税款；依据会计准则在财务报表日期尚未确认的事项可能影响到当日已确认的其他事项的最终应纳税款，只有在根据会计准则确认导致征税效应的事项之后，才能确认这些征税效应，这一原则包含：

（1）对于已在财务报表中确认的全部事项的当期或递延税款，应确认为当期或递延所得税负债或资产；

（2）根据现行税法的规定计量某一事项的当期或递延应纳税款，以确定当期或未来年份应付或应退还的所得税金额；

（3）为确认和计量递延所得税负债或资产，不预期未来年份赚取的收益或发生的费用的应纳税款或已颁布税法、税率变更的未来执行情况。

3. 修正的应计制原则。由于收付实现制不符合会计准则的规定，一般不能用于财务报告目的，为更多地接受财务会计记录，降低税收征管成本，目前大多数国家的税法一般都接受应计制原则。当它被用于税务会计时，与财务会计上的应计制存在一些区别：首先，必须考虑支付能力原则，使纳税人在最有能力支付时支付税款；其次，确定性的需要，使得收入和费用的实际实现具有确定性；最后，保护政府财政税收收入。例如，企业所得税中，对于分期收款方式销售货物的，按照合同约定的收款日期确认收入的实现，就是兼顾了收付实现制的原则，使纳税义务发生时间与收取货款的时间基本保持一致。

4. 划分经营收益与资本收益的原则。在税务会计中，要严格地划分经营收益与资本收益，两者有着不同的纳税义务。（1）经营收益是指企业在日常经营活动中获得的收入，通常表现为现金流入或其他资产的增加或负债的减少，其内容包括主营业务收入和其他业务收入两个部分，其应纳税额一般按正常税率征。（2）资本收益是指在出售或交换税法规定的资本资产时所得的利益（如投资收益、出售或交换有价证券的收益等），其纳税标准具有许多不同于经营收益的特殊规定。因此，为了正确计算所得税，就需要划分两种不同的收益。

5. 配比原则，是财务会计的一般规范。（1）财务会计中的配比原则是要求某一会计期间的收入与其相关的费用相配比，以正确计算当期损益并据以进行收益分配。（2）税务会计的配比原则是指在进行所得税计算时，应按税法确定收入并界定同期可扣除费用，即纳税人发生的费用须在费用应配比或应分配的当期申报扣除。

6. 确定性原则，是指在所得税会计处理过程中，按所得税法的规定，在应税收入和可扣除费用的实际实现上应具有确定性，即纳税人可扣除的费用不论何时支付，其金额必须是确定的。该原则适用于所得税的税前扣除，凡税前扣除的费用，如财产损失等，必须是真实发生的，且其金额必须是可以确定的。

7. 合理性原则，是指纳税人可扣除费用的计算与分配方法应符合一般的经营常规和会计惯例。该原则属于定性原则而非定量原则，具有较大的弹性。对同一交易事项的认定和会计处理，征纳双方角度不同、利益不同，对是否合理有不同的解释。税务会计信息应该具有"合理性"的充分说服力。

8. 控制税务风险原则。企业的税务风险是指企业的涉税行为未能正确有效地遵守税法规定而导致企业多交税或少交税的可能性。税务会计在进行涉税会计处理时，应严格遵循税法规定，建立相应的风险管理机制，降低税务风险的产生。

第三节　税务会计处理程序和科目设置

一、税务会计处理程序

税务会计信息的生成过程分为四个程序，即确认、计量、记录和申报（报表）。税务会计处理程序应以税法为规范标准，即税务会计的每个处理程序都必须以税法为准。

税务会计确认是将符合税务会计要素定义和税法规定标准的项目纳入有关申报表的过程。其确认标准具体体现在税收各个实体法中，比如企业所得税会计对应税收入确认的原则，一般也要遵循财务会计对收入确认的原则，如权责发生制原则和实质重于形式原则，但同时还要符合税收原则。企业在对应税收入进行确认时，应遵循以下原则：一是与应税行为相联系，即发生应税行为才能产生应税收入；二是与某一具体税种相关。

税务会计计量是指为了在有关纳税申报表中列示税务会计要素而确定其金额的过程。其计量单位、计量属性也由税收的各个实体法予以规定。税务会计计量属性通常以历史成本为主，以重置成本、现行市价为补充，在特定情况下采用公允价值。

目前，我国财务会计与税务会计是"一套账"，即在会计记录环节，两者是结合的，所用会计科目名称一般都可以按会计准则的规定来设置。但所记录的金额应按以下情况处理：若税法与会计准则规定的涉税事项处理无差异，则会计记录没有选择问题，同时符合两者要求。若税法与会计准则规定的涉税事项处理有差异，则有两种选择：一是遵循各自的法规规定，即税务会计根据税法规定，在确认计量税额负债的基础上，进行会计记录；财务会计根据会计准则规定，在确认计量涉税事项影响资产、成本、费用的基础上，进行会计记录；借贷方差额以"递延税款"或"递延所得税资产（负债）"等反映。二是服从税法，即按税法规定在确认、计量、记录税额负债的基础上，财务会计对相应的资产、成本、费用等不再根据会计准则规定确认计量，其会计记录金额与税额负债相同，如消费税、资源税等的会计处理。

对税务会计来说，其最后一个环节为税务会计报表或税务会计纳税申报。按照各税种的征收管理规定和《中华人民共和国税收征收管理法》（以下简称《税收征管理》）的要求填制并向主管税务机关定期报送税务会计报表（包括主表、附表及附报资料）是纳税人的法定义务，是税务会计的"产品"，其提供的会计信息必须符合税务会计信息质量要求。

二、税务会计科目设置

1. "应交税费"科目的设置。"应交税费"科目核算按照税法规定计算应缴纳的各种税费，包括增值税、消费税、企业所得税、个人所得税、资源税、城镇土地使用税、城市维护建设税、教育费附加、地方教育附加、房产税、土地增值税、车船税等。

"应交税费"科目按照税种进行明细核算，其中：增值税一般纳税人应当在"应交税费"科目下设置"应交增值税""未交增值税""预交增值税""待抵扣进项税额""待认证进项税额""待转销项税额""增值税留抵税额""简易计税""转让金融商品应交增值税""代扣代交增值税""增值税检查调整"11个二级明细科目；小规模纳税人应当在"应交税费"科目下设置"应交增值税""转让金融商品应交增值税""代扣代交增值税"3个二级明细科目。其他税种一般情况下应当在"应交税费"科目下各设 1 个（特殊情况可以设置 2 个或多个）二级明细科目。

本科目期末如为贷方余额，反映企业尚未缴纳的税费；期末如为借方余额，反映企业多缴或尚未抵扣的税费。

（1）"应交税费——应交增值税"科目的设置。增值税一般纳税人应在"应交税费——应交增值税"明细账内设置"进项税额""销项税额抵减""已交税金""转出未交增值税""减免税款""出口抵减内销产品应纳税额""销项税额""出口退税""进项税额转出""转出多交增值税"等专栏（见第二章）。增值税小规模纳税人的"应交税费——应交增值税"明细科目不设置若干专栏。

（2）"应交税费——未交增值税""应交税费——预交增值税""应交税费——待抵扣进项税额""应交税费——待认证进项税额""应交税费——待转销项税额""应交税费——增值税留抵税额""应交税费——简易计税""应交税费——转让金融商品应交增值税""应交税费——代扣代交增值税""应交税费——增值税检查调整"科目的设置（见第二章）。

（3）"应交税费——应交消费税""应交税费——应交城市维护建设税""应交税费——应交教育费附加""应交税费——应交地方教育附加""应交税费——应交资源税""应交税费——应交房产税""应交税费——应交城镇土地使用税""应交税费——应交车船税"等科目的设置。

企业按规定计算应缴纳的与生产经营活动有关的消费税、城市维护建设税、教育费附加、地方教育附加、资源税、房产税、城镇土地使用税、车船税等，借记"税金及附加""固定资产清理"等科目，贷记上述科目。实际缴纳或补缴时，借记上述科目，贷记"银行存款"科目。

对于待抵扣的消费税，为了更加明确地对其进行核算，借鉴增值税的会计科目设置，可以增设"应交税费——待抵扣消费税"明细科目。该科目的借方反映待抵扣的消费税额，贷方反映实际已抵扣的消费税额。

（4）"应交税费——应交土地增值税"科目的设置。本科目反映企业转让的国有土地使用权连同地上建筑物及其附着物时按规定应缴纳的土地增值税额。

（5）"应交税费——应交所得税"科目的设置。本科目反映企业所得税的当期应缴、实际缴纳和退补情况。

（6）"应交税费——应交个人所得税""应交税费——代扣代交个人所得税"科目的设置。"应交税费——应交个人所得税""应交税费——代扣代交个人所得税"科目反映个体工商户、个人独资企业和合伙企业按规定自行申报时计算的应缴纳的个人所得税额或企业按规定计算的应代扣代缴的个人所得税。

2. "税金及附加"科目的设置。本科目核算企业经营活动发生的消费税、城市维护建设税、教育费附加、地方教育附加、资源税、房产税、城镇土地使用税、车船税、印花税等相关税费。

3. "在建工程""固定资产""无形资产"等科目的设置。企业应当或者可以不预先计提的税金（即应当或者可以在发生纳税义务的当期缴纳，而不是以后期间缴纳），除印花税在"税金及附加"科目核算之外，车辆购置税、契税、耕地占用税等，在"在建工程""固定资产""无形资产"等科目核算。

4. "所得税费用"科目的设置。本科目核算企业根据《企业会计准则》确认的应从当期利润总额中扣除的所得税费用。本科目应当按照"当期所得税费用""递延所得税费用"科目进行明细核算。

5. "递延所得税资产"科目的设置。本科目核算企业根据《企业会计准则》确认的可抵扣暂时性差异产生的所得税资产。根据税法规定可用以后年度税前利润（实际上应为应纳税所得额）弥补的亏损产生的所得税资产，也在本科目核算。本科目应当按照可抵扣暂时性差异等项目进行明细核算。本科目期末余额在借方，反映企业已确认的递延所得税资产的余额。

6. "递延所得税负债"科目的设置。本科目核算企业根据《企业会计准则》确认的应纳税暂时性差异产生的所得税负债。本科目应当按照应纳税暂时性差异项目进行明细核算。

7. "以前年度损益调整"科目的设置。本科目核算企业本年度发生的调整以前年度损益的事项，以及本年度发现的前期差错更正涉及的调整以前年度损益的事项。企业在资产负债表日至财务报告批准报告日之间发生的需要调整报告年度损益的事项，也在本科目核算。

8. "资产处置损益"科目的设置。本科目核算企业出售划分为持有待售的非流动资产（金融工具、长期股权投资和投资性房地产除外）或处置组（子公司和业务除外）时确认的处置利得或损失，以及处置未划分为持有待售的固定资产、在建工程、生产性生物资产及无形资产而产生的处置利得或损失。债务重组中因处置非流动资产产生的利得或损失和非货币性资产交换中换出非流动资产产生的利得或损失也在本科目核算。本科目期末应从其借方或者贷方结转至"本年利润"科目，结转后应无余额。

9. "其他收益"科目的设置。本科目核算计入其他收益的政府补助，以及其他与日常活动相关且计入其他收益的项目。企业作为个人所得税的扣缴义务人，根据《个人所得税法》收到的扣缴税款手续费，应作为其他与日常活动相关的项目在利润表的"其他收益"科目中填列。本科目期末应从其借方结转至"本年利润"科目，结转后应无余额。

10. "营业外收入"科目的设置。本科目核算企业发生的营业利润以外的收益，主要包括债务重组利得、与企业日常活动无关的政府补助、盘盈利得、捐赠利得等。本科目期末应从其借方结转至"本年利润"科目，结转后应无余额。

11．"营业外支出"科目的设置。本科目核算企业发生的营业利润以外的支出，主要包括债务重组损失、公益性捐赠支出、非常损失、盘亏损失、非流动资产毁损报废损失等。纳税人、扣缴义务人未在税法规定的纳税期限内及时、足额缴纳税额，按照《税收征收管理法》的要求，除在规定期限内补缴税款外，还要依法缴纳罚款，也在此账户中核算。

12．"应收出口退税款"科目的设置。本科目可以设置"应收出口退税款——增值税""应收出口退税款——消费税"两个明细科目，其借方分别反映销售出口货物按规定向税务机关申报应退回的增值税、消费税额；贷方分别反映实际收到的出口货物应退回的增值税、消费税额。期末借方余额，反映尚未收到的应退增值税、消费税额。

三、税收征收管理

（一）税务登记与发票管理

1．税务登记。税务登记是税务机关根据税法规定，对纳税人的生产经营活动进行登记管理的一项基本制度，是纳税人接受税务机关监督，依法履行纳税义务的必要程序。税务登记包括设立登记、变更登记、注销登记、跨区域涉税事项报验管理等。

税务登记是纳税人的法定义务和权利证明，纳税人可持税务登记证件办理以下事项：开立银行账户；申请减税、免税、退税；申请办理延期申报、延期缴纳税款；申领发票；申请开具外出经营活动税收管理证明；办理停业、歇业和其他有关税务事项。

（1）设立登记。纳税人在其设立或开业时办理的税务登记。自 2017 年 5 月开始推行"多证合一，一照一码"的登记制度。新设立登记的企业首次办理涉税事宜时，税务机关依据市场监管部门共享登记信息制作"多证合一"登记信息确认表，提醒纳税人对其中不全的信息进行补充，对不准确的信息进行更正，对需要更新的信息进行补正。

（2）变更登记。纳税人税务登记内容发生变化的，应当在规定时间内，提供相关证件和材料，向原发证机关申报办理变更登记（验证、换证）。

（3）注销登记。纳税人发生解散、破产、撤销以及其他情形，依法终止纳税义务的，应当在规定时间内，按规定要求提供相关证件和材料，向原发证机关申报办理注销登记。

2．发票管理。发票，是指在购销商品、提供或者接受服务以及从事其他经营活动过程中，开具、收取的收款或付款凭证（包括纸质发票和电子发票）。它既是用以证明交易事项已经发生，明确交易双方法律责任，记录交易原始形态和内容的商事凭证，也是财务会计核算凭证和税务会计计税凭证。电子发票与纸质发票的法律效力相同，任何单位和个人不得拒收。发票管理，是指税务机关依法对发票的印制、领用、开具、保管等一系列活动进行组织、协调和监督的总称。

（1）发票的印制。发票是由发票名称、发票代码和号码、联次及用途、客户名称、开户银行及账号、商品名称或经营项目、计量单位、数量、单价、大小写金额、开票人、开票日期、开票单位（个人）名称（章）等构成的。我国税收管理相关法律规定，发票由省、自治区、直辖市税务机关指定企业印制；增值税专用发票由国务院税务主管部门指定的企业统一印制。

（2）发票的领用。需要领用发票的单位和个人，应当持设立登记证件或者税务登记证件，以及经办人身份证明（经办人的居民身份证、护照或者其他能证明经办人身份的证件），向主管税务机关办理发票领用手续。领用纸质发票的，还应当提供按照国务院税务主管部门规定式样制作的发票专用章的印模。需要临时使用发票的单位和个人，可以凭购销商品、提供或者接受服务以及从事其他经营活动的书面证明、经办人身份证明，直接向经营地税务机关申请代开发票。

（3）发票的开具。销售商品、提供服务以及从事其他经营活动的单位和个人，对外发生经营业务时，应由商品销售方、服务提供方或其他经营活动的实施方向付款方开具发票；特殊情况下，由付款方向收款方开具发票。开具发票应当按照规定时限、顺序，逐栏全部联次一次性如实开具，并加盖发票专用章。所有单位和从事生产经营活动的个人在购买商品、接受服务以及从事其他经营活动支付款项时，应当向收款方取得发票。取得发票时，不得要求变更品名和金额。不符合规定的发票，不得作为财务报销凭证，任何单位和个人有权拒收。

（4）发票的保管。企业应当建立发票使用登记制度，设置发票登记簿，并定期向主管税务机关报告发票使用情况；应在办理变更或者注销税务登记的同时，办理发票和发票申领簿的变更、缴销手续，不得擅自损毁发票；应按税务机关的规定存放和保管发票，已经开具的发票存根联和发票登记簿，应当保存 5 年，保存期满，报经税务机关查验后销毁。

（二）纳税申报与税款缴纳

1. 纳税申报。纳税申报是纳税人、扣缴义务人在发生法定纳税义务或代扣代缴义务后，按照国家有关法律、行政法规规定和税务机关的具体规定，向主管税务机关如实申报有关纳税事项及应缴税款的法律行为。纳税申报是纳税人履行纳税义务、承担法律责任的主要依据，是税务机关税收管理信息的主要来源和税务管理的一项重要制度。

（1）纳税申报的方式。我国目前的纳税申报方式主要有：一是直接申报。纳税人、扣缴义务人直接到主管税务机关办理纳税申报或扣缴税款的报告。二是数据电文申报。纳税人、扣缴义务人经税务机关批准，经由电子、光学或类似手段生成、存储或传递纳税申报或扣缴税款的报告。这些手段包括电子数据交换、电子邮件、电报、电传、传真等。三是邮寄申报。纳税人、扣缴义务人将纳税申报表及有关纳税资料以邮寄的方式送达税务机关办理纳税申报或扣缴税款的报告。

（2）纳税申报期限。纳税申报期限是纳税人依法向国家缴纳每种税款的期限。纳税义务发生后，不可能立即缴纳税款。因此，在税收实体法中，规定了每种税的具体间隔时间，有按日、月、季、半年之分，不能按固定期限纳税的，应按次申报纳税。纳税人实际缴纳税款的期限也规定了具体时间，比如纳税人以月、季为一个纳税期限的，自期满之日起 15 日内申报；超过规定期限，视为欠税。在纳税申报期限内无法完成纳税申报，区分不同情况，可以采用顺延与延期的管理办法。

2. 税款缴纳。纳税人、扣缴义务人应按税法规定的期限及时足额缴纳应纳税款，履行纳税义务；未按规定期限缴纳税款或解缴税款的，税务机关除责令限期缴纳外，从滞纳税款之日起，按日加收滞纳税款 0.5‰ 的滞纳金。

（1）税款缴纳方式。税款缴纳方式主要有自核自缴、核实缴纳、查定缴纳、定额缴纳、代收代扣代缴等。

（2）延期缴纳。纳税人遇有特殊困难，不能按期缴纳税款的，经省、自治区、直辖市税务局批准，可以延期缴纳税款，但最长不得超过 3 个月。纳税人有下列情形之一的，属于特殊困难：①发生水、火、风、雹、海潮、地震等人力不可抗拒的自然灾害；②可供纳税的现金、支票以及其他财产等遭遇偷盗、抢劫等意外事故；③国家调整经济政策的直接影响；④短期货款拖欠及其他经省、自治区、直辖市税务局明文列举的特殊困难。纳税人因有特殊困难，需要延期缴纳税款的，应在纳税期限内，向主管税务机关提出申请，并填写"延期缴纳税款申请审批表"，主管税务机关按税收管理权限上报审批，并将审批结果及时书面通知纳税人。

（3）退还与追征。纳税人超过应纳税额缴纳的税款，税务机关应当立即退还；纳税人自结算缴纳税款之日起 3 年内发现的，可以向税务机关要求退还，税务机关查实后应当立即退还多缴的税款和加算银行同期存款利息。因税务机关责任致使纳税人、扣缴义务人未缴或少缴税款的，税务机关在 3 年内可以要求纳税人、扣缴义务人补缴税款，不得加收滞纳金；因纳税人、扣缴义务人计算错误等失误未缴或少缴税款的，税务机关在 3 年内可以追征；累计数额在 10 万元以上的，追征期延长到 5 年。

思考与练习

一、单项选择题

1. （　　）是衡量税负轻重与否的重要标志，是税收制度的核心。

 A. 征税对象 B. 税目   C. 计税依据   D. 税率

2. 以商品或劳务的流转额为征税对象的税种称为（　　）。

      A. 流转税　　　　B. 所得税　　　　C. 财产税　　　　D. 资源税

3. 下列票证中不属于税收票证的是（　　　）。

    A. 加盖公章的收据　　　　　　　B. 税收缴款书

    C. 出口货物劳务专用税收票证　　D. 印花税专用税收票证

4. 区分不同税种的主要标志是（　　　）。

    A. 纳税人　　　B. 课税对象　　　C. 税率　　　D. 税目

5. 因税务机关责任，致使纳税人、扣缴义务人未缴或少缴税款的，税务机关在（　　　）内可要求纳税人、扣缴义务人补缴税款，但不得加收滞纳金。

    A. 4 个月　　　B. 6 个月　　　C. 1 年　　　　D. 3 年

6. 下列说法中正确的是（　　　）。

    A. 只要有税法存在就必须有税务会计

    B. 税务会计与财务会计是同时产生的

    C. 税务会计是融税收法规和会计核算为一体的边缘学科

    D. 税务会计的目标是向税务机关提供纳税信息

7. 下列各项中，不属于流转税的是（　　　）。

    A. 增值税　　　B. 消费税　　　C. 关税　　　　D. 所得税

8. 税务会计作为一项实质性工作并不是独立存在的，而是企业会计的一个特殊领域，是以（　　　）为基础的。

    A. 企业会计　　B. 财务会计　　C. 管理会计　　　D. 税收会计

9. 税务会计提供的信息是（　　　）。

    A. 资产负债表　　　　　　　　　B. 企业所得税年度纳税申报表

    C. 所有者权益变动表　　　　　　D. 利润表

10. 在以下说法中，正确的是（　　　）。

    A. 税务会计采用收付实现制的会计原则

    B. 税务会计核算的对象是全部经济业务

    C. 税务会计与财务会计的核算依据相同

    D. 所得税递延的前提是持续经营

二、多项选择题

1. 以下适用查账征收方式征收税款的纳税人有（　　　）。

    A. 财务制度健全、核算规范严格、纳税意识较强的纳税人

    B. 生产规模小、账册不健全，但能够控制原材料或进销货的纳税人

    C. 经营品种比较单一，经营地点、时间和商品来源不固定的纳税单位

    D. 财务核算资料依照税法规定计算征收税款

2. 税务会计信息的使用者包括（　　　）。

A. 企业经营者　　B. 企业投资人　　C. 企业债权人　　D. 税务机关

3. 在以下说法中，正确的有（　　　）

　　A. 会计主体不一定是纳税主体，但纳税主体一定是会计主体

　　B. 货币时间价值是指货币在其运行过程中具有的增值能力

　　C. 纳税年度就是会计年度

　　D. 如果纳税人在一个纳税年度的中间开业，其在该纳税年度的实际经营期不

　　　　足 12 个月，则应当以其实际经营期限为一个纳税年度

4. 税务会计的基本原则有（　　　）。

　　A. 配比原则　　　　　　　　　　B. 划分营业收益和资本收益的原则

　　C. 权责发生制原则　　　　　　　D. 税款支付能力原则

5. 以下属于营业收益的有（　　　）。

　　A. 企业销售产品取得的收入

　　B. 企业出售厂房取得的收入

　　C. 企业进行长期股权投资取得的收益

　　D. 企业销售原材料取得的收入

6. 通过"应交税费"科目核算的税种有（　　　）。

　　A. 增值税　　　B. 印花税　　　C. 教育费附加　　　D. 关税

7. 核算由账面价值与计税基础不同而产生的暂时性差异的会计科目有（　　　）。

　　A. 税金及附加　　　　　　　　　B. 应交税费

　　C. 递延所得税资产　　　　　　　D. 递延所得税负债

8. 税收区别于其他财政收入取得方式的独有特征即税收的"三性"包括（　　　）。

　　A. 合法性　　　B. 固定性　　　C. 无偿性　　　D. 强制性

9. 税法规定的纳税人的两种最基本形式有（　　　）。

　　A. 居民纳税人　　B. 法人　　　C. 自然人　　　D. 企业

10. 下列各项中属于间接税的有（　　　）。

　　A. 增值税　　　B. 企业所得税　　C. 消费税　　　D. 关税

三、判断题

1. 税务会计研究领域包括经济学范畴、法学范畴、会计学范畴。　　　　　（　　）

2. 税务会计的对象是税务会计的客体，是企业的资金运动。　　　　　　（　　）

3. 纳税主体与财务会计中的会计主体没有区别。　　　　　　　　　　　（　　）

4. 除法律、行政法规另有规定外，账簿、会计凭证、报表、完税凭证及其他有关

资料应当保存 10 年。　　　　　　　　　　　　　　　　　　　　　　（　　）

5. 所有财务会计的原则都适用于税务会计；反之，所有税务会计的原则也都适用

于财务会计。　　　　　　　　　　　　　　　　　　　　　　　　　　（　　）

四、思考题

1. 简述税务会计的概念。

2. 税务会计与财务会计有何联系与区别?

3. 简述税务会计的目标和对象。

4. 简述税务会计的基本前提。

5. 简述税务会计计量属性,并与财务会计进行比较。

第二章　增值税会计

【学习目标】

通过本章学习，了解增值税的定义、特点及其在税收体系中的地位，熟悉增值税的纳税人、征税范围和税率，掌握增值税应纳税额的计算、增值税的会计核算，以及增值税及附加税费纳税申报表的填列和申报。

【思政目标】

通过学习增值税在国家财政收入和经济发展中的重要作用，引导学生认识到自己作为社会的一员所应承担的社会责任，积极履行纳税义务，为国家建设和发展贡献自己的力量，强化社会责任意识；在增值税会计的学习和实践中，鼓励学生追求精益求精的"工匠精神"，注重细节、严谨细致地完成每一项涉税业务，确保纳税人涉税信息的合法性和合规性，弘扬"工匠精神"；在增值税会计的核算和申报过程中，强调诚信为本的原则，要求学生如实反映企业的纳税情况，不得进行虚假申报或偷逃税款，培养诚信为本的职业操守。

第一节　增值税税制要素

一、增值税的概念和特点

增值税法是指国家制定的用以调整增值税征收与缴纳之间权利及义务关系的法律规范。《中华人民共和国增值税法》已由中华人民共和国第十四届全国人民代表大会常务委员会第十三次会议于 2024 年 12 月 25 日通过，并于 2026 年 1 月 1 日起施行。增值税之所以能够在世界上众多国家推广，是因为其可以有效地防止商品在流转过程中的重复征税问题，并使其具备保持税收中性、普遍征收、税收负担由最终消费者承担、实行税款抵扣制度、实行比例税率、实行价外税制度等特点。

二、增值税的征税范围

（一）增值税征税范围一般规定

增值税征收范围是在中华人民共和国境内销售货物、服务、无形资产、不动产（以下简称应税交易），以及进口货物的单位和个人（包括个体工商户）。

在境内发生应税交易，是指下列情形：（1）销售货物的，货物的起运地或者所在地在境内；（2）销售或者租赁不动产、转让自然资源使用权的，不动产、自然资源所在地在境内；（3）销售金融商品的，金融商品在境内发行，或者销售方为境内单位和个人；（4）除上述规定外，销售服务、无形资产的，服务、无形资产在境内消费，或者销售方为境内单位和个人。

1. 销售或者进口货物。销售货物是指境内有偿转让货物。货物是指有形动产，包括电力、热力和气体。销售货物是指有偿转让货物的所有权。有偿不仅是指从购买方取得货币，而且还包括取得货物或其他经济利益。

2. 销售服务。销售服务是指有偿提供服务，销售服务包括加工修理修配服务、交通运输服务、邮政服务、电信服务、建筑服务、金融服务、现代服务和生活服务。单位或者个体工商户聘用的员工为本单位或者雇主提供取得工资的服务，以及单位或者个体工商户为聘用的员工提供的服务不包括在内。

3. 销售无形资产。销售无形资产是指转让无形资产所有权或者使用权的活动。无形资产包括技术、商标、著作权、商誉、自然资源使用权和其他权益性无形资产。

4. 销售不动产。销售不动产是指转让不动产所有权的业务活动。

（二）增值税征收范围的特殊规定

1. 视同应税交易。有下列情形之一的，视同应税交易，应当依照本法规定缴纳增值税：

（1）单位和个体工商户将自产或者委托加工的货物用于集体福利或者个人消费；

（2）单位和个体工商户无偿转让货物；

（3）单位和个人无偿转让无形资产、不动产或者金融商品。

2. 混合销售行为。纳税人发生一项应税交易涉及两个以上税率、征收率的，为混合销售行为，按照应税交易的主要业务适用税率和征收率。

3. 兼营行为。纳税人发生两项以上应税交易涉及不同税率、征收率的，应当分别核算适用不同税率、征收率的销售额；未分别核算的，从高适用税率。

自然资源使用权

其他权益性无形资产

（三）不征收增值税项目

有下列情形之一的，不属于应税交易，不征收增值税：

（1）员工为受雇单位或者雇主提供取得工资、薪金的服务；

（2）收取行政事业性收费、政府性基金；

（3）依照法律规定被征收、征用而取得补偿；

（4）取得的存款利息收入。

三、增值税的纳税人和扣缴义务人

（一）纳税人

在中华人民共和国境内销售货物、服务、无形资产、不动产（以下简称应税交易），以及进口货物的单位和个人（包括个体工商户），为增值税的纳税人。单位是指企业、行政单位、事业单位、军事单位、社会团体及其他单位。个人是指个体工商户和其他个人。

按照经营规模的大小和会计核算健全与否等标准，增值税纳税人可分为一般纳税人和小规模纳税人。

1. 一般纳税人。根据《增值税一般纳税人登记管理办法》的规定，年应税销售额超过 500 万元的增值税纳税人，除按规定选择小规模纳税人纳税的及年应税销售额超过 500 万元的其他个人，应当向主管税务机关办理一般纳税人登记；应税销售额未超过规定标准的纳税人，会计核算健全，能够提供准确税务资料的，可以向主管税务机关办理一般纳税人登记。

一般纳税人的特点是增值税进项税额可以抵扣销项税额，并可使用增值税专用发票。

下列纳税人不办理一般纳税人登记：（1）按照政策规定，选择按照小规模纳税人纳税的；（2）年应税销售额超过规定标准的其他个人。

年应税销售额

纳税人应当向其机构所在地主管税务机关办理一般纳税人登记手续。

会计核算健全

纳税人在年应税销售额超过规定标准的月份（或季度）所属申报期结束后 15 日内按照规定办理相关手续；未按规定时限办理的，主管税务机关应当在规定时限结束后 5 日内制作《税务事项通知书》，告知纳税人应当在 5 日内向主管税务机关办理相关手续；逾期仍不办理的，次月起按销售额依照增值税税率计算应纳税额，不得抵扣进项税额，直至纳税人办理相关手续为止。纳税人自一

般纳税人生效之日起，按照增值税一般计税方法计算应纳税额，并可以按照规定领用增值税专用发票，财政部、国家税务总局另有规定的除外。一般纳税人生效之日，是指纳税人办理登记的当月 1 日或者次月 1 日，由纳税人在办理登记手续时自行选择。

纳税人登记为一般纳税人后，不得转为小规模纳税人，国家税务总局另有规定的除外。

在税务机关登记的一般纳税人，可按税法规定计算应纳税额，并使用增值税专用发票。对符合一般纳税人条件但不办理一般纳税人登记手续的纳税人，应按销售额依照增值税税率计算应纳税额，不得抵扣进项税额，也不得使用增值税专用发票。

2. 小规模纳税人。小规模纳税人是指年应征增值税销售额未超过 500 万元的纳税人。

小规模纳税人会计核算健全，能够提供准确税务资料的，可以向主管税务机关办理登记，按照本法规定的一般计税方法计算缴纳增值税。

（二）扣缴义务人

中华人民共和国境外（以下简称境外）的单位或者个人在境内发生应税交易，以购买方为扣缴义务人。扣缴义务人按照规定代扣代缴税款的，按照销售额乘以税率计算应扣缴税额。

上述扣缴义务人按照下列公式计算应扣缴税额：

$$应扣缴税额 = 销售额 \times 税率$$

四、增值税税率、征收率和预征率

（一）税率

自 2019 年 4 月 1 日起，增值税一般纳税人适用以下税率：

1. 13%。一般纳税人销售货物，提供加工修理修配服务和有形动产租赁服务，以及进口货物除适用 9% 和零税率的规定外，税率为 13%。采取填埋、焚烧等方式进行专业化处理后产生货物，且货物归属委托方的，受托属于提供"加工劳务"，其收取的处理费用适用 13% 的税率。

2. 9%。一般纳税人销售交通运输、邮政、基础电信、建筑、不动产租赁服务，销售不动产，转让土地使用权，销售或者进口下列货物，税率为 9%：粮食等农产品、食用植物油、食盐；自来水、暖气、冷气、热水、煤气、石油液化气、天然气、二甲醚、沼气、居民用煤炭制品；图书、报纸、杂志、音像制品、电子出版物；饲料、化肥、农药、农机、农膜；国务院规定的其他货物。

3. 6%。一般纳税人销售服务、无形资产、金融商品，除适用 13%、9% 和零税率的规定外，税率为 6%。

4. 零税率。纳税人出口货物（但国务院另有规定的除外），跨境销售国务院规定范围内服务、无形资产适用零税率。

（二）征收率

采用简易计税的纳税人计算税款时使用征收率。

1. 3%。目前增值税适用的征收率为 3%，国务院另有规定的除外。

2. 5%①。选择简易计税方法的纳税人销售不动产，符合条件的不动产经营租赁，提供劳务派遣服务、人力资源外包服务等，适用 5% 的征收率。

（三）预征率②

预征率有 3 档：2%、3% 和 5%。具体内容如表 2.1 所示。

表 2.1　　　　　　　　　　　　　　预征率

序号	税目	预征率（%）	
		一般计税方法	简易计税方法
1	销售建筑服务	2	3
2	销售自行开发房地产	3	3
3	不动产经营租赁（其中个体工商户和其他个人出租住房按照 5% 征收率减按 1.5% 计算）	3	5
4	销售不动产	5	5

五、增值税的征收管理

1. 纳税义务发生时间。

（1）发生应税交易，纳税义务发生时间为收讫销售款项或者取得销售款项索取凭据的当日；先开具发票的，为开具发票的当日。

（2）发生视同应税交易，纳税义务发生时间为完成视同应税交易的当日。

（3）进口货物，纳税义务发生时间为货物进入关境的当日。

（4）增值税扣缴义务发生时间为纳税人增值税纳税义务发生的当日。

2. 纳税期限。增值税的计税期间分别为 10 日、15 日、1 个月或者 1 个季度。纳税人的具体计税期间，由主管税务机关根据纳税人应纳税额的大小分别核定。不经常发生应税交易的纳税人，可以按次纳税。

纳税人以 1 个月或者 1 个季度为 1 个计税期间的，自期满之日起 15 日内申报纳

---

① ②　根据《关于全面推开营业税改征增值税试点的通知》确定。

税；以 10 日或者 15 日为 1 个计税期间的，自次月 1 日起 15 日内申报纳税。

扣缴义务人解缴税款的计税期间和申报纳税期限，依照上述规定执行。

纳税人进口货物，应当按照海关规定的期限申报纳税，并自完成申报之日起 15 日内缴纳税款。

3. 纳税地点。

（1）有固定生产经营场所的纳税人，应当向其机构所在地或者居住地主管税务机关申报纳税。总机构和分支机构不在同一县（市）的，应当分别向各自所在地的主管税务机关申报纳税；经国务院财政、税务主管部门或者其授权的财政、税务机关批准，可以由总机构汇总向总机构所在地的主管税务机关申报纳税。

（2）无固定生产经营场所的纳税人，应当向其应税交易发生地主管税务机关申报纳税；未申报纳税的，由其机构所在地或者居住地的主管税务机关补征税款。

（3）自然人销售或者租赁不动产，转让自然资源使用权，提供建筑服务，应当向不动产所在地、自然资源所在地、建筑服务发生地主管税务机关申报纳税。

（4）进口货物的纳税人，应当按照海关规定的地点申报纳税。

（5）扣缴义务人，应当向其机构所在地或者居住地主管税务机关申报缴纳其扣缴的税款；机构所在地或者居住地在境外的，应当向应税交易发生地主管税务机关申报缴纳其扣缴的税款。

六、增值税的税收优惠

（一）免征增值税项目

1. 农业生产者销售的自产农产品，农业机耕、排灌、病虫害防治、植物保护、农牧保险以及相关技术培训业务，家禽、牲畜、水生动物的配种和疾病防治；

2. 医疗机构提供的医疗服务；

3. 古旧图书，自然人销售的自己使用过的物品；

4. 直接用于科学研究、科学试验和教学的进口仪器、设备；

5. 外国政府、国际组织无偿援助的进口物资和设备；

6. 由残疾人的组织直接进口供残疾人专用的物品，残疾人个人提供的服务；

7. 托儿所、幼儿园、养老机构、残疾人服务机构提供的育养服务，婚姻介绍服务，殡葬服务；

8. 学校提供的学历教育服务，学生勤工俭学提供的服务；

9. 纪念馆、博物馆、文化馆、文物保护单位管理机构、美术馆、展览馆、书画院、图书馆举办文化活动的门票收入，宗教场所举办文化、宗教活动的门票收入。

（二）增值税的起征点

小规模纳税人发生应税交易，销售额未达到起征点的，免征增值税；达到起征点的，依照规定全额计算缴纳增值税。具体起征点的标准由国务院规定，报全国人民代表大会常务委员会备案。

（三）其他优惠

根据国民经济和社会发展的需要，国务院对支持小微企业发展、扶持重点产业、鼓励创新创业就业、公益事业捐赠等情形可以制定增值税专项优惠政策，报全国人民代表大会常务委员会备案。国务院应当对增值税优惠政策适时开展评估、调整。

纳税人兼营增值税优惠项目的，应当单独核算增值税优惠项目的销售额；未单独核算的项目，不得享受税收优惠。纳税人可以放弃增值税优惠；放弃优惠的，在 36 个月内不得享受该项税收优惠，小规模纳税人除外。

第二节 增值税应纳税额的计算

增值税应纳税额的计算，根据计税方法的不同，可分为一般计税方法下应纳税额的计算、简易计税方法下应纳税额的计算和扣缴计税方法下应扣缴税额的计算。

一、一般计税方法下应纳税额的计算

增值税纳税人发生应税交易的，除另有规定外，应当采用一般计税方法。应纳税额等于当期销项税额抵扣当期进项税额后的余额。其计算公式为：

$$当期应纳税额 = 当期销项税额 - 当期进项税额$$

当期应纳税额的多少，取决于当期销项税额和当期进项税额这两个因素。

（一）销项税额的确认

销项税额，是指纳税人发生应税交易，按照销售额乘以规定税率计算的增值税额。销项税额的计算公式为：

$$销项税额 = 销售额 \times 适用税率$$

销售额，是指纳税人发生应税交易取得的与之相关的价款，包括货币和非货币形式的经济利益对应的价款，不包括按照一般计税方法计算的销项税额和按照简易计税方法计算的应纳税额。

1. 销售额的确认。纳税人发生应税交易取得的与之相关的价款，包括取得的全部价款和价外费用。其中，价外费用是指销售方向购买方收取的手续费、补贴、基金、集资费、返还利润、奖励费、违约金、包装费、包装物租金、储备费、邮资费、运输装卸费、代收款项、代垫款项和其他各种性质的价外收费。但不包括以下项目：（1）受托加工应征消费税的消费品所代收代缴的消费税。（2）销售货物的同时代办保险等而向购买方收取的保险费，以及向购买方收取的代购买方缴纳的车辆购置税、牌照费。（3）代为收取并符合规定的政府性基金或行政事业性收费。（4）以委托方名义开具发票代委托方收取的款项。

销售额以人民币计算。纳税人以人民币以外的货币结算销售额的，应当折合成人民币计算。

纳税人发生视同应税交易以及销售额为非货币形式的，纳税人应当按照市场价格确定销售额。

纳税人销售额明显偏低或者偏高且无正当理由的，税务机关可以依照《税收征收管理法》和有关行政法规的规定核定其销售额，核定顺序如下：

（1）按照纳税人最近时期销售同类货物、服务、无形资产或者不动产的平均价格确定。

（2）按照其他纳税人最近时期销售同类货物、服务、无形资产或者不动产的平均价格确定。

（3）在用以上两种方法均不能确定其销售额的情况下，可按组成计税价格确定销售额。

组成计税价格的公式为：

$$组成计税价格 = 成本 \times (1 + 成本利润率)$$

对于既征收增值税又征收消费税的货物，其组成计税价格应加上消费税额，即：

$$组成计税价格 = 成本 \times (1 + 成本利润率) + 消费税额$$

公式中的成本，属销售自产货物的，应为实际生产成本；属销售外购货物的，应为实际采购成本。成本利润率由国家税务总局确定。

进口货物，按照规定的组成计税价格乘以适用税率计算缴纳增值税。组成计税价格为关税计税价格加上关税和消费税；国务院另有规定的，从其规定。

2. 含税销售额的换算。增值税是价外税，即以不含增值税税款的销售额作为计税销售额。小规模纳税人销售货物、服务一般采用销售额和应纳税额合并定价的方法，一般纳税人也有可能采用合并定价的方法。因此应将含税销售额换算为不含税销售额后，再计算增值税额。换算公式如下：

$$销售额 = 含税销售额 \div (1 + 增值税税率或征收率)$$

3. 销项税额的计算。

【例 2 - 1】甲酒业公司为增值税一般纳税人，20 × 3 年 5 月销售葡萄酒并开具增值税普通发票，收取不含税价款 500 000 元。计算该公司的增值税销项税额。

增值税销项税额 = 500 000 × 13% = 65 000（元）

【例 2 - 2】某酒业公司为增值税一般纳税人，20 × 3 年 5 月销售葡萄酒并开具增值税普通发票，收取含税价款 565 000 元。计算该公司的增值税销项税额。

增值税不含税的销售额 = 565 000 ÷ (1 + 13%) = 500 000（元）

增值税销项税额 = 500 000 × 13% = 65 000（元）

【例 2 - 3】某公司为增值税一般纳税人，20 × 3 年 5 月将自产的一批新型电器 300 件作为福利发给公司员工。目前，市场上还没有与该类新型电器类似的同类产品，因此，也没有同类产品的销售价格。已知每台电器成本为 500 元，成本利润率为 10%。计算该批新型电器的增值税销售额及增值税销项税额。

增值税销售额 = 成本 × (1 + 成本利润率) = 500 × 300 × (1 + 10%) = 165 000（元）

增值税销项税额 = 165 000 × 13% = 21 450（元）

（二）进项税额的确认

进项税额，是指纳税人购进货物、服务、无形资产、不动产支付或者负担的增值税额。纳税人应当凭法律、行政法规或者国务院规定的增值税扣税凭证从销项税额中抵扣进项税额。

1. 准予抵扣的进项税额的确认。

（1）从销售方取得的增值税专用发票（含机动车销售统一发票，下同）上注明的增值税额。

（2）从海关取得的海关进口增值税专用缴款书上注明的增值税额。

（3）自境外单位或者个人购进应税交易的，从税务机关或者扣缴义务人处取得的代扣代缴税款的完税凭证上注明的增值税额。

（4）纳税人购进农产品，按照规定抵扣进项税额。

（5）增值税一般纳税人在资产重组过程中，将全部资产、负债和劳动力一并转让给其他增值税一般纳税人，并按程序办理注销税务登记的，其在办理注销登记前尚未抵扣的进项税额可结转至新纳税人处继续抵扣。

农产品进项税额抵扣规定

（6）纳税人支付的道路通行费，按照收费公路通行费增值税电子普通发票上注明的增值税额抵扣进项税额；纳税人支付的桥、闸通行费，暂凭取得的通行费发票上注明的收费金额按照规定计算可抵扣的进项税额。

（7）按照规定不得抵扣且未抵扣进项税额的固定资产、无形资产、不动产，发生用途改变，用于允许抵扣进项税额的应税项目，可在用途改变的次月按照下列公式计算可以抵扣的进项税额：

可以抵扣的进项税额 = 固定资产、无形资产、不动产净值 ÷（1 + 适用税率）× 适用税率

上述可以抵扣的进项税额应取得合法有效的增值税扣税凭证。

（8）纳税人租入固定资产、不动产，既用于一般计税方法计税项目，又用于简易计税方法计税项目、免征增值税项目、集体福利或者个人消费的，其进项税额准予从销项税额中全额抵扣。

（9）提供保险服务的纳税人以实物赔付方式承担机动车辆保险责任的，自行向车辆修理服务提供方购进的车辆修理服务，其进项税额可以按规定从保险公司销项税额中抵扣。

纳税人提供的其他财产保险服务，比照上述规定执行。

（10）国内旅客运输服务进项税额的抵扣规定。国内旅客运输服务，限于与本单位签订了劳动合同的员工，以及本单位作为用工单位接受的劳务派遣员工发生的国内旅客运输服务。

纳税人允许抵扣的国内旅客运输服务进项税额，是指纳税人于 2019 年 4 月 1 日及以后实际发生，并取得合法有效增值税扣税凭证注明的或依据其计算的增值税额。以增值税专用发票或增值税电子普通发票为增值税扣税凭证的，为 2019 年 4 月 1 日及以后开具的增值税专用发票或增值税电子普通发票。

纳税人未取得增值税专用发票的，暂按有关规定确定进项税额。

2. 不得抵扣的进项税额。纳税人的下列进项税额不得从其销项税额中抵扣：

（1）适用简易计税方法计税项目对应的进项税额；

（2）免征增值税项目对应的进项税额；

（3）非正常损失项目对应的进项税额；

（4）购进并用于集体福利或者个人消费的货物、服务、无形资产、不动产对应的进项税额；

（5）购进并直接用于消费的餐饮服务、居民日常服务和娱乐服务对应的进项税额；

非正常损失

（6）国务院规定的其他进项税额。

其中涉及的固定资产、无形资产、不动产，仅指专用于上述项目的固定资产、无形资产（不包括其他权益性无形资产）、不动产。但是发生兼用于上述不允许抵扣项

目情况的，该进项税额准予全部抵扣。

另外，纳税人购进其他权益性无形资产无论是专用于简易计税方法计税项目、免征增值税项目、集体福利或者个人消费，还是兼用于上述不允许抵扣项目，均可以抵扣进项税额。

适用一般计税方法的纳税人，兼营简易计税方法计税项目、免征增值税项目而无法划分不得抵扣的进项税额，按照下列公式计算不得抵扣的进项税额：

$$\begin{array}{l}不得抵扣\\的进项税额\end{array} = \begin{array}{l}当期无法划分\\的全部进项税额\end{array} \times \left(\begin{array}{l}当期简易计税方法\\计税项目销售额\end{array} + \begin{array}{l}免征增值税\\项目销售额\end{array} \right) \div \begin{array}{l}当期全部\\销售额\end{array}$$

一般纳税人已抵扣进项税额的不动产，发生非正常损失，或者改变用途，专用于简易计税方法计税项目、免征增值税项目、集体福利或者个人消费的，按照下列公式计算不得抵扣的进项税额：

$$不得抵扣的进项税额 = 已抵扣的进项税额 \times 不动产净值率$$
$$不动产净值率 = （不动产净值 \div 不动产原值）\times 100\%$$

3. 进项税额的计算。

【例 2 - 4】甲公司是增值税一般纳税人，20×3 年 5 月有关生产经营业务如下：

（1）月初外购货物一批，支付增值税进项税额 45 万元，中下旬因企业经营管理不善，造成该批货物一部分发生霉烂变质，经核实造成 20% 的损失。

（2）外购的动力燃料支付增值税进项税额 20 万元，80% 用于增值税应税项目，另 20% 用于免征增值税项目。

（3）进口一批货物，关税完税价格为 30 万元，关税税率为 50%，增值税税率为 13%。货物报关后按规定缴纳了进口环节增值税并取得增值税专用缴款书。

计算该公司当月可抵扣的增值税进项税额。

外购货物可抵扣的增值税进项税额 $= 45 - 45 \times 20\% = 36$（万元）

外购动力燃料可抵扣的增值税进项税额 $= 20 - 20 \times 20\% = 16$（万元）

进口货物应纳增值税 $=$ 组成计税价格 $\times$ 增值税税率

$\qquad = （关税完税价格 + 关税）\times 增值税税率$

$\qquad = （30 + 30 \times 50\%）\times 13\% = 5.85$（万元）

当月可抵扣的增值税进项税额 $= 36 + 16 + 5.85 = 57.85$（万元）

（三）一般纳税人增值税应纳税额的计算

我国增值税一般计税方法下应纳税额的计算实行间接计算法，即当期销项税额抵扣当期进项税额后的余额。如果当期进项税额大于当期销项税额的部分，纳税人可以选择结转下期继续抵扣或者申请退还。具体办法由国务院规定。

【例 2 -5】甲公司为增值税一般纳税人，20 ×3 年 6 月发生经济业务如下：

（1）购进一批 A 材料，取得增值税专用发票注明的价款为 30 万元，取得增值税专用发票注明的运费为 3 万元。

（2）向农业生产者收购一批免税农产品，在农产品收购发票上注明的价款为 20 万元。该批免税农产品于本月全部领用，用于生产增值税税率为 13% 的应税货物。

（3）销售产品一批，取得不含税销售额 200 万元，另外收取包装物租金 5.65 万元。

（4）因仓库管理不善，上月购进的一批工具被盗，该批工具的采购成本为 20 万元（进项税额上月已抵扣）。

该公司取得的增值税专用发票和农产品收购发票均符合进项税抵扣条件，并已认证；购进和销售产品适用的增值税税率为 13%，向农业生产者收购免税农产品用于生产增值税税率为 13% 的应税货物时的增值税扣除率为 10%。计算该公司当月的应纳增值税。

进项税额 = $30 \times 13\% + 3 \times 9\% + 20 \times 10\% = 6.17$（万元）

销项税额 = $200 \times 13\% + 5.65 \div (1 + 13\%) \times 13\% = 26.65$（万元）

进项税额转出 = $20 \times 13\% = 2.6$（万元）

应纳增值税 = $26.65 - (6.17 - 2.6) = 23.08$（万元）

二、简易计税方法下应纳税额的计算

简易计税方法下应纳税额是按销售额和征收率计算的增值税额，不得抵扣进项税额。应纳税额计算公式如下：

$$应纳税额 = 不含税的销售额 \times 征收率$$

【例 2 -6】甲咨询公司为小规模纳税人，20 ×3 年 7 ~9 月取得含税修理收入 309 000 元。计算甲咨询公司本年第三季度的应纳增值税。

应纳增值税 = $309\ 000 \div (1 + 3\%) \times 3\% = 9\ 000$（元）

三、扣缴计税方法下应扣缴税额的计算

境外的单位或者个人在境内发生应税交易，扣缴义务人按照下列公式计算应扣缴税额：

$$应扣缴税额 = 销售额 \div (1 + 税率) \times 税率$$

【例 2 -7】甲公司为增值税一般纳税人，20 ×3 年 9 月 1 日从境外乙公司购买了一项专利权，协议规定价格 106 万元（含增值税），货款已付，取得解缴税款的完税凭证。计算甲公司应代扣代缴的增值税。

甲公司应当作为增值税扣缴义务人。

甲公司应代扣代缴增值税 $= 106 \div (1 + 6\%) \times 6\% = 100 \times 6\% = 6$（万元）

第三节　增值税的会计核算

一、增值税会计科目及专栏的设置

（一）一般纳税人增值税会计科目的设置

1. "应交税费"科目下设二级科目。增值税一般纳税人应当在"应交税费"科目下设置"应交增值税""未交增值税""预交增值税""待抵扣进项税额""待认证进项税额""待转销项税额""增值税留抵税额""简易计税""转让金融商品应交增值税""代扣代交增值税""增值税检查调整"11个明细科目。

（1）"应交增值税"科目。该科目的借方发生额为购进和进口货物、固定资产、无形资产以及接受服务支付的进项税额、缴纳增值税等；贷方发生额为销售货物、转让无形资产、不动产、提供应税服务等应缴纳增值税、出口货物退税、进项税额转出等。期末贷方余额反映企业尚未缴纳的增值税额；借方余额反映企业尚未抵扣（留待抵扣）的、多缴的增值税。

（2）"未交增值税"科目。该科目核算一般纳税人月度终了从"应交增值税"或"预交增值税"明细科目转入当月应缴未缴、多缴或预缴的增值税额，以及当月缴纳以前期间未缴的增值税额。

（3）"预交增值税"科目。该科目核算一般纳税人适用一般计税方法时转让不动产、提供不动产经营租赁服务、提供建筑服务、采用预收款方式销售自行开发的房地产项目等，以及其他按现行增值税制度规定应预缴的增值税额。

（4）"待抵扣进项税额"科目。该科目核算一般纳税人已取得增值税扣税凭证并经税务机关认证，按照现行增值税制度规定准予以后期间从销项税额中抵扣的进项税额。实行纳税辅导期管理的一般纳税人取得的尚未交叉稽核比对的增值税扣税凭证上注明或计算的进项税额也在此科目中核算。

（5）"待认证进项税额"科目。该科目核算一般纳税人由于未经税务机关认证而不得从当期销项税额中抵扣的进项税额，包括一般纳税人已取得增值税扣税凭证、按照现行增值税制度规定准予从销项税额中抵扣，但尚未经税务机关认证的进项税额；一般纳税人已取得海关缴款书，但尚未申请稽核或者已申请稽核但尚未取得稽核相符结果的海关缴款书进项税额。

（6）"待转销项税额"科目。该科目核算一般纳税人发生应税交易时，已确认相关收入（或利得）但尚未发生增值税纳税义务而需于以后期间确认为销项税额的增值税额。

（7）"增值税留抵税额"科目。该科目核算经税务机关核准的允许退还的增值税期末留抵税额以及缴回的已退还的留抵退税款项。

（8）"简易计税"科目。该科目核算一般纳税人采用简易计税方法发生的增值税计提、扣减、预缴、缴纳等业务。

（9）"转让金融商品应交增值税"科目。该科目核算增值税纳税人转让金融商品发生的增值税额。

（10）"代扣代交增值税"科目。该科目核算境外单位或个人发生在境内的应税交易而代扣代缴的增值税额。

（11）"增值税检查调整"科目。该科目核算增值税一般纳税人在税务机关对其增值税纳税情况进行检查后涉及应交增值税调整金额。

2. "应交税费——应交增值税"下设三级明细科目。增值税一般纳税人应在"应交增值税"明细账内设置"进项税额""销项税额抵减""已交税金""转出未交增值税""减免税款""出口抵减内销产品应纳税额""销项税额""出口退税""进项税额转出""转出多交增值税"等三级科目。

（1）"进项税额"科目。该科目核算一般纳税人购进货物、服务、无形资产或不动产而支付或负担的、准予从当期销项税额中抵扣的增值税额；若发生购货退回或者折让，应以红字记录，以示冲销。

（2）"销项税额抵减"科目。该科目核算一般纳税人按照现行增值税制度规定因扣减销售额而减少的销项税额；

（3）"已交税金"科目。该科目核算一般纳税人当月上缴当月应缴纳的应交增值税额；收到退回的多交增值税额时，以红字记录。

（4）"转出未交增值税"与"转出多交增值税"科目。该科目分别核算一般纳税人月度终了转出当月应缴未缴或多缴的增值税额，转至"未交增值税"账户后，"应交增值税"的期末余额不含当期多缴或少缴的税额。

（5）"减免税款"科目。该科目核算一般纳税人按现行增值税制度规定准予减免的增值税额。

（6）"出口抵减内销产品应纳税额"科目。该科目核算实行"免、抵、退"办法的一般纳税人按规定计算的出口货物的进项税额抵减内销产品的应纳税额。

（7）"销项税额"科目。该科目核算一般纳税人销售货物、服务、无形资产或不动产应收取的增值税额，若发生销货退回或者折让，应以红字记录，以示冲销。

（8）"出口退税"科目。该科目核算一般纳税人出口应税交易按规定退回的增值税额。

（9）"进项税额转出"科目。该科目核算一般纳税人购进应税交易发生的非正常损失以及其他原因而不应从销项税额中抵扣、按规定转出的进项税额。

（二）增值税小规模纳税人会计科目的设置

小规模纳税人只需在"应交税费"账户下设置"应交增值税"二级科目，并根据需要设置"转让金融商品应交增值税""代扣代交增值税"明细科目，一般无须再设其他明细项目。此外，根据需要，还可以设置"增值税检查调整"二级科目，其核算内容与一般纳税人相同。

二、销售业务增值税的会计核算

（一）一般销售业务增值税的会计核算

企业发生应税交易的，应当按应收或已收的金额，借记"应收票据""银行存款"等科目；按取得的收入金额，贷记"主营业务收入""其他业务收入""固定资产清理""工程结算"等科目；按现行增值税制度规定计算的销项税额（或采用简易计税方法计算的应纳增值税额），贷记"应交税费——应交增值税（销项税额）"或"应交税费——简易计税"科目（小规模纳税人应贷记"应交税费——应交增值税"科目）。

发生销售退回的，应根据按规定开具的红字增值税专用发票（或者红字增值税普通发票、红字机动车销售统一发票，下同）做相反的会计分录。

1. 采用直接收款方式销售货物销项税额或应纳增值税额的会计核算。企业采取直接收款方式销售货物的，不论货物是否发出，其纳税义务发生时间均为收到销售款或者取得索取销售款项凭据的当天。企业生产经营活动中采取直接收款方式销售货物，已将货物移送对方并暂估销售收入入账，但既未取得销售款或取得索取销售款凭据，也未开具销售发票的，其增值税纳税义务发生时间为取得销售款或取得索取销售款凭据的当天；先开具发票的，为开具发票的当天。

（1）销售除固定资产以外的货物销项税额或应纳增值税额的会计核算。企业销售除固定资产以外的货物，应当按应收或已收的金额，借记"应收账款""应收票据""银行存款"等科目；按取得的收入金额，贷记"主营业务收入""其他业务收入"等科目；按现行增值税制度规定计算的销项税额（或采用简易计税方法计算的应纳增值税额），贷记"应交税费——应交增值税（销项税额）"或"应交税费——简易计税"科目（小规模纳税人应贷记"应交税费——应交增值税"科目）。

发生销售退回的，应根据按规定开具的红字增值税专用发票做相反的会计分录。

【例2-8】甲公司为增值税一般纳税人，20×3年5月采取直接收款方式销售A产品一批，开具的增值税专用发票上注明价款800 000元，增值税额104 000元。A产品的成本为500 000元。产品已发出，款项以银行存款收讫。对该公司上述业务进行账务处理。

确认销售收入时：

借：银行存款   904 000

 贷：主营业务收入   800 000

   应交税费——应交增值税（销项税额） 104 000

确认销售成本时：

借：主营业务成本   500 000

 贷：库存商品   500 000

（2）一般纳税人转让固定资产（不动产除外，下同）应交增值税的会计处理。企业转让（销售）已使用过的已抵扣增值税进项税额的固定资产，因该项固定资产在原来取得时其增值税进项税额已记入"应交税费——应交增值税（进项税额）"科目，销售时按计算的增值税销项税额，应借记"固定资产清理"科目，贷记"应交税费——应交增值税（销项税额）"科目。如果是在增值税转型之前购入的机器设备，因当初购入时进项税额已计入资产成本，现在出售时，可按简易计税方法，依3%征收率减按2%计算缴纳增值税，转让损益记入"资产处置损益"科目。

【例2-9】甲公司为增值税一般纳税人，2023年5月出售一台使用过的设备，购入时间为2012年5月，购入时取得增值税专用发票，发票上注明价款150 000元，增值税额25 500元。该公司2012年5月对取得的增值税专用发票进行了认证。该设备的折旧年限为15年，采用直线法计提折旧，不考虑净残值。2023年5月的售价为67 800元（含增值税），该设备销售时适用13%的增值税税率。对该公司上述业务进行账务处理。

购入设备时：

借：固定资产   150 000

  应交税费——应交增值税（进项税额）   25 500

 贷：银行存款   175 500

将设备转入清理时：

借：固定资产清理   40 000

  累计折旧（150 000÷15×11）   110 000

 贷：固定资产   150 000

收到价款时：

借：银行存款   67 800

 贷：固定资产清理［67 800÷（1+13%）］   60 000

   应交税费——应交增值税（销项税额）［67 800÷（1+13%）×13%］

                  7 800

结转设备出售净损益时：

借：固定资产清理　　　　　　　　　　　　　　　　　　20 000
　　贷：资产处置损益　　　　　　　　　　　　　　　　　　　　20 000

【例 2－10】甲公司为增值税一般纳税人，2022 年 10 月出售一台使用过的设备，原价为 117 000 元（含增值税），购入时间为 2011 年 10 月，折旧年限为 20 年，采用直线法计提折旧，不考虑净残值，2022 年 10 月的售价为 70 200 元（含增值税）。该设备购入时的增值税进项税额计入设备成本，现出售该设备，甲公司选择按简易办法依照 3% 征收率减按 2% 征收增值税。对甲公司上述业务进行账务处理。

购入设备时：
借：固定资产　　　　　　　　　　　　　　　　　　　117 000
　　贷：银行存款　　　　　　　　　　　　　　　　　　　　117 000

将设备转入清理时：
借：固定资产清理　　　　　　　　　　　　　　　　　　52 650
　　累计折旧（117 000÷20×11）　　　　　　　　　　　64 350
　　贷：固定资产　　　　　　　　　　　　　　　　　　　　117 000

收到价款时：
借：银行存款　　　　　　　　　　　　　　　　　　　70 200
　　贷：固定资产清理　　　　　　　　　　　　　　　　　68 155.34
　　　　应交税费——简易计税［70 200÷(1+3%)×3%］　2 044.66
借：应交税费——简易计税［70 200÷(1+3%)×(3%－2%)］681.55
　　贷：其他收益　　　　　　　　　　　　　　　　　　　　681.55

结转设备出售净损益时：
借：固定资产清理（68 155.34－52 650）　　　　　　　15 505.34
　　贷：资产处置损益　　　　　　　　　　　　　　　　　　15 505.34

（3）小规模纳税人销售自己已使用过的固定资产的会计核算。小规模纳税人（除其他个人外）销售自己使用过的固定资产，以 3% 征收率减按 2% 征收增值税，销售额和应纳税额的计算公式如下：

$$销售额 = 含增值税销售额÷(1+3\%)$$
$$应纳税额 = 销售额×2\%$$

其他个人，销售自己使用过的固定资产，免征增值税。

小规模纳税人将固定资产转入清理时，冲销其账面原值、累计折旧及减值准备，借记"固定资产清理""累计折旧""固定资产减值准备"等科目，贷记"固定资产"科目；发生各项清理支出时，借记"固定资产清理"科目，贷记"银行存款"等科目；在销售时，按照取得的销售收入和计算的增值税额，借记"银行存款"等科目，贷记"固定资产清理""应交税费——应交增值税"（按照 3% 的征收率计算）等科目，同时，借记"应交税费——应交增值税"（按照 3% −2% 的比例计算）科目，贷记"其他收益"或"营业外收入——政府补助"科目。按销售固定资产产生的损失，借记"资产处置损益"科目，贷记"固定资产清理"科目；或者按销售固定资产产生的利得，借记"固定资产清理"科目，贷记"资产处置损益"科目。

【例 2−11】甲公司为增值税小规模纳税人，20×3 年 7 月因经营业务调整，出售已使用过的一台机器设备。机器设备账面原值为 20 000 元，已提折旧 2 400 元，以 16 000 元的价格出售。甲公司向对方开具普通发票，款项已收妥存入银行。对甲公司上述业务进行账务处理。

将机器设备转入清理时：

借：固定资产清理	17 600
累计折旧	2 400
贷：固定资产——机器设备	20 000

收到出售机器设备价款时：

借：银行存款	16 000
贷：固定资产清理	15 533.98
应交税费——应交增值税 [16 000÷(1+3%)×3%]	466.02
借：应交税费——应交增值税 [16 000÷(1+3%)×(3%−2%)]	
	155.34
贷：其他收益	155.34

结转机器设备出售净损益时：

借：资产处置损益	2 066.02
贷：固定资产清理	2 066.02

2. 采用托收承付或委托收款方式销售货物销项税额或应纳增值税额的会计核算。企业采取托收承付或委托收款方式销售货物的，其纳税义务发生时间为发出货物并办妥托收手续的当天。企业采取托收承付或委托收款方式销售货物，应当根据托收承付或委托收款结算凭证和发票，按应收或已收的金额，借记"应收账款"科目，按取得的收入金额，贷记"主营业务收入""其他业务收入"等科目；按现行增值税制度规定计算的销项税额（或采用简易计税方法计算的应纳增值税额），贷记"应交税费——应交增值税（销项税额）"或"应交税费——简易计税"科目（小规模纳税人应贷记"应交税费——应交增值税"科目）。

【例 2−12】甲公司为增值税一般纳税人，20×3 年 5 月底采取托收承付结算方式向外地乙公司销售 A 产品一批，货物已发出，开具的增值税专用发票上注明价款 300 000 元，增值税额 39 000 元。以现金代垫运费 1 090 元，已向银行办妥托收手续。托运方将增值税专用发票开具给乙公司，注明运费 1 000 元，增值税额 90 元。甲公司将该发票转交给乙公司。对甲公司上述业务进行账务处理。

借：应收账款——乙公司   340 090

  贷：主营业务收入   300 000

    应交税费——应交增值税（销项税额） 39 000

    库存现金   1 090

3. 采用赊销或分期收款方式销售货物销项税额或应纳增值税额的会计核算。企业采用赊销或分期收款方式销售货物，其纳税义务的发生时间为按合同约定的收款日期的当天。即不论在合同约定的收款日期是否收到货款，均应确认纳税义务发生，并在规定时间内缴纳增值税。发出商品时，借记"应收账款"或"长期应收款"科目，贷记"主营业务收入"科目。同时，结转销售成本。按合同约定的收款日期开具发票，借记"银行存款"等科目，贷记"应收账款"或"长期应收款""应交税费——应交增值税（销项税额）"或"应交税费——简易计税"科目（小规模纳税人应贷记"应交税费——应交增值税"科目）。而按会计准则的规定，如果收款期较短（通常在 3 年以下），以合同金额确认收入，其会计处理与税法规定基本相同。如果收款期较长（通常在 3 年以上），实质上是具有融资性质的销售商品，按应收合同或协议价款，借记"长期应收款"科目；按应收合同或协议价款的公允价值（未来现金流量的现值），贷记"主营业务收入"科目，按专用发票上注明的增值税额，贷记"应交税费——应交增值税（销项税额)"或"应交税费——简易计税"科目（小规模纳税人应贷记"应交税费——应交增值税"科目）；按其差额，贷记"未实现融资收益"科目。未实现融资收益在收款期内按实际利率法摊销，摊销结果与直线法相差不大时，也可以采用直线法摊销。

【例 2 - 13】甲公司为增值税一般纳税人，20×3 年 1 月以赊销方式销售 A 产品共计 60 000 元（不含增值税），未来应确认的增值税额为 7 800 元，产品实际成本为 30 000 元，按合同规定，收款日期为 20×3 年 9 月 15 日，且甲公司于 20×3 年 9 月 15 日开具增值税专用发票（假设该赊销业务不具有融资性质）。对甲公司上述业务进行账务处理。

1 月甲公司发出 A 产品时：

借：应收账款   67 800

  贷：主营业务收入   60 000

    应交税费——待转销项税额   7 800

借：主营业务成本   30 000

  贷：库存商品   30 000

若合同约定的收款日期收到款项，则甲公司 9 月 15 日开具增值税专用发票，并计算增值税销项税额，账务处理如下：

　　借：银行存款　　　　　　　　　　　　　　　　　　　　　　　67 800

　　　　应交税费——待转销项税额　　　　　　　　　　　　　　　　7 800

　　　　　贷：应收账款　　　　　　　　　　　　　　　　　　　　　　　67 800

　　　　　　　应交税费——应交增值税（销项税额）　　　　　　　　　　7 800

　　若合同约定的收款日期未收到款项，则甲公司 9 月 15 日开具增值税专用发票，并计算增值税销项税额，账务处理如下：

　　借：应交税费——待转销项税额　　　　　　　　　　　　　　　　7 800

　　　　　贷：应交税费——应交增值税（销项税额）　　　　　　　　　　7 800

　　4. 采用预收款方式销售的销项税额或应纳增值税额的会计核算。企业采取预收货款方式销售货物，其纳税义务发生时间为货物发出的当天，但生产销售生产工期超过 12 个月的大型机械设备、船舶、飞机等货物时，其纳税义务的发生时间为收到预收款或者书面合同约定的收款日期的当天。企业采取预收货款方式销售货物，会计处理和税法的规定基本一致，除了生产销售生产工期超过 12 个月的大型机械设备、船舶、飞机等货物以外，企业收到预收货款时，不作销售处理，等到发出产品时才作销售处理。纳税人在收到预收货款时，应借记"银行存款"科目，贷记"预收账款"科目；发出商品时，确认收入及补收货款，借记"预收账款""银行存款"等科目，贷记"主营业务收入""应交税费——应交增值税（销项税额）"或"应交税费——简易计税"（小规模纳税人应贷记"应交税费——应交增值税"）等科目，同时结转已销商品成本。

　　【例 2 - 14】甲公司为增值税一般纳税人，20×3 年 5 月 8 日收到某批发公司预付服装款 90 000 元；6 月 28 日，该服装公司发出服装并开具增值税专用发票，发票上注明价款 100 000 元，增值税额 13 000 元，同时补收货款。对甲公司上述业务进行账务处理。

　　收到预付款时：

　　借：银行存款　　　　　　　　　　　　　　　　　　　　　　　90 000

　　　　　贷：预收账款　　　　　　　　　　　　　　　　　　　　　　　90 000

　　发出货物时：

　　借：预收账款　　　　　　　　　　　　　　　　　　　　　　　90 000

　　　　银行存款　　　　　　　　　　　　　　　　　　　　　　　23 000

　　　　　贷：主营业务收入　　　　　　　　　　　　　　　　　　　　　100 000

　　　　　　　应交税费——应交增值税（销项税额）　　　　　　　　　　13 000

　　企业采取预收款方式提供租赁服务，其纳税义务发生时间为收到预收款的当天，按预收的价税合计金额，借记"银行存款"等科目；按未来应当确认的收入金额，贷记"预收账款"科目；按现行增值税制度规定计算的销项税额（或采用简易计税方法计算的应纳增值税额），贷记"应交税费——应交增值税（销项税额）"或"应交税费——简易计税"科目（小规模纳税人应贷记"应交税费——应交增值税"科目）。发生销售退回的，应根据按规定开具的红字增值税专用发票做相反的会计分录。

【例 2 - 15】甲租赁公司为增值税一般纳税人，20×3 年 8 月 1 日与乙公司签订经营租赁合同，合同约定甲租赁公司向乙公司出租一台设备，租期 12 个月，租金共计 13.56 万元（含增值税），租赁开始日为 9 月 1 日，双方约定乙公司要在 8 月 15 日向甲公司一次性全额支付租金。甲租赁公司本年 8 月 15 日收到乙公司支付的租金 13.56 万元（含增值税）。对甲公司上述业务进行账务处理。

纳税人提供租赁服务采取预收款方式的，其纳税义务发生时间为收到预收款的当天。甲租赁公司应于 8 月 15 日对收到的预付款计提销项税额（有形动产租赁服务适用税率为 13%）。

本年 8 月甲租赁公司应计提的销项税额 = 13.56 ÷ (1 + 13%) × 13% = 1.56（万元）

（1）8 月 15 日收到预收款时：

借：银行存款　　　　　　　　　　　　　　　　　　135 600
　　贷：预收账款　　　　　　　　　　　　　　　　120 000
　　　　应交税费——应交增值税（销项税额）　　　　 15 600

（2）在租赁期限内（本年 9 月至下年 7 月）的每月月末，甲租赁公司分别确认收入时：

借：预收账款（120 000 ÷ 12）　　　　　　　　　　 10 000
　　贷：其他业务收入　　　　　　　　　　　　　　 10 000

5. 销售不动产销项税额或应纳增值税额的会计核算。企业销售不动产的，其纳税义务发生时间为收讫销售款项或者取得索取销售款项凭据的当天；先开具发票的，为开具发票的当天。企业销售不动产，应当按应收或已收的金额，借记"应收账款""应收票据""银行存款"等科目；按取得的收入金额，贷记"主营业务收入""其他业务收入""固定资产清理"等科目；按现行增值税制度规定计算的销项税额（或采用简易计税方法计算的应纳增值税额），贷记"应交税费——应交增值税（销项税额）"或"应交税费——简易计税"科目（小规模纳税人应贷记"应交税费——应交增值税"科目）。发生销售退回的，应根据按规定开具的红字增值税专用发票做相反的会计分录。

（1）房地产企业销售自行开发的房地产项目的销项税额或应纳增值税额的会计核算。房地产企业销售自行开发的房地产项目，应当按应收或已收的金额，借记"应收账款""应收票据""银行存款"等科目；按取得的收入金额，贷记"主营业务收入""其他业务收入"等科目；按现行增值税制度规定计算的销项税额（或采用简易计税方法计算的应纳增值税额），贷记"应交税费——应交增值税（销项税额）"或"应交税费——简易计税"科目（小规模纳税人应贷记"应交税费——应交增值税"科目）。

发生销售退回的，应根据按规定开具的红字增值税专用发票做相反的会计分录。

【例2-16】甲房地产公司为增值税一般纳税人，自行开发了某房地产项目（该项目为房地产老项目）。20×3年5月该公司销售了该项目的一批房产，共取得含增值税收入3 108万元，同时办妥了房屋产权转移手续。这批房产对应的土地价款为981万元。计算增值税时，甲公司选择了简易计税方法。对甲公司上述业务进行账务处理。

一般纳税人销售自行开发的房地产老项目，可以选择适用简易计税方法按照5%的征收率计税。一经选择简易计税方法计税的，36个月内不得变更为一般计税方法计税。

房地产老项目，是指建筑工程施工许可证注明的合同开工日期在2016年4月30日前的房地产项目；建筑工程施工许可证未注明合同开工日期或者未取得建筑工程施工许可证但建筑工程承包合同注明的开工日期在2016年4月30日前的建筑工程项目。

一般纳税人销售自行开发的房地产老项目适用简易计税方法计税的，以取得的全部价款和价外费用为销售额，不得扣除对应的土地价款。

应纳增值税=31 080 000÷（1+5%）×5%=1 480 000（元）

借：银行存款 31 080 000
　　贷：主营业务收入 29 600 000
　　　　应交税费——简易计税 1 480 000

【例2-17】接【例2-15】，假设在计算增值税时，甲公司选择了一般计税方法，其他资料不变。对甲公司上述业务进行账务处理。

房地产开发企业中的一般纳税人销售自行开发的房地产项目，适用一般计税方法计税，按照取得的全部价款和价外费用，扣除当期销售房地产项目对应的土地价款后的余额计算销售额。

销售额=（全部价款和价外费用-当期允许扣除的土地价款）÷（1+9%）

土地价款所对应的税额（销项税额抵减额）=9 810 000÷（1+9%）×9%
=810 000（元）

应纳增值税=31 080 000÷（1+9%）×9%-9 810 000÷（1+9%）×9%
=2 566 238.53-810 000=1 756 238.53（元）

借：银行存款 31 080 000
　　贷：主营业务收入 28 513 761.47
　　　　应交税费——应交增值税（销项税额） 2 566 238.53
借：应交税费——应交增值税（销项税额抵减） 810 000
　　贷：主营业务成本 810 000

（2）除房地产企业销售自行开发的房地产项目以外的销售不动产销项税额或应纳增值税额的会计核算。

除房地产企业销售自行开发的房地产项目以外的销售不动产应通过"固定资产清

理"科目核算，根据按规定收取的增值税额，贷记"应交税费——应交增值税（销项税额）"或"应交税费——简易计税"科目（小规模纳税人应贷记"应交税费——应交增值税"科目），发生的净损益记入"资产处置损益"科目。

【例 2 - 18】甲市 A 公司为增值税一般纳税人，20×6 年 1 月销售位于乙市的写字楼，并于当月办妥了相关产权转移手续。该写字楼于"营改增"之前购入并投入使用，投入使用前发生的成本为 546 万元，销售写字楼取得含增值税收入 840 万元。在销售过程中应纳土地增值税 60 万元，已用银行存款缴纳，假设销售过程中无其他费用。投入使用时，该公司预计该写字楼可使用 50 年，按平均年限法已提折旧 764 400元，无残值。计算增值税时，该公司转让不动产选择了简易计税方法。假设该公司本期无其他销售行为，无可抵扣进项税，也无期初留抵税额。对 A 公司上述业务进行账务处理。

一般纳税人转让其 2016 年 4 月 30 日前取得（不含自建）的不动产，可以选择适用简易计税方法计税，以取得的全部价款和价外费用扣除不动产购置原价或者取得不动产时的作价后的余额为销售额，按照 5% 的征收率计算应纳税额。纳税人应按照上述计税方法向不动产所在地主管税务机关预缴税款，向机构所在地主管税务机关申报纳税。

应预缴增值税 =（全部价款和价外费用 - 不动产购置原价或者取得不动产时的作价）

$$÷（1 +5\%）×5\%$$
$$=（8\ 400\ 000 - 5\ 460\ 000）÷（1 +5\%）×5\%$$
$$=140\ 000（元）$$

应纳增值税 = 应预缴增值税 =140 000 元

	借	贷
借：固定资产清理	4 695 600	
累计折旧	764 400	
贷：固定资产		5 460 000
借：银行存款	8 400 000	
贷：固定资产清理		8 000 000
应交税费——简易计税 ［8 400 000 ÷（1 +5%）×5%］		400 000
借：应交税费——简易计税 ［5 460 000 ÷（1 +5%）×5%］	260 000	
贷：固定资产清理		260 000
借：固定资产清理	600 000	
贷：应交税费——应交土地增值税		600 000
借：固定资产清理	2 704 400	
贷：资产处置损益		2 704 400

向不动产所在地主管税务机关预缴税款时：

借：应交税费——简易计税　　　　　　　　　　　　　　　140 000

贷：银行存款   140 000

下个月申报期内向机构所在地主管税务机关申报纳税时，由于向不动产所在地主管税务机关预缴税款（140 000 元）和向机构所在地主管税务机关申报纳税额 [400 000 - 260 000 = 140 000（元）] 相等，即不需要补缴增值税，因此只需要进行纳税申报，不需要进行账务处理。

【例 2 - 19】接【例 2 - 18】，假设 A 公司于"营改增"之后购置并投入使用，其他条件不变。对 A 公司上述业务进行账务处理。

一般纳税人转让其 2016 年 4 月 30 日后取得（不含自建）的不动产，选择适用一般计税方法计税的，以取得的全部价款和价外费用为销售额计算应纳税额。纳税人应以取得的全部价款和价外费用扣除不动产购置原价或者取得不动产时的作价后的余额，按照 5% 的预征率向不动产所在地主管税务机关预缴税款，向机构所在地主管税务机关申报纳税。

$$应预缴增值税 =（全部价款和价外费用 - 不动产购置原价或者取得不动产时的作价）$$
$$÷（1 + 5\%）× 5\%$$
$$=（8\ 400\ 000 - 5\ 460\ 000）÷（1 + 5\%）× 5\%$$
$$= 140\ 000（元）$$

$$增值税销项税额 = 8\ 400\ 000 ÷（1 + 9\%）× 9\% = 7\ 706\ 422.02 × 9\%$$
$$= 693\ 577.98（元）$$

借：固定资产清理   4 804 800
　　累计折旧（5 460 000 ÷ 50 ÷ 12 × 72）   655 200
　　贷：固定资产   5 460 000
借：银行存款   8 400 000
　　贷：固定资产清理   7 706 422.02
　　　　应交税费——应交增值税（销项税额）   693 577.98
借：固定资产清理   600 000
　　贷：应交税费——应交土地增值税   600 000
借：固定资产清理   2 301 622.02
　　贷：资产处置损益   2 301 622.02

向不动产所在地主管税务机关预缴税款时：

借：应交税费——预交增值税   140 000
　　贷：银行存款   140 000

该公司本期无其他销售行为，无可抵扣进项税，也无期初留抵税额。

应纳增值税 = 693 577.98 - 0 - 0 = 693 577.98（元）

月份终了，将当月应缴未缴增值税额从"应交税费——应交增值税"科目转入

"未交增值税"科目时：

    借：应交税费——应交增值税（转出未交增值税）　　　693 577.98

        贷：应交税费——未交增值税　　　　　　　　　　　　　693 577.98

    月份终了，将当月预缴的增值税额自"应交税费——预交增值税"科目转入"未交增值税"科目时：

    借：应交税费——未交增值税　　　　　　　　　　　140 000

        贷：应交税费——预交增值税　　　　　　　　　　　　　140 000

    下月申报期内向机构所在地主管税务机关申报纳税时：

    借：应交税费——未交增值税（693 577.98 - 140 000）　553 577.98

        贷：银行存款　　　　　　　　　　　　　　　　　　　　553 577.98

    6. 委托代销业务的增值税会计核算。委托其他纳税人代销货物的，其纳税义务发生时间为收到代销单位的代销清单或者收到全部或者部分货款的当天。未收到代销清单及货款的，其纳税义务发生时间为发出代销货物满 180 天的当天。根据受托方是否有对受托商品实质上的市场定价权，可将委托（受托）代销行为分为视同买断和收取手续费两种方式。若代理商有实质市场定价权，则为视同买断方式；若代理商没有实质市场定价权，则为收取手续费方式。

    （1）视同买断方式的代销行为销项税额或应纳增值税额的会计核算。视同买断方式的代销行为指的是双方签订合同或协议，实际售价由受托方自定，委托方按合同收取代销货款，实际售价与合同价之间的差额归受托方。这种方式又具体分为不附退回条款的视同买断方式和附退回条款的视同买断方式。

    会计处理上，对于委托方来说，发出委托代销商品时应按发出的委托代销货物的实际成本，借记"委托代销商品"科目，贷记"库存商品""原材料""周转材料"等科目。等到收到受托方转来代销清单时，才确认销售收入和销项税额（或采用简易计税方法计算的应纳增值税额），借记"应收账款""银行存款"等科目，贷记"主营业务收入""应交税费——应交增值税（销项税额）"或"应交税费——简易计税"（小规模纳税人应贷记"应交税费——应交增值税"）等科目；同时借记"主营业务成本"科目，贷记"委托代销商品"科目。

    对于受托方来说，收到委托方发来的委托代销货物时，按接价或含增值税价，借记"受托代销商品"科目，贷记"受托代销商品款"科目；若受托方为零售企业且采用售价金额核算法来核算存货成本，还应按代理商品的进销差价，贷记"商品进销差价"科目。受托方销售代销货物时，既要确认代销货物的销售收入、销售成本，又要确认代销货物的销项税额（或采用简易计税方法计算的应纳增值税额）。

    【例 2 - 20】20 × 3 年 5 月，甲公司（增值税一般纳税人）委托乙公司（增值税一般纳税人）销售 A 商品 100 件，协议价均为每件 200 元（不含增值税），A 商品成本为每件 120 元，增值税税率为 13%。合同约定 A 商品的具体市场定价由乙公司自定，同时约定将来受托方乙公司没有将商品售出时可以将商品退回给委托方甲公司。20×4 年 7 月，乙公司按每件 220 元（不含增值税）的价格出售给顾客后，向甲公司开具代销清单。甲公司收到乙公司开来的代销清单时开具增值税专用发票，发票上注明价款 20 000 元，增值税额 2 600 元，但双方尚未结算相关款项。乙公司本年 7 月对取得的增值税专用发票进行了认证。本年 9 月双方结清相关款项。对视同买断方式下委托方甲公司、受托方乙公司的业务进行账务处理。

甲公司（委托方）的账务处理如下：

5 月发出代理销售 A 商品时：

借：委托代销商品   12 000

    贷：库存商品   12 000

7 月收到乙公司开来的代销清单，并开具增值税专用发票时：

借：应收账款——乙公司   22 600

    贷：主营业务收入   20 000

        应交税费——应交增值税（销项税额）   2 600

同时：

借：主营业务成本   12 000

    贷：委托代销商品   12 000

9 月收到乙公司结清的款项时：

借：银行存款   22 600

    贷：应收账款——乙公司   22 600

乙公司（受托方）的账务处理如下：

5 月收到代销的 A 商品时：

借：受托代销商品   20 000

    贷：受托代销商品款   20 000

7 月销售代销商品，并结转成本及确认付款义务时：

借：银行存款   24 860

    贷：主营业务收入   22 000

        应交税费——应交增值税（销项税额）   2 860

同时：

借：主营业务成本   20 000

    贷：受托代销商品   20 000

借：受托代销商品款   20 000

    贷：应付账款——甲公司   20 000

7月开具代销清单并收到甲公司开具的增值税专用发票且认证通过时：

借：应交税费——应交增值税（进项税额）　　　　　　　　2 600

　　贷：应付账款——甲公司　　　　　　　　　　　　　　　　　2 600

9月结清代销款项时：

借：应付账款——甲公司　　　　　　　　　　　　　　　　22 600

　　贷：银行存款　　　　　　　　　　　　　　　　　　　　　22 600

（2）收取手续费方式的代销行为销项税额或应纳增值税额的会计核算。收取手续费方式的代销行为指的是双方签订合同或协议，实际售价由委托方确定，委托方按合同收取代销货款，受托方根据合同的约定向委托方收取手续费的销售方式。这种方式委托方也是在收到代销清单时确认销售收入，受托方在商品销售后按合同约定确认手续费收入。

会计处理上，对于委托方来说，发出委托代销商品时并不确认销售收入和销项税额（或采用简易计税方法计算的应纳增值税额），而应按发出的委托代销货物的实际成本，借记"委托代销商品"科目，贷记"库存商品""原材料""周转材料"等科目。等到收到受托方转来代销清单时，才确认销售收入和销项税额（或采用简易计税方法计算的应纳增值税额），借记"应收账款""银行存款"等科目，贷记"主营业务收入""应交税费——应交增值税（销项税额）"或"应交税费——简易计税"（小规模纳税人应贷记"应交税费——应交增值税"）等科目；同时借记"主营业务成本"科目，贷记"委托代销商品"科目。委托方还应按应付或实际支付的代销手续费，借记"销售费用"科目；按当月已认证的可抵扣增值税额，借记"应交税费——应交增值税（进项税额）"科目；按当月未认证的可抵扣增值税额，借记"应交税费——待认证进项税额"科目；贷记"银行存款""应收账款"等科目（若采用简易计税方法或者未取得合法的扣税凭证，则进项税额记入"销售费用"科目）。对于受托方来说，收到委托方发来的委托代销货物时，按接受价或含增值税价，借记"受托代销商品"科目，贷记"受托代销商品款"科目；若受托方为零售企业且采用售价金额核算法来核算存货成本，还应按代理商品的进销差价，贷记"商品进销差价"科目。受托方销售代销货物后，不确认代销货物的销售收入、销售成本，但要确认代销货物的销项税额（或采用简易计税方法计算的应纳增值税额），还要将代销手续费收入作为"主营业务收入"或者"其他业务收入"入账，同时确认代销手续费收入的销项税额。

【例2－21】20×3年5月，甲公司（增值税一般纳税人）委托乙公司（增值税一般纳税人）销售A商品60件，协议价均为每件180元（不含增值税），A商品成本为每件80元，增值税税率为13%。甲公司按不含增值税售价的10%支付乙公司手续费（不含增值税）。7月乙公司按每件180元（不含增值税）的价格出售给顾客后，向甲公司开具代销清单。甲公司收到乙公司开来的代销清单时开具给乙公司代销货物的增值税专用发票，发票上注明价款 10 800 元，增值税额 1 404 元，乙公司 7 月对取得的增值税专用发票进行了认证；同时甲公司支付给乙公司手续费，收到乙公司开具手续费的增值税专用发票，发票上注明手续费 1 080 元，增值税额 64.8 元，甲公司 7 月对取得的增值税专用发票进行了认证。但双方尚未结算相关款项。9 月双方结清相关款项。对收取手续费方式下委托方甲公司、受托方乙公司的业务进行账务处理。

甲公司（委托方）的账务处理如下：

5 月发出代销的 A 商品时：

借：委托代销商品 4 800

　　贷：库存商品 4 800

7 月收到乙公司开来的代销清单，并开具增值税专用发票时：

借：应收账款——乙公司 12 204

　　贷：主营业务收入 10 800

　　　　应交税费——应交增值税（销项税额） 1 404

同时：

借：主营业务成本 4 800

　　贷：委托代销商品 4 800

7 月计提手续费并收到乙公司开具的增值税专用发票且认证通过时：

借：销售费用（10 800×10%） 1 080

　　应交税费——应交增值税（进项税额）（1 080×6%） 64.8

　　贷：应收账款——乙公司 1 144.8

若对于支付的代销手续费，委托方甲公司从受托方乙公司取得的是增值税普通发票，则增值税进项税额不能抵扣，而应计入销售费用，账务处理如下：

借：销售费用 1 144.8

　　贷：应收账款——乙公司 1 144.8

9 月收到乙公司结清的款项时：

借：银行存款 11 059.2

　　贷：应收账款——乙公司 11 059.2

乙公司（受托方）的账务处理如下：

5 月收到代销的 A 商品时：

借：受托代销商品 10 800

　　贷：受托代销商品款 10 800

7 月销售代销商品时：

借：银行存款 12 204

　　贷：受托代销商品 10 800

应交税费——应交增值税（销项税额）　　　　　　　　　1 404

7 月开具代销清单并收到甲公司开具的增值税专用发票且认证通过时：

借：应交税费——应交增值税（进项税额）　　　　　　　1 404

　　贷：应付账款——甲公司　　　　　　　　　　　　　　1 404

借：受托代销商品款　　　　　　　　　　　　　　　　　10 800

　　贷：应付账款——甲公司　　　　　　　　　　　　　　10 800

9 月结清代销款项并计算代销手续费收入时：

借：应付账款——甲公司　　　　　　　　　　　　　　　12 204

　　贷：银行存款　　　　　　　　　　　　　　　　　　　11 059.2

　　　　主营业务收入（或其他业务收入）　　　　　　　　1 080

　　　　应交税费——应交增值税（销项税额）　　　　　　64.8

（二）特殊销售行为的增值税会计核算

1. 混合销售行为销项税额或应纳增值税额的会计核算。企业发生混合销售行为，应按应收或已收的金额，借记"应收账款""应收票据""银行存款"等科目；按取得的收入金额，贷记"主营业务收入""其他业务收入"等科目；按现行增值税制度规定计算的销项税额（或采用简易计税方法计算的应纳增值税额），贷记"应交税费——应交增值税（销项税额）"或"应交税费——简易计税"科目（小规模纳税人应贷记"应交税费——应交增值税"科目）。

【例 2 - 22】 甲商场为增值税一般纳税人，20 ×3 年 6 月销售空调，并为客户提供安装服务，空调价款为 113 000 元（含增值税），另收取安装费 11 300 元（含增值税）。货款与安装费均已收到。对甲商场上述业务进行账务处理。

甲商场当期销项税额 = $[113\,000 \div (1 + 13\%) + 11\,300 \div (1 + 13\%)] \times 13\%$

$= (100\,000 + 10\,000) \times 13\% = 14\,300$（元）

借：银行存款　　　　　　　　　　　　　　　　　　　　124 300

　　贷：主营业务收入　　　　　　　　　　　　　　　　　100 000

　　　　其他业务收入　　　　　　　　　　　　　　　　　10 000

　　　　应交税费——应交增值税（销项税额）　　　　　　14 300

2. 兼营行为销项税额或应纳增值税额的会计核算。企业发生兼营行为，如果分别核算适用不同税率或者征收率的销售额，则应当按应收或已收的金额，借记"应收账款""应收票据""银行存款"等科目；按取得的收入金额，贷记"主营业务收入""其他业务收入"等科目；按现行增值税制度规定计算的销项税额（或采用简易计税方法计算的应纳增值税额），贷记"应交税费——应交增值税（销项税额）"科目或"应交税费——简易计税"科目（小规模纳税人应贷记"应交税费——应交增值税"

科目）。

【例 2 -23】甲公司为增值税一般纳税人，20×3 年 10 月生产销售化工机械设备 800 000 元（不含增值税）。甲公司又对外提供技术咨询服务，取得销售额 20 000 元（不含增值税）。公司对以上两种业务分别核算，并按照各自的适用税率分别开具了增值税专用发票，款项均已结清并存入银行。对甲公司上述业务进行账务处理。

销售化工机械设备适用税率为 13%，提供技术咨询服务适用税率为 6%。甲公司应计提的销项税额 = 800 000×13% + 20 000×6% = 104 000 + 1 200

$$= 105\ 200 （元）$$

借：银行存款 904 000
  贷：主营业务收入 800 000
    应交税费——应交增值税（销项税额）（800 000×13%） 104 000
借：银行存款 21 200
  贷：其他业务收入 20 000
    应交税费——应交增值税（销项税额）（20 000×6%） 1 200

或者可以将上述两个分录合并为：

借：银行存款 925 200
  贷：主营业务收入 800 000
    其他业务收入 20 000
    应交税费——应交增值税（销项税额） 105 200

3. 将货物在两个机构之间移送销项税额或应纳增值税额的会计核算。设有两个以上机构并实行统一核算的纳税人，将货物从一个机构移送到其他机构用于销售，但相关机构设在同一县（市）的除外。货物移送时，调出方应计算销项税额，调入方计算进项税额。

【例 2 -24】甲公司和下属的乙分支机构均为增值税一般纳税人，分别位于 A 市和 B 市，并实行统一核算，乙分支机构具备向购货单位开票的资格或者有权向购货方收取货款。20×3 年 5 月甲公司将自产货物 100 件调往乙分支机构用于销售。该自产货物每件不含增值税售价为 1 000 元，成本为 800 元。7 月乙分支机构将其全部销售给丙公司，并由乙分支机构向购买方丙公司开具增值税专用发票，且收到货款。对甲公司和下属的乙分支机构的上述业务进行账务处理。

由于甲公司和下属的乙分支机构实行统一核算，因此统一进行会计核算。

5 月甲公司移送货物时：

借：库存商品——乙分支机构（800×100） 80 000
  应交税费——应交增值税（进项税额）（1 000×100×13%） 13 000
  贷：库存商品——甲公司 80 000

```
    应交税费——应交增值税（销项税额）                    13 000
```
5 月 13 000 元的销项税额在甲公司所在地计提；13 000 元的进项税额在乙分支机构所在地作为可抵扣的增值税。

7 月乙分支机构对外销售货物，乙分支机构开具发票并收取货款时：

```
借：银行存款                                        113 000
    贷：主营业务收入                                  100 000
        应交税费——应交增值税（销项税额）             13 000
借：主营业务成本                                     80 000
    贷：库存商品——乙分支机构                          80 000
```
7 月 13 000 元的销项税额在乙分支机构所在地计提。

【例 2-25】甲公司和下属的乙分支机构均为增值税一般纳税人，分别位于 A 市和 B 市，并实行统一核算，乙分支机构既不具备向购货单位开票的资格，又无权向购货方收取货款。20×3 年 5 月甲公司将自产货物 100 件调往乙分支机构用于销售。该自产货物每件不含增值税售价为 1 000 元，成本为 800 元。7 月甲公司通过乙分支机构将其全部销售给丙公司，并由甲公司向购买方丙公司开具增值税专用发票，且收到货款。对甲公司上述业务进行账务处理。

由于甲公司和下属的乙分支机构实行统一核算，因此统一进行会计核算。

5 月甲公司将自产货物调往乙分支机构用于销售，由于乙分支机构既不具备向购货单位开票的资格，又无权向购货方收取货款，因此甲公司移送货物到乙分支机构的行为不属于视同销售，此时不需要缴纳增值税。甲公司对于货物移送行为只做货物进、销、存仓库保管账，不做涉税会计处理。

7 月甲公司通过乙分支机构对外销售货物，甲公司向丙公司开具发票并收取货款时：

```
借：银行存款                                        113 000
    贷：主营业务收入                                  100 000
        应交税费——应交增值税（销项税额）             13 000
借：主营业务成本                                     80 000
    贷：库存商品                                      80 000
```
注：7 月 13 000 元的销项税额在甲公司所在地计提。

4. 视同销售行为的销项税额或应纳增值税额的会计核算。

（1）将自产、委托加工的货物用于集体福利或个人消费销项税额或应纳增值税额的会计核算。企业将自产、委托加工的货物用于集体福利或个人消费的，税法上应于货物移送时视同销售，计算销项税额或应纳增值税额，会计上应当确认收入。企业应借记"应付职工薪酬——非货币性福利"等科目；按市场价格，贷记"主营业务收入""其他业务收入"等科目;按市场价格和规定的增值税税率计算的销项税额或者采用简易计税方法计算的应纳增值税额,贷记"应交税费——应交增值税(销项税额)"或"应交税费——简易计税"科目(小规模纳税人应贷记"应交税费——应交增值税"科目);同时结转该货物的成本,借记"主营业务成本""其他业务成本"等科目,贷记"库存商品"科目。

【例 2 - 26】甲公司是一家冰箱生产企业,为增值税一般纳税人。20×3 年 5 月,甲公司决定以其生产的冰箱作为福利发放给职工,每人发放一台。公司共有职工 250 人,其中,生产工人 200 人,车间管理人员 20 人,厂部管理人员 30 人。该型号冰箱的每台不含增值税售价为 5 000 元,单位成本为 4 000 元。对甲公司上述业务进行账务处理。

决定发放非货币性福利时:

计入生产成本的金额 = 5 000 × 200 × (1 + 13%) = 1 130 000(元)

计入制造费用的金额 = 5 000 × 20 × (1 + 13%) = 113 000(元)

计入管理费用的金额 = 5 000 × 30 × (1 + 13%) = 169 500(元)

借:生产成本	1 130 000
制造费用	113 000
管理费用	169 500
贷:应付职工薪酬——非货币性福利	1 412 500

实际发放非货币性福利时:

借:应付职工薪酬——非货币性福利	1 412 500
贷:主营业务收入	1 250 000
应交税费——应交增值税(销项税额)(1 250 000 × 13%)	162 500
借:主营业务成本	1 000 000
贷:库存商品(4 000 × 250)	1 000 000

(2)无偿转让货物的销项税额或应纳增值税额的会计核算。企业无偿转让货物时,按市场价格确定的销售额和规定的增值税税率计算的销项税额,或者采用简易计税方法计算的应纳增值税额,贷记"应交税费——应交增值税(销项税额)""应交税费——简易计税"科目(小规模纳税人应贷记"应交税费——应交增值税"科目);按该货物的成本,贷记"库存商品"等科目。

【例 2 - 27】甲公司系增值税一般纳税人,将自产的救生衣 1 000 件直接捐赠给灾区。该救生衣每件成本 300 元,每件不含增值税售价 400 元。对公司上述业务进行账务处理。

借:营业外支出	352 000
贷:库存商品(300 × 1 000)	300 000

应交税费——应交增值税（销项税额）（400×1 000×13%） 52 000

本例由于企业所得税法与会计准则对收入的确认存在差异，即企业所得税需要确认收入，而会计不确认收入，因此需在企业所得税纳税申报时进行纳税调整。在计算所得税时，应调增收入400 000元，调增成本300 000元。此外，由于企业直接捐赠不能在税前扣除，因而还需调增应纳税所得额352 000元。

（3）无偿转让无形资产或不动产销项税额或应纳增值税额的会计核算。企业发生视同销售无形资产或不动产的，税法上其纳税义务发生时间为无形资产转让完成的当天或者不动产权属变更的当天，但会计上不确认收入（由于与交易相关的经济利益未流入企业，因此不符合收入确定条件）。按确定的销售额和规定的增值税税率计算的销项税额，或者采用简易计税方法计算的应纳增值税额，贷记"应交税费——应交增值税（销项税额）"或"应交税费——简易计税"科目（小规模纳税人应贷记"应交税费——应交增值税"科目）。对于无偿转让无形资产或不动产，除了计提销项税额或应纳增值税额之外，还应对无形资产或不动产进行相关的账务处理。

【例2-28】甲公司为增值税一般纳税人，20×3年7月无偿提供给乙公司域名使用半年，使用该域名的不含税价格为3 200元/年。对甲公司上述业务的销项税额进行账务处理。

甲公司上述业务应视同销售无形资产计算增值税。

增值税销项税额=3200÷2×6%=96（元）

借：营业外支出 96

    贷：应交税费——应交增值税（销项税额） 96

5. 其他特殊销售业务增值税的会计核算。

（1）销售折让、中止或者退回以及提供折扣销项税额或应纳增值税额的会计核算。纳税人适用一般计税方法计税的，因销售折让、中止或者退回而退还给购买方的增值税额，应当从当期的销项税额中扣减；因销售折让、中止或者退回而收回的增值税额，应当从当期的进项税额中扣减。纳税人适用简易计税方法计税的，因销售折让、中止或者退回而退还给购买方的销售额，应当从当期销售额中扣减。扣减当期销售额后仍有余额造成多缴的税款，可以从以后的应纳税额中扣减。纳税人发生应税行为，开具增值税专用发票后，发生开票有误或者销售折让、中止、退回等情形的，应当按照国家税务总局的规定开具红字增值税专用发票；未按照规定开具红字增值税专用发票的，不得扣减销项税额或者销售额。

【例2-29】甲公司为增值税一般纳税人，20×3年9月销售给乙公司一批产品，开具增值税专用发票，注明价款60 000元，增值税额7 800元。该批产品的成本为40 000元。10月发现质量不符合要求，双方协商折让20%。甲公司凭税务机关系统校验通过的开具红字增值税专用发票信息表开具红字专用发票，在新系统中以销项负数开具，注明折让价款 12 000 元，增值税额 1 560 元，甲公司通过银行汇出款项。对甲公司上述业务进行账务处理。

销售产品时：

借：银行存款   67 800

  贷：主营业务收入   60 000

    应交税费——应交增值税（销项税额） 7 800

借：主营业务成本   40 000

  贷：库存商品   40 000

发生折让时，甲公司按红字专用发票作红字冲销分录：

借：银行存款   13 560

  贷：主营业务收入   12 000

    应交税费——应交增值税（销项税额） 1 560

（2）提供折扣销售的销项税额或应纳增值税额的会计核算。纳税人采取折扣方式销售货物，如果销售额和折扣额在同一张发票上分别注明的，可按折扣后的销售额征收增值税；如果将折扣额另开发票，不论其在财务上如何处理，均不得从销售额中减去折扣额。

销售折扣即会计上的现金折扣，是指销货方在销售货物或应税劳务后，为了鼓励购货方及早偿还货款而给予购货方的一种折扣优待，即对在折扣期内付款的客户，按销售货款给予一定比率的价款减让。销售折扣发生在销货之后，属于企业的一种融资性质的理财费用，在企业销售货物发生纳税义务时，购货方能否获得此项折扣尚未得知。因此，销售折扣不得从销售额中减除，要按折扣前的销售额全额作为计算销项税额的依据。对于销售折扣，企业选择总价法还是净价法进行会计处理，取决于对可变对价最佳估计数的判断。若对可变对价最佳估计数判断为总价，则为总价法。在总价法下，如果购买方能够在折扣期内付款，企业应按购买方获得的销售折扣金额调减营业收入。若对可变对价最佳估计数判断为净价，则为净价法。在净价法下，如果购买方未能在折扣期内付款，企业应按购买方放弃的销售折扣金额调增营业收入。

【例 2-30】甲公司为增值税一般纳税人，20×3 年 8 月为扩大销售向乙公司销售其产品，实行 8 折优惠。假设销售产品 1 000 件，每件产品原价 1 000 元（不含增值税），折扣后的价格为每件 800 元（不含增值税），且折扣额与销售额在同一张发票的"金额"栏中分别注明。该产品成本为每件 600 元。对甲公司上述业务进行账务处理。

借：银行存款   904 000

  贷：主营业务收入（800×1 000）   800 000

    应交税费——应交增值税（销项税额）（800×1 000×13%）

                104 000

借：主营业务成本   600 000

  贷：库存商品   600 000

【例2-31】甲商城为增值税一般纳税人，20×3年8月开展一次促销活动，采用"买一赠一"方式销售西装，即顾客每购买一套西装可获赠一条领带。每套西装的不含增值税价格为2 000元，每条领带的不含增值税价格为500元。当月甲商城采用"买一赠一"方式销售西装100套。已知每套西装和每条领带的成本分别为1 200元和300元。甲商城将销售西装和随同西装赠送的领带品名、数量以及按各项商品公允价值的比例分摊确认的价格在同一张发票上的"金额"栏分别注明。对上述业务进行账务处理。

增值税销项税额 = 2 000 × 100 × 13% = 26 000（元）

销售西装应分摊的收入 = 2 000 × 100 × 2 000 ÷（2 000 + 500）= 160 000（元）

赠送领带应分摊的收入 = 2 000 × 100 × 500 ÷（2 000 + 500）= 40 000（元）

借：银行存款   226 000

  贷：主营业务收入——西装   160 000

       ——领带   40 000

    应交税费——应交增值税（销项税额） 26 000

借：主营业务成本   150 000

  贷：库存商品——西装   120 000

       ——领带   30 000

【例2-32】甲公司和乙公司均为增值税一般纳税人。甲公司20×3年7月销售一批产品给乙公司，开具给乙公司增值税专用发票，发票上注明价款30 000元，增值税额3 900元，规定现金折扣条件为"2/10，1/20，n/30"（合同规定计算折扣按照不含增值税的价款计算）。该产品成本为20 000元。甲公司基于对乙公司的了解，预计乙公司10天内付款的概率为90%，11～20天内付款的概率为5%，20天后付款的概率为5%。甲公司认为按照最可能发生金额能够更好地预测其有权获取的对价金额。甲公司按净价法进行账务处理。乙公司取得的增值税专用发票当月符合抵扣规定。对销货方甲公司、购货方乙公司分别进行账务处理。

销货方甲公司的账务处理如下：

产品发出并办妥托收手续时：

甲公司认为按照最可能发生金额能够更好地预测其有权获取的对价金额。因此，甲公司应确认的销售商品收入的金额 = 30 000 ×（1 - 2%）= 29 400（元）。

借：应收账款   33 300

  贷：主营业务收入   29 400

    应交税费——应交增值税（销项税额） 3 900

借：主营业务成本   20 000

      贷：库存商品   20 000

如果上述货款乙公司在 10 天内支付，则甲公司在收款时：

借：银行存款   33 300

      贷：应收账款   33 300

如果上述货款乙公司在 11～20 天内支付，则甲公司在收款时：

借：银行存款   33 600

      贷：应收账款   33 300

          主营业务收入   300

如果上述货款乙公司超过 20 天支付，则甲公司在收款时：

借：银行存款   33 900

      贷：应收账款   33 300

          主营业务收入   600

购货方乙公司的账务处理如下：

收到货物及结算凭证时：

借：原材料   30 000

    应交税费——应交增值税（进项税额）   3 900

      贷：应付账款   33 900

如果上述货款在 10 天内支付时：

借：应付账款   33 900

      贷：银行存款   33 300

          财务费用   600

如果上述货款在 1～20 天内支付时：

借：应付账款   33 900

      贷：银行存款   33 600

          财务费用   300

如果上述货款超过 20 天支付时：

借：应付账款   33 900

      贷：银行存款   33 900

（3）以旧换新销项税额或应纳增值税额的会计核算。企业采取以旧换新方式销售货物，应按新货物的同期销售价格确定销售额。考虑到金银首饰以旧换新业务的特殊情况，对金银首饰以旧换新业务，可以按销售方实际收取的不含增值税的全部价款征收增值税。企业应按扣除回收旧货物应收或实收价税合计，借记"银行存款""应收账款""应收票据"科目；按回收的旧货物所抵扣的价款，借记"原材料""库存商品"等科目；按新货物正常对外销售不含增值税价款，贷记"主营业务收入"科目；并按此不含增值税价款计算增值税销项税额或者应纳增值税额，贷记"应交税费——应交增值税（销项税额）"或"应交税费——简易计税"科目（小规模纳税人应贷记"应交税费——应交增值税"科目）。

【例2－33】甲商场为增值税一般纳税人，20×3年9月采取以旧换新方式向个人消费者销售彩电100台，彩电零售价为2 260元/台，收回旧彩电作价700元/台。对甲商场的上述业务进行账务处理。

借：库存现金　　　　　　　　　　　　　　　　　　156 000
　　库存商品——旧彩电（700×100）　　　　　　　　70 000
　　贷：主营业务收入　　　　　　　　　　　　　　　　200 000
　　　　应交税费——应交增值税（销项税额）　　　　　　26 000

（4）包装物押金销项税额或应纳增值税额的会计核算。一般情况下，企业为销售货物而出租出借包装物收取的押金，单独记账核算的，时间在1年以内（以12个月为限），又未过期的，不并入销售额征税；但对因逾期未收回包装物不再退还的押金，应按所包装货物的适用税率计算销项税额或应纳增值税额。其中，逾期是指按合同约定实际逾期或以1年为期限，对收取1年以上的押金，无论是否退还均并入销售额征税。当然，在将包装物押金并入销售额征税时，需要先将该押金换算为不含税价，再并入销售额征税。

对销售除啤酒、黄酒外的其他酒类产品而收取的包装物押金，无论是否返还以及会计上如何核算，均应并入当期销售额征税。

对于一般情况下的包装物的押金，在收到押金时，应借记"银行存款"科目，贷记"其他应付款"科目，在规定期限内收回包装物押金时，做相反的分录；在规定期限内未收回包装物时，则不再退还押金，借记"其他应付款"科目，按包装物押金换算成的不含增值税收入，贷记"其他业务收入"科目，按计算出的销项税额或应纳增值税额，贷记"应交税费——应交增值税（销项税额）"或"应交税费——简易计税"科目（小规模纳税人应贷记"应交税费——应交增值税"科目），同时结转包装物成本，借记"其他业务成本"科目，贷记"周转材料——包装物"科目。

【例2－34】甲公司为增值税一般纳税人，20×3年7月销售计算机取得收入100 000元（不含增值税），同时出借包装物一批，收到包装物押金2 260元，款项已存入银行。计算机成本为80 000元，包装物成本为1 000元。对甲公司上述业务进行账务处理。

销售计算机收到包装物押金时：

借：银行存款　　　　　　　　　　　　　　　　　　115 260
　　贷：主营业务收入　　　　　　　　　　　　　　　　100 000
　　　　应交税费——应交增值税（销项税额）　　　　　　13 000

其他应付款——存入保证金		2 260

结转计算机成本时：

借：主营业务成本   80 000

    贷：库存商品   80 000

退还或者没收包装物押金时：

如果出借的包装物在约定期限之内或者在 1 年之内收回，则收回包装物并退还包装物押金时：

借：其他应付款——存入保证金   2 260

    贷：银行存款   2 260

如果出借的包装物逾期或者超过 1 年仍未收回的，则没收包装物押金，确认收入及销项税额或应纳增值税额，并同时结转包装物成本：

借：其他应付款——存入保证金   2 260

    贷：其他业务收入 $[2\,260 \div (1+13\%)]$ 2 000

        应交税费——应交增值税（销项税额）$[2\,260 \div (1+13\%) \times 13\%]$

                                                       260

借：其他业务成本   1 000

    贷：周转材料——包装物   1 000

三、购进等业务增值税的会计核算

（一）一般购进业务进项税额的会计核算

一般纳税人购进应税交易，按应计入相关成本费用或资产的金额，借记"在途物资"（或"材料采购"）或"原材料""库存商品""委托加工物资""生产成本""无形资产""固定资产""管理费用"等科目；按当月已认证的可抵扣增值税额，借记"应交税费——应交增值税（进项税额）"科目；按当月未认证的可抵扣增值税额，借记"应交税费——待认证进项税额"科目，按应付或实际支付的金额，贷记"应付账款""应付票据""银行存款"等科目。

1. 购进货物、服务、无形资产、不动产进项税额的会计核算。一般纳税人购进货物、服务、无形资产、不动产，按应计入相关成本费用或资产的金额，借记"在途物资"（或"材料采购"）或"原材料""库存商品""生产成本""无形资产""固定资产""管理费用"等科目；按当月已认证的可抵扣增值税额，借记"应交税费——应交增值税（进项税额）"科目；按当月未认证的可抵扣增值税额，借记"应交税费——待认证进项税额"科目；按应付或实际支付的金额，贷记"应付账款""应付票据""银行存款"等科目。

【例2–35】甲公司为增值税一般纳税人，原材料成本的核算采用实际成本法。甲公司20×3年5月购入原材料3 000千克，单价5元/千克，取得的增值税专用发票上注明价款15 000元，增值税额1 950元。5月货款已支付，原材料尚未到达。20×3年6月收到原材料，并验收入库。甲公司20×3年5月对取得的增值税专用发票已进行认证。对甲公司上述业务进行账务处理。

20×3年5月取得并认证增值税专用发票，且支付货款时：

借：在途物资　　　　　　　　　　　　　　　　　　　　15 000
　　应交税费——应交增值税（进项税额）　　　　　　　　1 950
　　贷：银行存款　　　　　　　　　　　　　　　　　　　　　16 950

本年6月收到原材料，并验收入库时：

借：原材料　　　　　　　　　　　　　　　　　　　　　15 000
　　贷：在途物资　　　　　　　　　　　　　　　　　　　　　15 000

【例2–36】甲公司为增值税一般纳税人，原材料成本核算采用实际成本法。甲公司20×3年5月购入原材料3 000千克，单价5元/千克，取得的增值税专用发票上注明价款15 000元，增值税税额1 950元。货款已支付，材料已验收入库。甲公司5月未对取得的增值税专用发票进行认证，6月才进行了认证。对甲公司上述业务进行账务处理。

20×3年5月购入货物时：

借：原材料　　　　　　　　　　　　　　　　　　　　　15 000
　　应交税费——待认证进项税额　　　　　　　　　　　　1 950
　　贷：银行存款　　　　　　　　　　　　　　　　　　　　　16 950

6月认证发票时：

借：应交税费——应交增值税（进项税额）　　　　　　　1 950
　　贷：应交税费——待认证进项税额　　　　　　　　　　　　1 950

【例2–37】甲公司为增值税一般纳税人，20×3年7月就有关经营事宜向某管理咨询公司进行咨询，支付咨询费用价税合计10 600元，取得管理咨询公司开具的增值税专用发票，注明咨询费用10 000元，增值税额600元。甲公司当月对取得的增值税专用发票进行了认证。对甲公司上述业务进行账务处理。

借：管理费用　　　　　　　　　　　　　　　　　　　　10 000
　　应交税费——应交增值税（进项税额）　　　　　　　　600
　　贷：银行存款　　　　　　　　　　　　　　　　　　　　　10 600

【例2–38】甲公司为增值税一般纳税人，20×3年7月从乙公司购入一项专利权，取得的增值税专用发票上注明价款80 000元，增值税额4 800元，共计84 800元。当月甲公司对取得的增值税专用发票进行了认证。对甲公司上述业务进行账务处理。

借：无形资产——专利权   80 000

  应交税费——应交增值税（进项税额）   4 800

  贷：银行存款   84 800

2. 进口货物进项税额的会计核算。一般纳税人进口货物，按应计入相关成本费用或资产的金额，借记"在途物资"（或"材料采购"）或"原材料""库存商品""生产成本""固定资产""管理费用"等科目；按从海关取得的海关进口增值税专用缴款书上注明的增值税额（已申请稽核并取得稽核相符结果的海关缴款书进项税额），借记"应交税费——应交增值税（进项税额）"科目；按从海关取得的海关进口增值税专用缴款书上注明的增值税额（尚未申请稽核或者已申请稽核但尚未取得稽核相符结果的海关缴款书进项税额），借记"应交税费——待认证进项税额"科目；按应付或实际支付的金额，贷记"应付账款""应付票据""银行存款"等科目。

【例2-39】甲公司为增值税一般纳税人，20×3年7月从国外进口一批布料并已验收入库，海关进口增值税专用缴款书上注明的价款为100 000元，已知其关税税率为10%。该公司原材料成本的核算采用实际成本法。从海关取得的海关进口增值税专用缴款书上注明增值税额14 300元，该海关进口增值税专用缴款书已申请稽核比对并且稽核比对结果为相符。对甲公司上述业务进行账务处理。

该批商品进口时应纳关税 = 100 000 × 10% = 10 000（元）

该批商品进口时应纳增值税 = （100 000 + 10 000） × 13% = 14 300（元）

借：原材料   110 000

  应交税费——应交增值税（进项税额）   14 300

  贷：银行存款   124 300

3. 购进免税农产品进项税额的会计核算。

（1）农产品增值税进项税额核定扣除试点行业范围以外的一般纳税人购进农产品的会计核算。试点行业范围以外的一般纳税人购进农产品，按照购进免税农产品的买价和规定的扣除率计算的进项税额，借记"应交税费——应交增值税（进项税额）"科目；按扣除进项税额后的买价，借记"在途物资（材料采购）"等科目；按实际支付的买价和税款，贷记"应付账款""银行存款"等科目。购进农产品进项税额的计算分别按以下方法计算确定：纳税人在购进免税农产品时，应按照农产品抵扣的一般规定，按照9%计算抵扣进项税额。在领用农产品环节，如果农产品用于生产或者委托加工13%税率货物，则再加计抵扣1%的进项税额。

【例2-40】某罐头公司，系一般纳税人，20×3年6月直接从农民手中收购酥梨2 000千克，每千克11元，按9%的扣除率计算进项税额。当月全部用于生产罐头。对该公司上述业务进行账务处理。

购入时：

借：原材料   20 020

　　应交税费——应交增值税（进项税额）   1 980

　　　贷：库存现金   22 000

领用时再加计抵扣1%的进项税额：

借：生产成本   19 800

　　应交税费——应交增值税（进项税额）   220

　　　贷：原材料   20 020

（2）农产品增值税进项税额核定扣除试点行业范围内的一般纳税人购进农产品的会计核算。试点行业范围内的一般纳税人购进农产品，若取得农产品增值税专用发票和海关进口增值税专用缴款书，应按照注明的金额及增值税额一并计入所购农产品成本；若自行开具农产品收购发票和取得农产品销售发票，应按照注明的买价直接计入所购农产品成本。也就是说，试点纳税人在购进农产品时不计提增值税进项税额，直接按照含税购买价款借记"在途物资""材料采购"等科目，贷记"库存现金"等科目。等货物验收入库后，再由"在途物资""材料采购"等科目，转入"原材料""库存商品"等科目。试点纳税人应按照《农产品增值税进项税额核定扣除试点实施办法》的规定准确计算当期允许抵扣的农产品增值税进项税额，并从"主营业务成本""其他业务成本"和"销售费用"等相关科目，转入"应交税费——应交增值税（进项税额）"科目。

　　需要注意的是，试点纳税人应自执行《农产品增值税进项税额核定扣除试点实施办法》之日起，将期初库存农产品以及库存半成品、产成品耗用的农产品增值税进项税额做转出处理，以避免重复抵扣增值税进项税额。

成本法

　　以购进农产品为原料生产货物的试点纳税人，其农产品增值税进项税额可按照投入产出法、成本法和参照法核定。试点纳税人购进农产品用于其他用途的，按照相关规定方法进行进项税额的扣除。

【例2-41】甲乳制品公司为增值税一般纳税人，实行农产品增值税进项税额核定扣除试点实施办法，采用投入产出法计算可抵扣的农产品增值税进项税额。甲公司20×3年12月从牧场购入原乳9 000吨，取得的农产品销售发票注明价格6 000万元，款项已通过银行存款全部支付。当月对外销售10 000吨调制乳，取得不含增值税收入30 000万元，其成本为18 000万元。该公司原材料成本的核算采用实际成本法，原乳单耗数量为1.048吨，原乳平均购买单价为7 000元/吨。调制乳适用的增值税税率为13%。对甲公司上述业务进行账务处理。

$$\text{采用投入产出法下当期允许抵扣农产品增值税进项税额} = \text{当期农产品耗用数量} \times \text{农产品平均购买单价} \times \text{扣除率} \div (1 + \text{扣除率})$$

$$当期农产品耗用数量 = 当期销售货物数量 \times 农产品单耗数量$$

$$\begin{aligned}
\frac{当期允许抵扣农产品}{增值税进项税额} &= \frac{当期销售}{货物数量} \times \frac{农产品}{单耗数量} \times \frac{农产品平均}{购买单价} \times 扣除率 \\
&\div (1 + 扣除率) \\
&= 10\,000 \times 1.048 \times 7\,000 \times 13\% \div (1 + 13\%) \\
&= 8\,439\,646.02 \ (元)
\end{aligned}$$

从牧场购进原乳时：

借：在途物资	60 000 000	
贷：银行存款		60 000 000

购进的原乳验收入库时：

借：原材料	60 000 000	
贷：在途物资		60 000 000

销售调制乳时：

借：银行存款	339 000 000	
贷：主营业务收入		300 000 000
应交税费——应交增值税（销项税额）		39 000 000
借：主营业务成本	180 000 000	
贷：库存商品		180 000 000

12 月按投入产出法计算可以抵扣的进项税额时：

借：应交税费——应交增值税（进项税额）	8 439 646.02	
贷：主营业务成本		8 439 646.02

4. 接受销售折让、中止或者退回进项税额的会计核算。自 2024 年 12 月 1 日起，在全国正式推广应用全面数字化电子发票（以下简称数电发票），纳税人开具蓝字数电发票后，如发生销售退回（包括全部退回和部分退回）、开票有误、应税服务中止（包括全部中止和部分中止）、销售折让等情形的，应当按照规定开具红字数电发票。

（1）蓝字数电发票未进行用途确认及入账确认的，开票方发起红冲流程，并直接开具红字数电发票。农产品收购发票、报废产品收购发票、光伏收购发票等，无论是否进行用途确认或入账确认，均由开票方发起红冲流程，并直接开具红字数电发票。

（2）蓝字数电发票已进行用途确认或入账确认的（用于出口退税勾选和确认的仍按现行规定执行），开票方或受票方均可发起红冲流程，并经对方确认红字发票信息确认单（以下简称确认单）后，由开票方开具红字数电发票。确认单发起后 72 小时内未经确认的，自动作废。若蓝字数电发票已用于出口退税勾选和确认的，需操作进货凭证信息回退并确认通过后，由开票方发起红冲流程，并直接开具红字数电发票。

受票方已将数电发票用于增值税申报抵扣的，应暂依确认单所列增值税额从当期进项税额中转出，待取得开票方开具的红字数电发票后，与确认单一并作为记账凭证。

【例2-42】甲公司为增值税一般纳税人，20×3年6月10日采用托收承付结算方式（验单付款）从乙公司购进布料一批，取得的增值税专用发票上注明价款4 000元，增值税额520元，已经委托银行付款。甲公司对该增值税专用发票当月进行了认证。8月10日材料运到，验收后因质量不符合约定而要求全部退货，并于8月10日在增值税发票管理新系统中填开并上传开具红字增值税专用发票信息表。8月15日将货物退回。乙公司凭税务机关系统校验通过的开具红字增值税专用发票信息表开具红字专用发票，甲公司于8月20日收到乙公司开来的红字增值税专用发票及款项。甲公司原材料成本的核算采用实际成本法。对甲公司上述业务进行账务处理。

6月10日收到乙公司转来的托收承付结算凭证及发票时：

借：在途物资——布料　　　　　　　　　　　　　　　　　4 000

　　应交税费——应交增值税（进项税额）　　　　　　　　520

　　贷：银行存款　　　　　　　　　　　　　　　　　　　　　4 520

8月10日在增值税发票管理新系统中填开并上传开具红字增值税专用发票信息表，暂依开具红字增值税专用发票信息表所列增值税额从当期进项税额中转出。

借：应收账款——乙公司　　　　　　　　　　　　　　　　520

　　贷：应交税费——应交增值税（进项税额转出）　　　　　520

8月15日将货物退回时：

借：应收账款——乙公司　　　　　　　　　　　　　　　4 000

　　贷：在途物资——布料　　　　　　　　　　　　　　　　4 000

8月20日收到乙公司开来的红字增值税专用发票及款项时，与开具红字增值税专用发票信息表一并作为记账凭证。

借：银行存款　　　　　　　　　　　　　　　　　　　　4 520

　　贷：应收账款——乙公司　　　　　　　　　　　　　　　4 520

【例2-43】甲公司为增值税一般纳税人，20×3年5月10日采用托收承付结算方式（验单付款）从乙公司购进布料一批，取得的增值税专用发票上注明价款30 000元，增值税额3 900元，已经委托银行付款，甲公司对该增值税专用发票当月进行了认证。20×3年6月15日材料验收入库时发现质量不符，经与销货方协商后同意折让20%，并按扣除折让后的金额入账。甲公司于6月18日在增值税发票管理新系统中填开并上传开具红字增值税专用发票信息表。乙公司凭税务机关系统校验通过的开具红字增值税专用发票信息表开具红字专用发票，甲公司于6月25日收到乙公司开来的红字增值税专用发票及款项。甲公司原材料成本的核算采用实际成本法。对甲公司上述业务进行账务处理。

5月10日验单付款时：

借：在途物资——布料   30 000
    应交税费——应交增值税（进项税额）   3 900
    贷：银行存款   33 900

6 月 15 日材料验收入库，按扣除折让后的金额入账时：

借：原材料   24 000
    应收账款——乙公司   6 000
    贷：在途物资   30 000

6 月 18 日在增值税发票管理新系统中填开并上传开具红字增值税专用发票信息表，暂依开具红字增值税专用发票信息表所列增值税额从当期进项税额中转出。

借：应收账款——乙公司   780
    贷：应交税费——应交增值税（进项税额转出）（3 900×20%）   780

6 月 25 日收到乙公司开来的红字增值税专用发票及款项时，与开具红字增值税专用发票信息表一并作为记账凭证。

借：银行存款   6 780
    贷：应收账款——乙公司   6 780

（二）视同购进业务进项税额的会计核算

1. 接受投资进项税额的会计核算。一般纳税人接受投资者以货物、服务、无形资产或不动产的投资时，按应计入相关成本费用或资产的金额，借记"在途物资"（或"材料采购"）或"原材料""库存商品""生产成本""无形资产""固定资产""管理费用"等科目；按当月已认证的可抵扣增值税额，借记"应交税费——应交增值税（进项税额）"科目；按当月未认证的可抵扣增值税额，借记"应交税费——待认证进项税额"科目；按接受实物投资总额，贷记"实收资本"或"股本""资本公积"等科目。

【例 2 - 44】 甲公司为增值税一般纳税人，20×3 年 7 月收到乙公司布料一批作为实物投资，确认总价值为 452 000 元。同时收到投资方乙公司开具的增值税专用发票，注明价款 400 000 元，增值税额 52 000 元。甲公司对原材料成本的核算采用实际成本法，7 月对取得的增值税专用发票进行了认证。对甲公司上述业务进行账务处理。

借：原材料——布料   400 000
    应交税费——应交增值税（进项税额）   52 000
    贷：实收资本——乙公司   452 000

2. 接受分配进项税额的会计核算。一般纳税人接受被投资者以货物、服务、无形资产或不动产的利润分配时（即接受实物股利时），按应计入相关成本费用或资产的金额，借记"在途物资"（或"材料采购"）或"原材料""库存商品""生产成本"

"无形资产""固定资产""管理费用"等科目；按当月已认证的可抵扣增值税额，借记"应交税费——应交增值税（进项税额）"科目；按当月未认证的可抵扣增值税额，借记"应交税费——待认证进项税额"科目；按接受实物分配总额，贷记"应收股利"等科目。

【例 2 - 45】甲公司为增值税一般纳税人，20×3 年 7 月收到乙公司发放的实物股利布料一批，确认总价值为 452 000 元。同时收到乙公司开具的增值税专用发票上注明价款 400 000 元，增值税额 52 000 元。甲公司对原材料成本的核算采用实际成本法，当月对取得的增值税专用发票进行了认证。对甲公司上述业务进行账务处理。

　　借：原材料——布料　　　　　　　　　　　　　　　　　400 000

　　　　应交税费——应交增值税（进项税额）　　　　　　　52 000

　　　　　贷：应收股利——乙公司　　　　　　　　　　　　　　452 000

3. 接受无偿赠送进项税额的会计核算。一般纳税人无偿接受捐赠者以货物、服务、无形资产或不动产的捐赠时，按应计入相关成本费用或资产的金额，借记"在途物资"（或"材料采购"）或"原材料""库存商品""生产成本""无形资产""固定资产""管理费用"等科目；按当月已认证的可抵扣增值税额，借记"应交税费——应交增值税（进项税额）"科目；按当月未认证的可抵扣增值税额，借记"应交税费——待认证进项税额"科目；按接受实物捐赠总额，贷记"营业外收入"等科目。

【例 2 - 46】甲公司为增值税一般纳税人，20×3 年 7 月接受国外客户捐赠布料一批，捐赠方提供的发票账单内列明该批布料价值 400 000 元。甲公司以转账支票支付报关进口关税 20 000 元，从海关取得的海关进口增值税专用缴款书上注明增值税额 54 600元，该海关进口增值税专用缴款书已申请稽核比对并且稽核比对结果为相符。对甲公司上述业务进行账务处理。

　　借：原材料——布料　　　　　　　　　　　　　　　　　420 000

　　　　应交税费——应交增值税（进项税额）　　　　　　　54 600

　　　　　贷：银行存款　　　　　　　　　　　　　　　　　　74 600

　　　　　　　营业外收入　　　　　　　　　　　　　　　　　400 000

（三）购进等业务进项税额不得抵扣的会计核算

1. 购进货物、服务、无形资产或不动产，用于简易计税方法计税项目、免征增值税项目、集体福利或个人消费等进项税额不得抵扣的会计核算。一般纳税人购进货物、服务、无形资产或不动产，用于简易计税方法计税项目、免征增值税项目、集体福利或个人消费等，其进项税额按照现行增值税制度规定不得从销项税额中抵扣的，取得增值税专用发票时，应借记相关成本费用或资产科目，借记"应交税费——待认证进项税额"科目，贷记"银行存款""应付账款"等科目，经税务机关认证后，根据有关"进项税额""进项税额转出"专栏及"待认证进项税额"明细科目的核算内容，先转入"进项税额"专栏，借记"应交税费——应交增值税（进项税额）"科目，贷记"应交税费——待认证进项税额"科目；按现行增值税制度规定转出时，记入"进项税额转出"专栏，借记相关成本费用或资产科目，贷记"应交税费——应交增值税（进项税额转出）"科目。

【例2-47】甲公司为增值税一般纳税人，20×3年7月购入一批产品用于行政管理人员福利，取得的增值税专用发票上注明价款40 000元，增值税额5 200元，当月认证抵扣，用银行存款支付款项，该批产品8月全部发放。对甲公司上述业务进行账务处理。

购入产品时：

借：库存商品　　　　　　　　　　　　　　　　　　　40 000

　　应交税费——进项税额　　　　　　　　　　　　　 5 200

　　　贷：银行存款　　　　　　　　　　　　　　　　　　　45 200

发放福利时：

借：管理费用　　　　　　　　　　　　　　　　　　　45 200

　　　贷：应付职工薪酬——非货币性福利　　　　　　　　　45 200

实际发放福利时：

借：库存商品　　　　　　　　　　　　　　　　　　　 5 200

　　　贷：应交税费——应交增值税（进项税额转出）　　　　 5 200

借：应付职工薪酬——非货币性福利　　　　　　　　　45 200

　　　贷：库存商品　　　　　　　　　　　　　　　　　　　45 200

或者合并为一步：

借：应付职工薪酬——非货币性福利　　　　　　　　　45 200

　　　贷：库存商品　　　　　　　　　　　　　　　　　　　40 000

　　　　　应交税费——应交增值税（进项税额转出）　　　　 5 200

2. 兼营简易计税方法计税项目、免征增值税项目而无法划分不得抵扣的进项税额的会计核算。适用一般计税方法的纳税人，兼营简易计税方法计税项目、免征增值税项目而无法划分不得抵扣的进项税额，按照下列公式计算不得抵扣的进项税额：

$$\text{不得抵扣的进项税额} = \text{当期无法划分的全部进项税额} \times \left(\text{当期简易计税方法计税项目销售额} + \text{免征增值税项目销售额} \right) \div \text{当期全部销售额}$$

【例2-48】甲公司为增值税一般纳税人，20×3年8月购入一批材料既用于一般计税项目，又用于简易计税方法计税项目和免征增值税项目的生产，价款为100 000元，增值税额为13 000元，并且无法划分不得抵扣的进项税额。当月一般计税项目销售额为 80 000 元，简易计税方法计税项目销售额为 70 000 元，免征增值税项目销售额为 50 000 元。对甲公司上述业务进行账务处理。

不得抵扣的进项税额 = 13 000 × (70 000 + 50 000) ÷ (80 000 + 70 000 + 50 000)
= 7 800（元）

购入材料时：

借：原材料	100 000	
应交税费——待认证进项税额	13 000	
贷：银行存款		113 000

经税务机关认证后：

借：应交税费——应交增值税（进项税额）	13 000	
贷：应交税费——待认证进项税额		13 000

进项税额转出时：

借：主营业务成本（或原材料）	7 800	
贷：应交税费——应交增值税（进项税额转出）		7 800

（四）进项税额抵扣情况发生改变的会计核算

1. 因发生非正常损失导致进项税额抵扣情况发生改变的会计核算。货物因管理不善发生的非正常损失（如因保管不善而发生货物被盗等），其进项税额不允许抵扣，对于原已计入进项税额、待抵扣进项税额或待认证进项税额，但按现行增值税制度规定不得从销项税额中抵扣的情况，企业应借记"待处理财产损溢"科目，贷记"原材料""库存商品""应交税费——应交增值税（进项税额转出）""应交税费——待抵扣进项税额"或"应交税费——待认证进项税额"等科目。

货物非因管理不善发生的非正常损失（如自然灾害等），其进项税额可以抵扣，原已计入进项税额、待抵扣进项税额或待认证进项税额的，不需进项税额转出、对待抵扣进项税额或待认证进项税额进行冲减，企业应按损失货物的成本，借记"待处理财产损溢"科目，贷记"原材料""库存商品"等科目。

按管理权限报经批准后应进行如下会计核算：对于入库的残料价值，借记"原材料"等科目；对于应由保险公司和过失人承担的赔款，借记"其他应收款"科目；扣除残料价值和应由保险公司、过失人赔款后的净损失，属于因管理不善等非正常损失的，借记"管理费用"科目，属于自然灾害等非正常损失的，借记"营业外支出"科目；同时，贷记"待处理财产损溢"科目。

固定资产发生的非正常损失不通过"待处理财产损溢"科目进行核算，而是通过"固定资产清理"科目进行核算，且净损失一律记入"营业外支出"等科目。

【例 2 - 49】甲公司为增值税一般纳税人，甲公司于 20 × 3 年 5 月购入原材料，并取得增值税专用发票，发票上注明价款7 000元，增值税额910元，甲公司本年5月对取得的增值税专用发票进行了认证。6月由于管理不善，用于生产产品的原材料被盗2吨，账面成本为3 500元/吨，经批准核销。最终该损失由保险公司和甲公司保管员张某各承担损失的40%，将损失的20%计入管理费用。对甲公司上述业务进行账务处理。

购入原材料时：

借：原材料   7 000

    应交税费——应交增值税（进项税额）（3 500×2×13%）   910

    贷：银行存款   7 910

发生非正常损失时：

借：待处理财产损溢——待处理流动资产损溢   7 910

    贷：原材料   7 000

       应交税费——应交增值税（进项税额转出）（3 500×2×13%）   910

报经批准核销时：

借：其他应收款——保险公司（7 910×40%）   3 164

           ——张某（7 910×40%）   3 164

    管理费用（7 910×20%）   1 582

    贷：待处理财产损溢——待处理流动资产损溢   7 910

2. 因改变用途导致进项税额抵扣情况发生改变的会计核算。购入原材料、固定资产、无形资产等因改变用途等原因，原已计入进项税额、待抵扣进项税额或待认证进项税额，但按现行增值税制度规定不得从销项税额中抵扣的，借记"应付职工薪酬""固定资产""无形资产"等科目，贷记"应交税费——应交增值税（进项税额转出）""应交税费——待抵扣进项税额"或"应交税费——待认证进项税额"科目；原不得抵扣且未抵扣进项税额的固定资产、无形资产等，因改变用途等用于允许抵扣进项税额的应税项目的，应按允许抵扣的进项税额，借记"应交税费——应交增值税（进项税额）"科目，贷记"固定资产""无形资产"等科目。

【例2-50】甲公司为增值税一般纳税人，共有职工100人，其中，生产工人80人，管理人员20人。20×4年1月，由于20×3年10月购入的大米富余，甲公司决定以其外购的大米作为福利发放给职工，每人发放2袋，并于当月发放给职工。该大米系生产用原料，于20×3年10月购买，每袋采购成本50元，共计10 000元（不含增值税）。购买时取得增值税专用发票，发票上注明价款10 000元，增值税额900元。甲公司20×3年11月对取得的增值税专用发票进行了认证。对甲公司上述业务进行账务处理。

20×3年10月购买大米时：

借：原材料   10 000

     应交税费——待认证进项税额   900

         贷：银行存款   10 900

20×3 年 11 月经税务机关认证后：

借：应交税费——应交增值税（进项税额）   900

     贷：应交税费——待认证进项税额   900

20×4 年 1 月确认应付职工薪酬时：

借：生产成本   8 720

     管理费用   2 180

         贷：应付职工薪酬——非货币性福利   10 900

20×4 年 1 月给职工实际发放大米时：

借：原材料   900

     贷：应交税费——应交增值税（进项税额转出）   900

借：应付职工薪酬——非货币性福利   10 900

     贷：原材料   10 900

【例 2 – 51】甲公司为增值税一般纳税人，20×3 年 6 月购进办公楼用于办公，取得的增值税专用发票上注明价款 20 000 万元，增值税额 1 800 万元。甲公司 20×3 年 6 月对取得的增值税专用发票进行了认证。该办公楼折旧方法采用直线法，折旧年限为 20 年，假设不考虑净残值。20×3 年 12 月，将办公楼改造成员工食堂。对甲公司上述业务进行账务处理。

20×3 年 6 月购进办公楼时：

借：固定资产   200 000 000

     应交税费——应交增值税（进项税额）   18 000 000

         贷：银行存款   218 000 000

20×3 年 7 月起计提折旧：

每月折旧金额 = 20 000 ÷ 20 ÷ 12 = 83.33（万元）

20×3 年 7 ~ 12 月每月计提折旧时：

借：管理费用   833 300

     贷：累计折旧   833 300

20×3 年 12 月将办公楼改造成员工食堂。

根据不动产抵扣政策的相关规定，对已抵扣进项税额的固定资产、无形资产、不动产，发生非正常损失，或者改变用途，专用于简易计税方法计税项目、免征增值税项目、集体福利或者个人消费的，按照下列公式计算不得抵扣的进项税额：

$$固定资产、无形资产、\\不动产净值率 = \frac{固定资产、无形资产、}{不动产净值} ÷ 不动产原值 × 100\%$$

不得抵扣的进项税额 = 已抵扣的进项税额 × 固定资产、无形资产、不动产净值率

不动产净值率 = [20 000 − 20 000 ÷ 20 ÷ 12 × 6] ÷ 20 000 × 100% = 97.5%

不得抵扣的进项税额 = 1 800 × 97.5% = 1 755（万元）

借：固定资产   17 550 000

  贷：应交税费——应交增值税（进项税额转出）   17 550 000

【例 2 −52】甲公司为增值税一般纳税人，20 × 3 年 5 月购入不动产用于职工食堂，该不动产购入时价格为 2 000 万元，增值税额为 180 万元。采用直线法计提折旧，折旧年限为 20 年，假设不考虑净残值。20 × 3 年 11 月将该不动产由职工食堂转作办公楼使用。对甲公司上述业务进行账务处理。

取得增值税专用发票但没有认证时：

借：固定资产——不动产   20 000 000

  应交税费——待认证进项税额   1 800 000

  贷：银行存款   21 800 000

取得的增值税专用发票经税务机关认证时：

借：应交税费——应交增值税（进项税额）   1 800 000

  贷：应交税费——待认证进项税额   1 800 000

进项税额转出时：

借：固定资产——不动产   1 800 000

  贷：应交税费——应交增值税（进项税额转出）   1 800 000

20 × 3 年 6 月起计提折旧：

每月折旧额 = 2 180 ÷ 20 ÷ 12 = 9.08（万元）

20 × 3 年 6 ~ 11 月每月计提折旧时：

借：应付福利费——折旧费   90 800

  贷：累计折旧   90 800

20 × 3 年 11 月转作办公楼使用：

根据不动产抵扣政策的相关规定，原不得抵扣进项税额的不动产，发生用途改变，用于允许抵扣进项税额项目的，按照下列公式在改变用途的次月计算可抵扣进项税额：

可抵扣进项税额 = 增值税扣税凭证或计算的进项税额 × 不动产净值率

不动产净值 = 2 180 − 2 180 ÷ 20 ÷ 12 × 6 = 2 125.5（万元）

不动产净值率 = 2 125.5 ÷ 2 180 × 100% = 97.5%

可抵扣进项税额 = 180 × 97.5% = 175.5（万元）

20×3 年 12 月（即为改变用途的次月）可抵扣进项税额从销项税额中抵扣时：

借：应交税费——应交增值税（进项税额）　　　　　　　　1 755 000

　　贷：固定资产——不动产　　　　　　　　　　　　　　　　　1 755 000

（五）购买方作为扣缴义务人增值税的会计核算

按照增值税法的规定，境外单位或个人在境内发生应税交易，以购买方为增值税扣缴义务人。

境内一般纳税人购进服务、无形资产或不动产，按应计入相关成本、费用的金额，借记"生产成本""无形资产""固定资产""管理费用"等科目；按可抵扣的增值税额，借记"应交税费——应交增值税（进项税额）"科目；按应付或实付的金额，贷记"银行存款""应付账款""应付票据"等科目；对代扣代缴的增值税额，贷记"应交税费——代扣代交增值税"科目。实际缴纳时，按代扣代缴的增值税额，借记"应交税费——代扣代交增值税"科目，贷记"银行存款"科目。

【例 2 - 53】甲公司为增值税一般纳税人，20×3 年 6 月，从境外单位购入应税税务咨询服务，取得解缴税款的完税凭证上注明的增值税额 6 万元，价款金额 100 万元。该纳税人具有书面合同、付款证明和境外单位的对账单或者发票。对甲公司上述业务进行账务处理。

购买时：

借：管理费用　　　　　　　　　　　　　　　　　　　　1 000 000

　　应交税费——应交增值税（进项税额）　　　　　　　　　60 000

　　贷：应付账款　　　　　　　　　　　　　　　　　　　　1 000 000

　　　　应交税费——代扣代交增值税　　　　　　　　　　　　　60 000

实际缴纳时：

借：应交税费——代扣代交增值税　　　　　　　　　　　　　60 000

　　贷：银行存款　　　　　　　　　　　　　　　　　　　　　60 000

若甲公司为小规模纳税人，则：

借：管理费用　　　　　　　　　　　　　　　　　　　　1 060 000

　　贷：应付账款　　　　　　　　　　　　　　　　　　　　1 000 000

　　　　应交税费——代扣代交增值税　　　　　　　　　　　　　60 000

（六）小规模纳税人采购等业务增值税的会计核算

小规模纳税人购买货物、服务、无形资产或不动产，取得增值税专用发票或者增值税普通发票上注明的增值税应计入相关成本费用或资产，不通过"应交税费——应交增值税"科目核算。

【例 2 - 54】甲公司为增值税小规模纳税人，20 × 3 年 7 月购入原材料，销售材料
方为增值税一般纳税人，开具给甲公司的增值税专用发票上注明价款 10 000 元，增值
税额 1 300 元。款项未付。对甲公司上述业务进行账务处理。

借：原材料   11 300

  贷：应付账款   11 300

四、金融商品转让增值税的会计核算

金融商品转让，按卖出价扣除买入价后的余额为销售额。转让金融商品产生的
正负差，按盈亏相抵后的余额为销售额。相抵后出现的负差，可结转下一纳税期与
下期转让金融商品销售额相抵，但年末仍出现负差的，不得转入下一个会计年度。
金融商品的买入价，可按加权平均法或移动加权平均法核算，选择后 36 个月内不得
变更。

对转让当月产生的转让收益，按应纳税额借记"投资收益"等科目，贷记"应交
税费——转让金融商品应交增值税"科目；若当月产生的转让损失，按可结转下月的
抵扣税额，借记"应交税费——转让金融商品应交增值税"科目，贷记"投资收益"
科目等。缴纳增值税时，借记"应交税费——转让金融商品应交增值税"科目，贷记
"银行存款"科目。年末，如果"应交税费——转让金融商品应交增值税"科目是借
方余额，应借记"投资收益"科目等，贷记"应交税费——转让金融商品应交增值
税"科目。

【例 2 - 55】甲公司 20 × 3 年 5 月买入乙公司股票，买入价为 30 万元。20 × 3 年
12 月卖出，卖出价为 35 万元。假设不考虑其他因素。对甲公司股票转让业务进行
账务处理。

应纳税额 = (35 - 30) ÷ (1 + 6%) × 6% = 0.28（万元）

借：其他货币资金——存出投资款   350 000

  贷：交易性金融资产   300 000

    投资收益   50 000

借：投资收益   2 800

  贷：应交税费——转让金融商品应交增值税 2 800

五、出口退税的会计核算

出口退税，是指纳税人出口货物或发生跨境应税行为，向海关办理出口手续后，

凭出口报关单等有关凭证，按月向税务机关申报办理该项业务的退税。出口退（免）税是国际贸易中通常采用并为各国接受的、目的在于鼓励各国出口货物公平竞争的一种退还或免征间接税的税收措施。我国出口退（免）税的三种基本政策包括：出口免税并退税（采用"免、退"办法或"免、抵、退"办法）、出口免税不退税、出口不免税也不退税。

（一）增值税出口退（免）税的主体

1. 增值税出口退（免）税的主体为出口货物或提供增值税零税率应税服务、销售无形资产并认定为增值税一般纳税人的单位和个人。

2. 出口货物免征增值税的主体是小规模纳税人。

（二）增值税出口退（免）税政策适用范围

1. 适用增值税出口退（免）税政策的范围。

（1）出口免税并退税的货物。享受出口免税并退税政策的货物是生产企业自营出口或委托外贸企业代理出口的自产货物；有出口经营权的外贸企业收购后直接出口或委托其他外贸企业代理出口的货物，以及财政部和国家税务总局规定的其他特定出口的货物。

（2）出口免税并退税的劳务。享受出口免税并退税政策的劳务是指对进境复出口货物或从事国际运输的运输工具进行的加工修理修配服务。

（3）出口免税并退税的服务、无形资产。享受出口免税并退税政策的服务、无形资产是指中华人民共和国境内的单位和个人销售的适用零税率的服务和无形资产。

2. 出口免税不退税政策适用范围。享受出口免税不退税的政策是指适用这些政策的出口货物、劳务和跨境应税行为在前一道生产、销售环节或进口环节是免税的，其出口时本身是不含税的，也无须退税。

3. 出口不免税也不退税政策适用范围。出口不免税也不退税政策是指对国家限制或禁止出口的某些货物、劳务和跨境应税行为的出口环节视同内销环节，正常征税。

（三）出口退税率

出口货物的退税率，是指出口货物的实际退税额与退税计税依据的比例。

1. 出口货物退税率。不同的出口货物，国家规定的退税率也不相同，但都在 0 ~ 13% 之间浮动，国家可根据国际经济环境、国内进出口情况等因素调整出口退税率。

出口企业应将不同税率的出口货物分开核算和申报，凡划分不清的，一律从低适用退税率计算退（免）税。

2. 出口加工修理修配服务退税率。出口加工修理修配服务的退税率，按照所加工货物的退税率执行。

3. 出口服务及无形资产退税率。出口应税服务、无形资产的退税率，按照适用的增值税税率执行。

（四）增值税出口退（免）税的计算及会计核算

境内的单位和个人提供适用增值税零税率的出口货物、服务或者无形资产，属于适用简易计税方法的，实行免征增值税办法；属于适用增值税一般计税方法的，采用下列办法计算应退（免）税额：生产企业实行"免、抵、退"办法；外贸企业外购货物、服务或者无形资产出口实行"免、退"办法；外贸企业直接将服务或自行研发的无形资产出口，视同生产企业连同其出口货物统一实行"免、抵、退"办法。

为核算纳税人出口业务应收取的出口退税款，设置"应收出口退税款——增值税"科目，该科目的借方反映销售出口货物、劳务、服务和无形资产按规定向税务机关申请退回的增值税额；贷方反映实际收到的退税额；期末借方余额表示尚未收到的应退税额。

1. 采用"免、抵、退"办法应退税额的计算及会计核算。

（1）出口货物采用"免、抵、退"办法应退税额的计算。出口货物采用"免、抵、退"办法应退税额的计算可分为四个步骤：

第一步：计算不得免征和抵扣税额。

$$免抵退税不得免征和抵扣税额 = 出口货物、服务离岸价 \times 外汇牌价$$
$$\times (出口货物适用的税率 - 出口货物的退税率)$$
$$- 免抵退税不得免征和抵扣税额抵减额$$

$$免抵退税不得免征和抵扣税额抵减额 = 免税购进原料价格 \times \left(出口货物适用的税率 - 出口货物的退税率 \right)$$

免税购进原料包括从国内购进免税原料和进料加工免税进口料件。其中，进料加工免税进口料件的组成计税价格计算公式为：

$$进料加工免税进口料件的组成计税价格 = 货物到岸价 + 海关实征关税和消费税$$

第二步：计算当期应纳税额。

$$当期应纳税额 = 当期内销货物的销项税额 - \left(当期进项税额 - 当期不得免征和抵扣税额 \right) - 上期期末留抵税额$$

若应纳税额为正数，即没有可退税额，仍应缴纳增值税；若应纳税额为负数，即期末有留抵税额，则纳税人可以申请退税。

第三步：计算免抵退税额。

$$免抵退税额 = 出口货物离岸价 \times 外汇牌价 \times 出口货物退税率$$

第四步：确定应退税额和免抵税额。若期末留抵税额≤免抵退税额，则：当期应退税额＝期末留抵税额，当期免抵税额＝免抵退税额－期末留抵税额。若期末留抵税额>免抵退税额，则：当期应退税额＝免抵退税额，当期免抵税额＝出口抵减内销产品应纳税额＝0。

【例2－56】 甲工厂是一家有进出口经营权的生产企业，20×3年7月国内购入的原材料，已认证的增值税专用发票上注明的价款为247万元，增值税款为32.11万元；支付运输费用，取得的运输发票上注明的运费为6.6万元，运输发票已经税务机关比对认证。本月内销产品取得不含税收入61万元，报关出口货物折合人民币的金额为117万元，适用的出口退税率为11%，已经收汇核销。计算甲工厂7月的应纳（退）增值税额。

当期进项税额＝32.11＋6.6×9%＝32.7（万元）

当期免抵退税不得免征和抵扣税额＝117×（13%－11%）＝2.34（万元）

当期应纳税额＝61×13%－（32.7－2.34）＝－22.43万元

当期免抵退税额＝117×11%＝12.87（万元）

当期期末留抵税额22.43万元>当期免抵退税额12.87万元，因此：

当期应退税额＝当期免抵退税额＝12.87万元

当期免抵税额＝0

当月结转下期抵扣的进项税额＝22.43－12.87＝9.56（万元）

（2）出口货物采用"免、抵、退"办法的会计核算。实行"免、抵、退"办法的一般纳税人出口货物，生产企业"免、抵、退"增值税的会计处理主要涉及免税出口销售收入、不得抵扣税额、应交税费、免抵退税货物不得抵扣税额抵减额、出口货物免抵税额、应退税额以及免抵退税额的调整等会计事项。对免、抵、退税的会计处理，企业应在"应交税费——应交增值税"二级科目下设置"出口抵减内销产品应纳税额""出口退税""进项税额转出"等明细科目。

"出口抵减内销产品应纳税额"明细科目核算企业按规定的退税率计算的出口货物的进项税额抵减内销产品的应纳税额；"出口退税"明细科目核算企业凭向税务机关申报办理出口退税而应收的出口退税款及应免抵税额；"进项税额转出"明细科目核算企业在出口货物时，对免税收入按征税率与退税率之差计算的不得抵扣税额。

企业货物出口后，按应收出口退税款，借记"应收出口退税款——增值税"科目，按规定计算的当期出口货物的进项税额抵减内销产品的应纳税额，借记"应交税费——应交增值税（出口抵减内销产品应纳税额）"，贷记"应交税费——应交增值税（出口退税）"科目；在规定期限内，内销产品的应纳税额不足以抵减出口货物的进项税额，不足部分按有关税法规定给予退税的，应在实际收到退税款时，借记"银行存款"科目,贷记"应收出口退税款——增值税"科目;在货物出口销售后结转产品销售成本时,按规定计算的退税额低于购进时取得的增值税专用发票上的增值税额的差额,借记"主营业务成本"科目,贷记"应交税费——应交增值税(进项税额转出)"科目。

【例2-57】某自营出口生产企业为增值税一般纳税人,该企业20×3年7月有关业务资料如下:期初增值税留抵税额5万元;本月购进原材料等货物500万元,允许抵扣进项税额65万元;内销产品销售额300万元;出口货物离岸价折合人民币1 200万元。该企业适用的增值税税率为13%,退税率为11%。对该企业上述业务进行账务处理。

外购原材料允许抵扣进项税额:

借:原材料等 5 000 000

  应交税费——应交增值税(进项税额) 650 000

   贷:银行存款等 5 650 000

内销产品应计算销项税额:

借:银行存款等 3 390 000

  贷:主营业务收入 3 000 000

    应交税费——应交增值税(销项税额) 390 000

产品外销时免征增值税:

借:银行存款等 12 000 000

  贷:主营业务收入 12 000 000

由于征税率与退税率不一致,计算当月出口货物不得免征和抵扣税额:

免抵退税不得免征和抵扣税额 = 1 200 × (13% - 11%) = 24(万元)

借:主营业务成本 240 000

  贷:应交税费——应交增值税(进项税额转出) 240 000

计算当期应纳税额:

应纳税额 = 390 000 - (650 000 - 240 000) - 50 000 = -70 000(元)

计算当期出口货物免抵退税额:

出口货物免抵退税额 = 1 200 × 11% = 132(万元)> 7万元

应退税额为7万元,当期免抵税额为125万元(132 - 7):

借:应收出口退税款——增值税 70 000

  应交税费——应交增值税(出口抵减内销产品应纳税额) 1 250 000

   贷:应交税费——应交增值税(出口退税) 1 320 000

收到退税款时:

借:银行存款 70 000

　　贷：应收出口退税款——增值税　　　　　　　　　　　　　　　　　　70 000

【例 2 - 58】甲公司为增值税一般纳税人，主要从事水路运输业务，具有国内运输经营许可证以及国际船舶运输经营许可证，并且经营范围中包括国际运输项目。该公司 20×3 年 6 月向国外运输货物，取得国际运输收入 2 000 000 元（人民币，下同），取得国内运输收入 6 000 000 元，销项税额 540 000 元。该公司当月购进一艘小型货船，价值 5 000 000 元，进项税额 650 000 元。对甲公司上述业务进行账务处理。

　　提供的国际运输收入免征增值税：

借：银行存款　　　　　　　　　　　　　　　　　　　　　　　　　　2 000 000

　　贷：主营业务收入——国际运输业务收入　　　　　　　　　　　　　2 000 000

　　取得国内运输收入：

借：银行存款　　　　　　　　　　　　　　　　　　　　　　　　　　6 540 000

　　贷：主营业务收入——国内运输业务收入　　　　　　　　　　　　　6 000 000

　　　　应交税费——应交增值税（销项税额）　　　　　　　　　　　　　540 000

　　购进小型货船，结转进项税额：

借：固定资产　　　　　　　　　　　　　　　　　　　　　　　　　　5 000 000

　　应交税费——应交增值税（进项税额）　　　　　　　　　　　　　　650 000

　　贷：银行存款　　　　　　　　　　　　　　　　　　　　　　　　　5 650 000

　　应退（免）税额计算及账务处理如下：

当期应纳税额 = 540 000 - 650 000 = - 110 000（元）

当期国际运输收入免抵退税额 = 2 000 000×9% = 180 000（元）

经比较，期末留抵税额 110 000 元小于免抵退税额 180 000 元，故：

应退税额 = 期末留抵税额 = 110 000 元

当期免抵税额 = 180 000 - 110 000 = 70 000（元）

借：应收出口退税款——增值税　　　　　　　　　　　　　　　　　　110 000

　　应交税费——应交增值税（出口抵减内销产品应纳税额）　　　　　　70 000

　　贷：应交税费——应交增值税（出口退税）　　　　　　　　　　　　180 000

　　收到退税款时：

借：银行存款　　　　　　　　　　　　　　　　　　　　　　　　　　110 000

　　贷：应收出口退税款——增值税　　　　　　　　　　　　　　　　　110 000

2. 采用"免、退"办法应退税额的计算及会计核算。

（1）采用"免、退"办法应退税额的计算。外贸企业出口货物、劳务和应税行为为增值税免退税的，按下列公式计算：

$$出口退税额 = \frac{购进出口货物（服务）增值税专用发票}{或海关进口增值税专用缴款书注明的金额} × \frac{出口货物}{（服务）的退税率}$$

当退税率低于适用的税率时，相应的差额部分的税款计入出口货物的成本。

（2）实行"免、退"办法出口退税的会计核算。实行"免、退"办法的一般纳税人出口业务按规定退税的，按规定计算的应收出口退税额，借记"应收出口退税款——增值税"科目，贷记"应交税费——应交增值税（出口退税）"科目；收到出口退税时，借记"银行存款"科目，贷记"应收出口退税款"科目；退税额低于购进时取得的增值税专用发票上的增值税额的差额，借记"主营业务成本"科目，贷记"应交税费——应交增值税（进项税额转出）"科目。

【例2－59】甲公司是一家外贸公司，具有出口经营权，为增值税一般纳税人，20×3年7月购进国内乙公司护肤品，取得乙公司开具的增值税专用发票上注明金额100 000元，增值税额13 000元，然后以折合人民币150 000元的价格出售给意大利丙公司，甲公司取得乙公司开具的增值税专用发票符合当月抵扣规定，申请退税的单证齐全，该批护肤品的退税率为9%。对甲公司上述业务进行账务处理。

购进商品时：

借：库存商品   100 000

    应交税费——应交增值税（进项税额）   13 000

      贷：银行存款   113 000

出口销售时免税：

借：银行存款   150 000

      贷：主营业务收入   150 000

借：主营业务成本   100 000

      贷：存库商品   100 000

申请退税时：

出口应退的增值税＝100 000×9%＝9 000（元）

借：应收出口退税款——增值税   9 000

      贷：应交税费——应交增值税（出口退税）   9 000

收到退税款时：

借：银行存款   9 000

      贷：应收出口退税款——增值税   9 000

不予退还的部分做进项税额转出计入成本：

增值税进项税额转出＝13 000－9 000＝4 000（元）

借：主营业务成本   4 000

      贷：应交税费——应交增值税（进项税额转出）   4 000

【例2－60】甲公司是一家外贸公司，具有出口经营权，为增值税一般纳税人，20×3年7月购进国内乙公司设计服务95 400元，取得乙公司开具的增值税专用发票上注明金额90 000元，增值税额5 400元，然后以100 000元的价格出售给意大利丙公司，甲公司取得乙公司开具的增值税专用发票符合当月抵扣规定。对甲公司上述出口退税业务进行账务处理。

出口应退服务的增值税 = 90 000 × 6% = 5 400（元）

申请退税时：

借：应收出口退税款——增值税　　　　　　　　　　　　　　　　5 400

　　贷：应交税费——应交增值税（出口退税）　　　　　　　　　　　　　　5 400

收到退税款时：

借：银行存款　　　　　　　　　　　　　　　　　　　　　　　　5 400

　　贷：应收出口退税款——增值税　　　　　　　　　　　　　　　　　　5 400

适用出口免税不退税的纳税人在出口环节享受免税政策，对应的购买环节实际支付的进项税额不予退还，也不得抵扣，计入相关成本。对于适用出口不免税也不退税政策范围的纳税人，其出口销售的货物视同国内销售，正常缴纳增值税。

六、月末转出多缴和未缴增值税的会计核算

为了分别反映企业欠缴增值税税款和待抵扣增值税情况，企业应在"应交税费"科目下设置"未交增值税"明细科目，核算一般纳税人月份终了从"应交增值税"或"预交增值税"明细科目转入当月应缴未缴、多缴或预缴的增值税额，以及当月缴纳以前期间未缴的增值税额。

月份终了，企业应将当月发生的应缴增值税额自"应交税费——应交增值税"科目转入"未交增值税"明细科目，借记"应交税费——应交增值税（转出未交增值税）"科目，贷记"应交税费——未交增值税"科目。

企业将本月多缴的增值税自"应交税费——应交增值税"科目转入"未交增值"明细科目，借记"应交税费——未交增值税"科目，贷记"应交税费——应交增值税（转出多交增值税）"科目。

企业缴纳以前期间未缴的增值税，借记"应交税费——未交增值税"科目，贷记"银行存款"科目。

【例2-61】甲公司为增值税一般纳税人，20×3年5月申报期内缴纳4月应缴纳的增值税后，"应交税费——应交增值税"科目无余额，5月发生允许抵扣的进项税额合计200 000元，销项税额合计210 000元，其他增值税明细科目无发生额，当月未缴纳当月应缴纳的增值税；乙公司20×3年5月申报期内缴纳4月应缴纳的增值税后，"应交税费——应交增值税"科目无余额，5月发生允许抵扣的进项税额合计200 000元，销项税额合计210 000元，当月缴纳当月应缴纳的增值税30 000元。对甲公司期

末结转增值税业务进行账务处理，对乙公司当月缴纳当月应缴纳的增值税以及期末结转增值税业务进行账务处理。

甲公司 5 月应纳增值税 = 210 000 – 200 000 = 10 000（元）

当月未缴纳当月应缴纳的增值税：月末应纳增值税 = 10 000 元

月末需转出应缴未缴增值税：

借：应交税费——应交增值税（转出未交增值税）　　　　　10 000

　　贷：应交税费——未交增值税　　　　　　　　　　　　　　　　10 000

乙公司 5 月应纳增值税 = 210 000 – 200 000 = 10 000（元）

当月缴纳当月应缴纳的增值税 = 30 000 元

当月多缴增值税额 = 30 000 – 10 000 = 20 000（元）

月末需转出多缴增值税。

乙公司 5 月缴纳 5 月应缴纳的增值税时：

借：应交税费——应交增值税（已交税金）　　　　　　　　30 000

　　贷：银行存款　　　　　　　　　　　　　　　　　　　　　　30 000

转出 5 月多缴的增值税时：

借：应交税费——未交增值税　　　　　　　　　　　　　　20 000

　　贷：应交税费——应交增值税（转出多交增值税）　　　　　　20 000

七、缴纳增值税的会计核算

（一）缴纳当月应缴纳的增值税的会计核算

一般纳税人企业采用一般计税方法缴纳当月应缴纳的增值税，借记"应交税费——应交增值税（已交税金）"科目，贷记"银行存款"科目；一般纳税人企业采用简易计税方法缴纳当月应缴纳的增值税，借记"应交税费——简易计税"科目（小规模纳税人应借记"应交税费——应交增值税"科目），贷记"银行存款"科目。

【例 2 – 62】甲公司为增值税一般纳税人，采用一般计税方法计税，税务机关将其纳税期限核定为 15 日。20 × 3 年 9 月 1 日销售一批货物，开具增值税专用发票，发票上注明价款 50 000 元，增值税额 6 500 元。假设当期没有进项税额可以抵扣。20 × 3 年 9 月 18 日预缴税款 6 500 元。对甲公司上述业务进行账务处理。

9 月 1 日销售一批货物时：

借：应收账款　　　　　　　　　　　　　　　　　　　　　56 500

　　贷：主营业务收入　　　　　　　　　　　　　　　　　　　　50 000

　　　　应交税费——应交增值税（销项税额）　　　　　　　　　 6 500

9 月 18 日预缴税款时：

借：应交税费——应交增值税（已交税金）　　　　　　　　　　6 500
　　贷：银行存款　　　　　　　　　　　　　　　　　　　　　　　6 500

（二）缴纳以前期间未缴增值税的会计核算

一般纳税人企业适用一般计税方法的，缴纳以前期间未缴的增值税，借记"应交税费——未交增值税"科目，贷记"银行存款"科目；一般纳税人企业适用简易计税方法的，缴纳以前期间未缴的增值税，借记"应交税费——简易计税"科目，贷记"银行存款"科目；小规模纳税人企业缴纳以前期间未缴的增值税，借记"应交税费——应交增值税"科目，贷记"银行存款"科目。

【例2-63】甲公司为增值税一般纳税人，采用一般计税方法计税，20×3年5月外购货物，发生允许抵扣的进项税额合计200 000元，本月初无留抵进项税额，本月对外销售货物，取得销项税额合计310 000元。20×3年6月12日，甲公司依法申报缴纳5月应缴未缴的增值税。对甲公司上述业务进行账务处理。

本月应纳增值税=310 000-200 000=110 000（元）

5月31日甲公司转出本月应缴而未缴增值税时：

借：应交税费——应交增值税（转出未交增值税）　　　　　110 000
　　贷：应交税费——未交增值税　　　　　　　　　　　　　　110 000

6月12日甲公司申报缴纳上月应缴而未缴的增值税时：

借：应交税费——未交增值税　　　　　　　　　　　　　　110 000
　　贷：银行存款　　　　　　　　　　　　　　　　　　　　　110 000

（三）预缴增值税的会计核算

一般纳税人企业适用一般计税方法的，预缴增值税时，借记"应交税费——预交增值税"科目，贷记"银行存款"科目。月末，企业应将"预交增值税"明细科目余额转入"未交增值税"明细科目，借记"应交税费——未交增值税"科目，贷记"应交税费——预交增值税"科目。房地产开发企业等在预缴增值税后，应直至纳税义务发生时方可从"应交税费——预交增值税"科目结转至"应交税费——未交增值税"科目。一般纳税人企业适用简易计税方法的，通过"应交税费——简易计税"科目核算预缴的增值税。小规模纳税人企业通过"应交税费——应交增值税"科目核算预缴的增值税。

【例2-64】甲房地产开发公司注册地位于武汉市洪山区，为增值税一般纳税人，目前共有A、B两个开发项目，均适用一般计税方法。A项目位于武汉市洪山区，尚处在建阶段，已取得预售许可证，20×3年10月预售款收入3 270万元。B项目位于武汉市江岸区，为现房，建筑面积10万平方米，20×3年10月共销售210套，建筑面积2万平方米，取得预售收入8 720万元。A、B项目均未成立独立的项目公司，立项等手续均由甲公司办理。假设不考虑附加税费。对甲公司上述涉税业务进行账务处理。

20×3 年 11 月申报期内 A 项目应向洪山区主管税务机关预缴增值税 = 3270 ÷ (1 + 9%) × 3% = 90（万元）

20×3 年 11 月申报期内 B 项目应向江岸区主管税务机关预缴增值税 = 8720 ÷ (1 + 9%) × 3% = 240（万元）

预缴增值税时：

借：应交税费——预交增值税（900 000 + 2 400 000）　　　　　3 300 000
　　贷：银行存款　　　　　　　　　　　　　　　　　　　　　　　3 300 000

八、减免增值税的会计核算

（一）直接减免增值税的会计核算

一般纳税人适用一般计税方法的，对于当期直接减免的增值税，借记"应交税费——应交增值税（减免税款）"科目，贷记"其他收益""营业外收入"科目。一般纳税人适用简易计税方法的，通过"应交税费——简易计税"科目核算减免的增值税。小规模纳税人通过"应交税费——应交增值税"科目核算减免的增值税。

【例 2 - 65】甲企业 2023 年招用了 4 名自主就业退役士兵，签订了 1 年以上期限劳动合同并依法缴纳社会保险。自签订劳动合同并缴纳社会保险当月算起，4 名退役士兵在本企业工作时间分别为 6 个月、7 个月、8 个月、9 个月，定额标准为每人每年 9 000 元，该企业在 2023 年享受了该项增值税减免税额优惠，对上述减免税的优惠进行账务处理。

企业可减免税额限额，按该企业招用自主就业退役士兵人数和签订的劳动合同时间核算减免税总额，该企业 2023 年可抵减税额总额为：

减免税总额 = $\sum$ 每名自主就业退役士兵本年度在本单位工作月份 ÷ 12 × 定额标准

= (6 + 7 + 8 + 9) ÷ 12 × 9 000 = 22 500（元）

在增值税、城建税（5%）、教育费附加（3%）、地方教育附加（2%）之间分配。22 500 ÷ (1 + 5% + 3% + 2%) = 20 454.55（元）

借：应交税费——应交增值税（减免税款）　　　　　　　20 454.55
　　贷：其他收益——减免税款　　　　　　　　　　　　　　　20 454.55

【例 2 - 66】甲公司为增值税小规模纳税人，2023 年第一季度销售产品，共取得含增值税收入 257 500 元。对甲公司上述业务进行账务处理。

根据 2023 年 1 月《国家税务总局关于增值税小规模纳税人减免增值税等政策有关征管事项的公告》，自 2023 年 1 月 1 日至 2027 年 12 月 31 日，对月销售额未超过 10 万元（以1个季度为1个纳税期的，季度销售额未超过30万元）的增值税小规模纳税人，免征增值税。

借：银行存款　　　　　　　　　　　　　　　　　　　257 500
　　贷：主营业务收入［257 500÷（1+3%）］　　　　　　250 000
　　　　应交税费——应交增值税［257 500÷（1+3%）×3%］　7 500
借：应交税费——应交增值税　　　　　　　　　　　　　7 500
　　贷：其他收益　　　　　　　　　　　　　　　　　　　7 500

（二）即征即退、先征后退（返）增值税的会计核算

对于即征即退、先征后退（返）的纳税人，企业销售货物时应正常计税，即借记"银行存款""应收账款"等科目，贷记"主营业务收入""应交税费——应交增值税（销项税额）"或"应交税费——简易计税"（小规模纳税人贷记"应交税费——应交增值税"）等科目；并按规定的纳税期限缴纳税款时，按上述缴纳增值税的会计核算进行账务处理；在返还税款时，借记"银行存款"科目，贷记"其他收益"等科目。

【例2-67】甲企业（一般计税方法纳税人）是软件开发企业，20×3年5月销售自行开发的软件产品，取得销售额60 000元（不含税），开具增值税专用发票。开发软件产品的增值税进项税额为1 000元，本月无其他增值税事项。对上述甲企业享受的即征即退业务进行账务处理。

根据《财政部　国家税务总局关于软件产品增值税政策的通知》的规定，一般计税方法纳税人销售自行开发的软件产品，按13%的税率征收增值税后，对其实际税负超过3%的部分实行即征即退。

应纳税额=60 000×13%-1 000=6 800（元）

实际税负=6 800÷60 000=11.33%≥3%

应退税额=6 800-60 000×3%=5 000（元）

销售时：

借：银行存款等　　　　　　　　　　　　　　　　　　66 800
　　贷：主营业务收入　　　　　　　　　　　　　　　　　60 000
　　　　应交税费——应交增值税　　　　　　　　　　　　6 800

即征即退时：

借：应交税费——应交增值税（减免税款）　　　　　　　5 000
　　贷：其他收益——减免税款　　　　　　　　　　　　　5 000

（三）先进制造业、集成电路及工业母机企业纳税人抵减应纳税额的会计核算

1. 根据《财政部　税务总局关于先进制造业企业增值税加计抵减政策的公告》的

规定，自 2023 年 1 月 1 日至 2027 年 12 月 31 日，允许先进制造业企业按照当期可抵扣进项税额加计 5% 抵减应纳增值税额。

2. 根据《财政部　税务总局关于集成电路企业增值税加计抵减政策的通知》的规定，自 2023 年 1 月 1 日至 2027 年 12 月 31 日，允许集成电路设计、生产、封测、装备、材料企业按照当期可抵扣进项税额加计 15% 抵减应纳增值税额。

3. 根据《关于工业母机企业增值税加计抵减政策的通知》的规定，自 2023 年 1 月 1 日至 2027 年 12 月 31 日，对生产销售先进工业母机主机、关键功能部件、数控系统（以下简称先进工业母机产品）的增值税一般纳税人，允许按当期可抵扣进项税额加计 15% 抵减企业应纳增值税额。

对上述享受加计抵减政策的纳税人，应当按照《增值税会计处理规定》的相关规定对增值税相关业务进行会计处理；实际缴纳增值税时，按应纳税额，借记"应交税费——未交增值税"等科目；按实际纳税金额，贷记"银行存款"科目；按加计抵减的金额，贷记"其他收益"科目。

【例 2 – 68】某增值税一般纳税人属于先进制造业纳税人，符合 5% 加计抵减政策，2023 年 5 月可抵扣进项税额为 100 万元，按正常计税方法计算的应纳增值税为 40 万元。对上述享受的加计抵减业务进行账务处理。

该纳税人当期可抵扣进项税额为 100 万元，按规定可加计 5%，即 5 万元抵减应纳税额，即次月实际缴税 35 万元。

5 月 31 日：

借：应交税费——应交增值税（转出未交增值税）　　　　　400 000
　　贷：应交税费——未交增值税　　　　　　　　　　　　　　　400 000

次月实际缴纳增值税时：

借：应交税费——未交增值税　　　　　　　　　　　　　400 000
　　贷：银行存款　　　　　　　　　　　　　　　　　　　　　350 000
　　　　其他收益　　　　　　　　　　　　　　　　　　　　　　50 000

本例 5 万元"其他收益"需要依法作为企业所得税应税所得，没有减免优惠。

九、增值税期末留抵退税的会计核算

根据财政部会计司 2022 年 6 月《关于增值税期末留抵退税政策适用〈增值税会计处理规定〉有关问题的解读》，纳税人在税务机关准予留抵退税时，按税务机关核准允许退还的留抵税额，借记"应交税费——增值税留抵税额"科目，贷记"应交税费——应交增值税（进项税额转出）"科目；在实际收到留抵退税款项时，按收到留抵退税款项的金额，借记"银行存款"科目，贷记"应交税费——增值税留抵税额"科目；将已退还的留抵退税款项缴回并继续按规定抵扣进项税额时，按缴回留抵退税款项的金额，借记"应交税费——应交增值税（进项税额）"科目，贷记"应交税费——增值税留抵税额"科目，同时，借记"应交税费——增值税留抵税额"科目，贷记"银行存款"科目。

【例 2 – 69】甲公司 20 × 2 年 4 月增值税留抵退税 100 万元，5 月 16 日向税务机关申请留抵退税，经过了核准，对上述留抵退税业务进行账务处理。

税务机关核准允许退还的留抵税额时：

借：应交税费——增值税留抵税额　　　　　　　　　　　1 000 000
　　贷：应交税费——应交增值税（进项税转出）　　　　　　　1 000 000

甲公司收到留抵退税款 100 万元时：

借：银行存款　　　　　　　　　　　　　　　　　　　1 000 000
　　贷：应交税费——增值税留抵税额　　　　　　　　　　　1 000 000

若 6 月 22 日，税务机关发现退税错误，甲公司并不符合退税条件，于是要求甲公司将退税款缴回税务机关：

借：应交税费——应交增值税（进项税额）　　　　　　　1 000 000
　　贷：应交税费——增值税留抵税额　　　　　　　　　　　1 000 000

借：应交税费——增值税留抵税额　　　　　　　　　　　1 000 000
　　贷：银行存款　　　　　　　　　　　　　　　　　　　1 000 000

增值税留抵退税不属于政府补助，不计入企业所得税收入总额。

十、增值税纳税调整的会计核算

增值税一般纳税人在税务机关对其增值税纳税情况进行检查后，凡涉及增值税账务调整的，应设立"应交税费——增值税检查调整"科目，账务调整应按纳税期逐期进行。对检查后应调减进项税额或调增销项税额和进项税额转出的数额，借记有关科目，贷记本科目；对检查后应调增进项税额或调减销项税额和进项税额转出的数额，借记本科目，贷记有关科目；全部调整事项入账后，应结出本账户的余额，并对该余额进行处理。若余额在借方，全部视同留抵进项税额，按借方余额数，借记"应交税费——应交增值税（进项税额）"科目，贷记本科目；若余额在贷方，借记本科目，贷记"应交税费——应交增值税"科目。根据检查核实后的当期全部销项税额与进项税额（包括当期留抵税额），重新计算当期全部应纳税额。若应纳税额为正数，应当作补税处理；若应纳税额为负数，应当核减期末留抵税额。

【例 2 – 70】20 × 3 年 1 月，某市税务稽查局对甲公司（一般纳税人）上年度增值税进行检查时发现：20 × 2 年 12 月，公司存货发生非正常损失，全部记入"营业外支出"账户，其中包括增值税进项税额 3 200 元；将自产产品作为福利发放给职工，未按视同销售进行税务处理，少计算增值税销项税额 4 000 元；公司 20×2 年 12 月"应交税费——应交增值税"账户为借方余额 1 550 元。据此，稽查局作出补缴增值税 5 650 元、加收滞纳金和罚款 9 300 元的决定。公司当即缴纳了上述税款、滞纳金和罚款，对上述业务进行账务处理。

转出非正常损失存货的增值税进项税额：

借：以前年度损益调整　　　　　　　　　　　　　　　　　　　　　3 200

　　贷：应交税费——增值税检查调整　　　　　　　　　　　　　　　3 200

补提视同销售的增值税销项税额：

借：应付职工薪酬　　　　　　　　　　　　　　　　　　　　　　　4 000

　　贷：应交税费——增值税检查调整　　　　　　　　　　　　　　　4 000

入账后，"应交税费——增值税检查调整"明细账户的贷方余额为 7 200 元：

借：应交税费——增值税检查调整　　　　　　　　　　　　　　　　7 200

　　贷：应交税费——应交增值税　　　　　　　　　　　　　　　　　7 200

实际缴纳查补的增值税、滞纳金和罚款：

借：应交税费——应交增值税　　　　　　　　　　　　　　　　　　5 650

　　营业外支出　　　　　　　　　　　　　　　　　　　　　　　　9 300

　　贷：银行存款　　　　　　　　　　　　　　　　　　　　　　　14 950

甲公司在申报上年度企业所得税时，应调减应纳税所得额 3 200 元；当申报当年企业所得税时，因税款的滞纳金和罚款不得在税前扣除，因此，应调增应纳税所得额 9 300 元。

十一、"应交税费"科目下的各明细科目在财务报表相关项目中的列示

"应交税费"科目下的"应交增值税""未交增值税""待抵扣进项税额""待认证进项税额""增值税留抵税额"等明细科目期末借方余额，应根据情况在资产负债表中的"其他流动资产"或"其他非流动资产"项目列示；"应交税费——待转销项税额"等科目期末贷方余额，应根据情况在资产负债表中的"其他流动负债"或"其他非流动负债"项目列示；"应交税费"科目下的"未交增值税""简易计税""转让金融商品应交增值税""代扣代交增值税"等科目期末贷方余额，应在资产负债表中的"应交税费"项目列示。

第四节　增值税的纳税申报

为贯彻落实中共中央办公厅、国务院办公厅印发的《关于进一步深化税收征管改革的意见》，深入推进税务领域"放管服"改革，优化营商环境，切实减轻纳税人、缴费人申报负担，自 2021 年 8 月 1 日起，全面推行增值税、消费税分别与附加税费申报表整合工作。纳税人申报增值税、消费税时，应一并申报附征的城市维护建设税、教育费附加和地方教育附加等附加税费。新启用的增值税及附加税费申报表（一般纳税人适用）、增值税及附加税费申报表（小规模纳税人适用）、增值税及附加税费预缴表及其附列资料和消费税及附加税费申报表中，附加税费申报表作为附列资料或附表，纳税人在进行增值税、消费税申报的同时完成附加税费申报。通过整合各税费种申报表，实现多税费种"一张报表、一次申报、一次缴款、一张凭证"，提高了办税效率。

具体为纳税人填写增值税、消费税相关申报信息后，自动带入附加税费附列资料（附表）；纳税人填写完附加税费其他申报信息后，回到增值税、消费税申报主表，形成纳税人本期应缴纳的增值税、消费税和附加税费数据。上述表内信息预填均由系统自动实现。

一、一般纳税人增值税及附加税费的纳税申报

一般纳税人不论当期是否发生应税行为或是否应该缴税，均应该按规定进行纳税申报。

（一）纳税申报模式及税款缴纳

自 2022 年 8 月 28 日起，全电发票（即"全面数字化发票"简称，后简称"数电票"）受票全面试点，纳税人在进行增值税申报时无须抄报税直接进入电子税务局进行纳税申报填写即可。部分使用传统税控设备的纳税人，增值税申报流程是每个月先抄报税，然后再进行纳税申报，最后清卡。数电票上线后，大大简化了纳税申报流程。

增值税及附加税费申报（一般纳税人适用）有三种模式：（1）针对业务简单的纳税人，系统推荐确认式申报，系统自动预填数据，纳税人确认无误即可一键申报。（2）针对业务相对复杂的纳税人，系统推荐补录式申报，纳税人在系统预填数据的基础上补录未开票收入、其他抵扣、进项转出税额、抵减税额等信息后即可快速申报。（3）针对业务复杂的纳税人，系统推荐填表式申报，即传统申报模式。以上申报模式

由系统根据纳税人特征标签和涉税数据情况，自动为您推荐，无须选择。

申报成功后，可以点击"展开明细"查看申报明细数据，也可以立即缴款，完成本次申报涉及的税费款缴纳。

（二）纳税申报资料

1. 一般纳税人增值税及附加税费申报资料包括纳税申报表及其附列资料，具体包括：增值税及附加税费申报表（一般纳税人适用）》、增值税及附加税费申报表附列资料（一）（本期销售情况明细）、增值税及附加税费申报表附列资料（二）（本期进项税额明细）、增值税及附加税费申报表附列资料（三）（服务、不动产和无形资产扣除项目明细）、增值税及附加税费申报表附列资料（四）（税额抵减情况表）、增值税及附加税费申报表附列资料（五）（附加税费情况表）、增值税减免税申报明细表七张表。

2. 主管税务机关规定的纳税申报其他资料。

（三）填报举例

【例 2 –71】甲市 A 制造企业（一般计税方法纳税人）20×3 年 7 月提供的增值税有关资料如下：

（1）销售家具给一般纳税人开具的增值税专用发票上注明的销售额为 520 000 元，给小规模纳税人开具的普通发票上注明的价税合计销售额为 127 916 元；销售原木，开具的普通发票上注明的价税合计销售额为 43 600 元。赠送给关联单位一批家具，其成本为 30 000 元，同类产品的不含税售价为 40 000 元；职工食堂耗用外购的板材为 35 000元。

（2）本月购进板材，取得的增值税专用发票上注明的金额为 180 000 元；从林场购进原木，取得的销售发票上注明的金额为 72 000 元；取得的木材贸易公司普通发票上注明的原木金额为 40 000 元；委托运输公司运送所购进的原木，支付运输费用并取得增值税专用发票，发票上注明的运费为 5 000 元，增值税额为 450 元。

（3）上期尚未抵扣完的进项税额为 5 000 元，本月已缴增值税 20 000 元。

（4）以上业务中，原材料成本采用实际成本法，款项均用银行存款支付，原材料均已验收入库。

根据以上业务计算当期应纳增值税额，作出相应的账务处理并进行纳税申报。

销售家具，开具增值税专用发票：

借：银行存款 587 600

　　贷：主营业务收入 520 000

　　　　应交税费——应交增值税（销项税额） 67 600

销售家具，开具普通发票：

借：银行存款　　　　　　　　　　　　　　　　　　　　　127 916

　　贷：主营业务收入　　　　　　　　　　　　　　　　　113 200

　　　　应交税费——应交增值税（销项税额）　　　　　　14 716

销售原木，增值税税率为9%：

借：银行存款　　　　　　　　　　　　　　　　　　　　　43 600

　　贷：主营业务收入　　　　　　　　　　　　　　　　　40 000

　　　　应交税费——应交增值税（销项税额）　　　　　　 3 600

赠送家具应视同销售，按其对外售价计算销项税额：

借：营业外支出　　　　　　　　　　　　　　　　　　　　35 200

　　贷：库存商品——家具　　　　　　　　　　　　　　　30 000

　　　　应交税费——应交增值税（销项税额）　　　　　　 5 200

职工食堂耗用外购板材，其进项税额应做转出处理：

借：应付职工薪酬　　　　　　　　　　　　　　　　　　　39 550

　　贷：原材料——板材　　　　　　　　　　　　　　　　35 000

　　　　应交税费——应交增值税（进项税额转出）　　　　 4 550

购进板材：

借：原材料——板材　　　　　　　　　　　　　　　　　　180 000

　　应交税费——应交增值税（进项税额）　　　　　　　　23 400

　　贷：银行存款　　　　　　　　　　　　　　　　　　　203 400

购进原木，取得销售发票：

借：原材料——原木　　　　　　　　　　　　　　　　　　65 520

　　应交税费——应交增值税（进项税额）　　　　　　　　 6 480

　　贷：银行存款　　　　　　　　　　　　　　　　　　　72 000

从木材公司购进原木，取得普通发票，不得计提进项税额：

借：原材料——原木　　　　　　　　　　　　　　　　　　40 000

　　贷：银行存款　　　　　　　　　　　　　　　　　　　40 000

向运输公司支付运费，取得增值税专用发票：

借：原材料——原木　　　　　　　　　　　　　　　　　　 5 000

　　应交税费——应交增值税（进项税额）　　　　　　　　　 450

　　贷：银行存款　　　　　　　　　　　　　　　　　　　 5 450

本月已缴增值税 20 000 元：

借：应交税费——应交增值税（已交税金）　　　　　　　　20 000

　　贷：银行存款　　　　　　　　　　　　　　　　　　　20 000

本月应纳税款计算如下：

本期销售额 = 520 000 + 127 916 ÷ (1 + 13%) + 43 600 ÷ (1 + 9%) + 40 000

         = 713 200 (元)

本期销项税额 = [520 000 + 127 916 ÷ (1 + 13%) + 40 000] × 13% + 43 600

         ÷ (1 + 9%) × 9%

         = 91 116 (元)

本期进项税额 = (180 000 - 35 000) × 13% + 72 000 × 9% + 5 000 × 9%

         = 25 780 (元)

本期应纳税额 = 91 116 - 25 780 - 5 000 - 20 000 = 40 336 (元)

借：应交税费——应交增值税（转出未交增值税）   40 336

    贷：应交税费——未交增值税   40 336

下月缴纳增值税时：

借：应交税费——未交增值税   40 336

    贷：银行存款   40 336

纳税申报表部分数据填写见表2.2 ~ 表2.4，其他信息略。

表 2.2   **增值税及附加税费申报表**

（一般纳税人适用）

    根据国家税收法律法规及增值税相关规定制定本表。纳税人不论有无销售额，均应按税务机关核定的纳税期限填写本表，并向当地税务机关申报。

税款所属时间：自20×3年7月1日至20×3年7月31日   填表日期：20×3年8月10日

金额单位：元（列至角分）

纳税人识别号（统一社会信用代码）：□□□□□□□□□□□□□□□□□□□□   所属行业：

纳税人名称		法定代表人姓名		注册地址		生产经营地址	
开户银行及账号		登记注册类型			电话号码		

项目		栏次	一般项目		即征即退项目	
			本月数	本年累计	本月数	本年累计
销售额	（一）按适用税率计税销售额	1	713 200			
	其中：应税货物销售额	2	713 200			
	应税劳务销售额	3				
	纳税检查调整的销售额	4				
	（二）按简易办法计税销售额	5				
	其中：纳税检查调整的销售额	6				
	（三）免、抵、退办法出口销售额	7			—	—
	（四）免税销售额	8			—	—
	其中：免税货物销售额	9			—	—
	免税劳务销售额	10			—	—

续表

项目		栏次	一般项目		即征即退项目	
			本月数	本年累计	本月数	本年累计
税款计算	销项税额	11	91 116			
	进项税额	12	30 330			
	上期留抵税额	13	5 000			—
	进项税额转出	14	4 550			
	免、抵、退应退税额	15			—	—
	按适用税率计算的纳税检查应补缴税额	16			—	—
	应抵扣税额合计	17 = 12 + 13 - 14 - 15 + 16	30 780	—		—
	实际抵扣税额	18（如 17 < 11，则为 17，否则为 11）	30 780			
	应纳税额	19 = 11 - 18	60 336			
	期末留抵税额	20 = 17 - 18				—
	简易计税办法计算的应纳税额	21				
	按简易计税办法计算的纳税检查应补缴税额	22			—	—
	应纳税额减征额	23				
	应纳税额合计	24 = 19 + 21 - 23	60 336			
税款缴纳	期初未缴税额（多缴为负数）	25			—	—
	实收出口开具专用缴款书退税额	26			—	—
	本期已缴税额	27 = 28 + 29 + 30 + 31	20 000			
	①分次预缴税额	28	20 000	—		—
	②出口开具专用缴款书预缴税额	29		—		—
	③本期缴纳上期应纳税额	30				
	④本期缴纳欠缴税额	31				
	期末未缴税额（多缴为负数）	32 = 24 + 25 + 26 - 27	40 336			
	其中：欠缴税额（≥0）	33 = 25 + 26 - 27	—			
	本期应补（退）税额	34 = 24 - 28 - 29	40 336			
	即征即退实际退税额	35	—	—		
	期初未缴查补税额	36			—	—
	本期入库查补税额	37			—	—
	期末未缴查补税额	38 = 16 + 22 + 36 - 37				

项目		栏次	一般项目		即征即退项目	
			本月数	本年累计	本月数	本年累计
附加税费	城市维护建设税本期应补（退）税额	39	4 223.52		—	—
	教育费附加本期应补（退）费额	40	1 810.08		—	—
	地方教育附加本期应补（退）费额	41	1 206.72		—	—

声明：此表是根据国家税收法律法规及相关规定填写的，本人（单位）对填报内容（及附带资料）的真实性、可靠性、完整性负责。

纳税人（签章）： 年 月 日

经办人：
经办人身份证号：
代理机构签章：
代理机构统一社会信用代码：

受理人：

受理税务机关（章）：
受理日期： 年 月 日

表 2.3

增值税及附加税费申报表附列资料（一）

（本期销售情况明细）

税款所属时间：　年　月　日至　年　月　日

纳税人名称：（公章）

金额单位：元（列至角分）

项目及栏次			开具增值税专用发票		开具其他发票		未开具发票		纳税检查调整		合计			服务、不动产和无形资产扣除项目本期实际扣除金额	扣除后	
			销售额	销项（应纳）税额	销售额	销项（应纳）税额	销售额	销项（应纳）税额	销售额	销项（应纳）税额	销售额	销项（应纳）税额	价税合计		含税（免税）销售额	销项（应纳）税额
			1	2	3	4	5	6	7	8	9=1+3+5+7	10=2+4+6+8	11=9+10	12	13=11-12	14=13÷(100%+税率或征收率)×税率或征收率
一、一般计税方法计税	全部征税项目	13%税率的货物及加工修理修配劳务　1	520 000	67 600	113 200	14 716	40 000	5 200			673 200	87 516		12		
		13%税率的服务、不动产和无形资产　2											—		—	—
		9%税率的货物及加工修理修配劳务　3											—		—	—
		9%税率的服务、不动产和无形资产　4	40 000	3 600							40 000	3 600				
		6%税率　5											—		—	—
	其中：即征即退项目	即征即退货物及加工修理修配劳务　6	—	—	—	—	—	—	—	—	—	—	—	—	—	—
		即征即退服务、不动产和无形资产　7	—	—	—	—	—	—	—	—	—	—	—	—	—	—

续表

项目及栏次		开具增值税专用发票		开具其他发票		未开具发票		纳税检查调整		合计			服务、不动产和无形资产扣除项目本期实际扣除金额	扣除后	
		销售额	销项(应纳)税额	销售额	销项(应纳)税额	销售额	销项(应纳)税额	销售额	销项(应纳)税额	销售额	销项(应纳)税额	价税合计		含税(免税)销售额	销项(应纳)税额
		1	2	3	4	5	6	7	8	9=1+3+5+7	10=2+4+6+8	11=9+10	12	13=11−12	$14=13÷(100\%+税率或征收率)×税率或征收率$
二、简易计税方法计税 — 全部征税项目	6%征收率														
	5%征收率的货物及加工修理修配劳务 9a													—	—
	5%征收率的服务、不动产和无形资产 9b														
	4%征收率 10														
	3%征收率的货物及加工修理修配劳务 11													—	—
	3%征收率的服务、不动产和无形资产 12														
	预征率% 13a	—	—	—	—	—	—	—	—	—	—	—	—	—	—
	预征率% 13b	—	—	—	—	—	—	—	—	—	—	—	—	—	—
	预征率% 13c	—	—	—	—	—	—	—	—	—	—	—	—	—	—
其中：即征即退项目	即征即退货物及加工修理修配劳务 14	—	—	—	—	—	—	—	—	—	—	—	—	—	—
	即征即退服务、不动产和无形资产 15	—	—	—	—	—	—	—	—	—	—	—	—	—	—

续表

项目及栏次		开具增值税专用发票		开具其他发票		未开具发票		纳税检查调整		合计			服务、不动产和无形资产本期实际扣除金额	扣除后	
		销售额	销项（应纳）税额	销售额	销项（应纳）税额	销售额	销项（应纳）税额	销售额	销项（应纳）税额	销售额	销项（应纳）税额	价税合计		含税（免税）销售额	销项（应纳）税额
		1	2	3	4	5	6	7	8	$9=1+3+5+7$	$10=2+4+6+8$	$11=9+10$	12	$13=11-12$	$14=13÷(100\%+税率或征收率)×税率或征收率$
三、免抵退税	货物及加工修理修配劳务 16	—	—	—	—	—	—	—	—						
	服务、不动产和无形资产 17	—	—	—	—	—	—	—	—	—	—	—	—	—	—
四、免税	货物及加工修理修配劳务 18	—	—	—	—	—	—	—	—	—	—	—	—	—	—
	服务、不动产和无形资产 19	—	—	—	—	—	—	—	—	—	—	—	—	—	—

表2.4　　　　　　　　　增值税及附加税费申报表附列资料（二）

(本期进项税额明细)

税款所属时间：　　年　月　日至　年　月　日

纳税人名称：（公章）　　　　　　　　　　　　　　　　　　金额单位：元（列至角分）

一、申报抵扣的进项税额				
项目	栏次	份数	金额	税额
（一）认证相符的增值税专用发票	1＝2＋3	2	185 000	23 850
其中：本期认证相符且本期申报抵扣	2	2	185 000	23 850
前期认证相符且本期申报抵扣	3			
（二）其他扣税凭证	4＝5＋6＋7＋8a＋8b	1	72 000	6 480
其中：海关进口增值税专用缴款书	5			
农产品收购发票或者销售发票	6	1	72 000	6 480
代扣代缴税收缴款凭证	7		——	——
加计扣除农产品进项税额	8a		——	——
其他	8b			
（三）本期用于购建不动产的扣税凭证	9			
（四）本期用于抵扣的旅客运输服务扣税凭证	10			
（五）外贸企业进项税额抵扣证明	11		——	——
当期申报抵扣进项税额合计	12＝1＋4＋11	3	257 000	30 330
二、进项税额转出额				
项目	栏次		税额	
本期进项税额转出额	13＝14至23之和		4 550	
其中：免税项目用	14			
集体福利、个人消费	15		4 550	
非正常损失	16			
简易计税方法征税项目用	17			
免抵退税办法不得抵扣的进项税额	18			
纳税检查调减进项税额	19			
红字专用发票信息表注明的进项税额	20			
上期留抵税额抵减欠税	21			
上期留抵税额退税	22			
异常凭证转出进项税额	23a			
其他应作进项税额转出的情形	23b			

续表

三、待抵扣进项税额				
项目	栏次	份数	金额	税额
（一）认证相符的增值税专用发票	24	——	——	——
期初已认证相符但未申报抵扣	25			
本期认证相符且本期未申报抵扣	26			
期末已认证相符但未申报抵扣	27			
其中：按照税法规定不允许抵扣	28			
（二）其他扣税凭证	29 = 30 至 33 之和			
其中：海关进口增值税专用缴款书	30			
农产品收购发票或者销售发票	31			
代扣代缴税收缴款凭证	32		——	
其他	33			
	34			
四、其他				
项目	栏次	份数	金额	税额
本期认证相符的增值税专用发票	35	2	185 000	23 850
代扣代缴税额	36	——	——	——

二、小规模纳税人增值税及附加税费的纳税申报

小规模纳税人增值税及附加税费申报资料包括纳税申报表及其附列资料，具体包括：增值税及附加税费申报表（小规模纳税人适用）（见表 2.5）、增值税纳税申报表（小规模纳税人适用）（附表略）附列资料和增值税减免税申报明细表。小规模纳税人销售服务，在确定服务销售额时，按照有关规定可以从取得的全部价款和价外费用中扣除价款的，需填报增值税纳税申报表（小规模纳税人适用）附列资料。其他情况不填写该附列资料。

【例 2 -72】甲市 A 制造企业（小规模纳税人）20 ×3 年第二季度提供的增值税有关资料如下：

（1）销售家具给开具的普通发票上注明的价税合计销售额为 123 600 元；销售原木，开具的普通发票上注明的价税合计销售额为 41 200 元。

（2）本期从林场购进原木，取得的销售发票上注明的金额为 72 000 元。

以上业务中，原材料成本采用实际成本法，款项均用银行存款支付，原材料均已验收入库。计算当期应纳增值税额，作出相应的账务处理并进行纳税申报。

销售家具，开具普通发票：

```
借：银行存款                               123 600
    贷：主营业务收入                           120 000
        应交税费——应交增值税                     3 600
```

销售原木，征收率为3%：

```
借：银行存款                                41 200
    贷：主营业务收入                            40 000
        应交税费——应交增值税                     1 200
```

购进原木，取得销售发票：

```
借：原材料——原木                            72 000
    贷：银行存款                              72 000
```

本月应纳税款计算如下：

本期销售额 = 120 000 + 40 000 = 160 000（元）

本期应纳税额 = 3 600 + 12 00 = 4 800（元）

缴纳增值税时：

```
借：应交税费——应交增值税                        4 800
    贷：银行存款                               4 800
```

部分纳税申报表数据填写见表2.5。

表2.5　　　　　　　　　**增值税及附加税费申报表**

（小规模纳税人适用）

纳税人识别号（统一社会信用代码）：□□□□□□□□□□□□□□□□□□

纳税人名称：　　　　　　　　　　　　　　　　　　金额单位：　元（列至角分）

税款所属期：　年　月　日至　年　月　日　　　　　填表日期：　年　月　日

项目		栏次	本期数		本年累计	
			货物及劳务	服务、不动产和无形资产	货物及劳务	服务、不动产和无形资产
一、计税依据	（一）应征增值税不含税销售额（3%征收率）	1	160 000			
	增值税专用发票不含税销售额	2	160 000			
	其他增值税发票不含税销售额	3				
	（二）应征增值税不含税销售额（5%征收率）	4	——		——	
	增值税专用发票不含税销售额	5	——		——	
	其他增值税发票不含税销售额	6	——		——	
	（三）销售使用过的固定资产不含税销售额	7（7≥8）		——		——

续表

项目		栏次	本期数		本年累计	
			货物及劳务	服务、不动产和无形资产	货物及劳务	服务、不动产和无形资产
一、计税依据	其中：其他增值税发票不含税销售额	8		——		——
	（四）免税销售额	9=10+11+12				
	其中：小微企业免税销售额	10				
	未达起征点销售额	11				
	其他免税销售额	12				
	（五）出口免税销售额	13（13≥14）				
	其中：其他增值税发票不含税销售额	14				
二、税款计算	本期应纳税额	15	4 800			
	本期应纳税额减征额	16				
	本期免税额	17				
	其中：小微企业免税额	18				
	未达起征点免税额	19				
	应纳税额合计	20=15-16	4 800			
	本期预缴税额	21			——	——
	本期应补（退）税额	22=20-21	4 800		——	——
三、附加税费	城市维护建设税本期应补（退）税额	23	336			
	教育费附加本期应补（退）费额	24	144			
	地方教育附加本期应补（退）费额	25	96			

声明：此表是根据国家税收法律法规及相关规定填写的，本人（单位）对填报内容（及附带资料）的真实性、可靠性、完整性负责。

纳税人（签章）： 年 月 日

经办人：
经办人身份证号：
代理机构签章：
代理机构统一社会信用代码：

受理人：
受理税务机关（章）：
受理日期： 年 月 日

思考与练习

一、单项选择题

1. 下列纳税人中，不得登记为增值税一般纳税人的是（　　）。

    A. 年应税销售额未超过 500 万元，但会计核算健全的纳税人

    B. 年应税销售额超过 500 万元的其他个人

    C. 不经常发生应税行为的企业

    D. 非企业性单位

2. 下列项目中，不属于生活服务的是（　　）。

    A. 文化体育服务   B. 教育医疗服务

    C. 餐饮住宿服务   D. 贷款服务

3. 汽车销售公司销售小轿车时一并向购买方收取的下列款项中，应作为价外费用计算增值税销项税额的是（　　）。

    A. 收取的小轿车改装费   B. 因代办保险收取的保险费

    C. 因代办牌照收取的车辆牌照费 D. 因代办缴税收取的车辆购置税税款

4. 根据《中华人民共和国增值税暂行条例》及其实施细则的规定，采取预收货款方式销售货物，增值税纳税义务的发生时间为（　　）。

    A. 销售方收到第一笔货款的当天 B. 销售方收到剩余货款的当天

    C. 销售方发出货物的当天   D. 购买方收到货物的当天

5. 下列销售行为中，免征增值税的是（　　）。

    A. 一般纳税人销售旧货

    B. 小规模纳税人（其他个人除外）销售自己使用过的物品

    C. 其他个人销售自己使用过的物品

    D. 个体工商户出租住房

6. 下列一般纳税人各项不需要计算销项税额的是（　　）。

    A. 将自产的货物用于抵偿债务

    B. 将购买的货物用于无偿赠送

    C. 将购进的货物用于集体福利

    D. 将委托加工的货物用于投资

7. 下列不属于销售无形资产的是（　　）。

    A. 转让专利权   B. 转让建筑永久使用权

    C. 转让网络虚拟道具   D. 转让连锁经营权

8. 下列各项属于增值税价外费用的是（　　）。

A. 向购买方收取的违约金

B. 代收代缴的消费税

C. 向购货方收取的代其办理保险的保险费

D. 销项税额

9. A公司为增值税一般纳税人，本月发生了一笔简易计税业务，并需要在外地预缴增值税，则相关会计核算的借方科目应该是（　　）。

A. 应交税费——简易计税　　　　　B. 应交税费——预交增值税

C. 应交税费——未交增值税　　　　D. 应交税费——待转销项税额

10. 对下列增值税应税行为计算销项税额时，按照全额确定销售额的是（　　）。

A. 贷款服务　　　　　　　　　　B. 一般纳税人提供客运场站服务

C. 金融商品转让服务　　　　　　D. 经纪代理服务

二、多项选择题

1. 下列关于一般纳税人增值税应纳税额计算的相关公式中，正确的有（　　）。

A. 当期应纳税额＝当期销项税额－（当期进项税额－当期进项税额转出）

B. 销项税额＝不含税的销售额×增值税税率

C. 不含税销售额＝含税销售额÷（1＋增值税税率）

D. 不含税销售额＝含税销售额÷（1－增值税税率）

2. 下列项目中，一般纳税人适用9%增值税税率的有（　　）。

A. 提供交通运输服务　　　　　　B. 提供基础电信服务

C. 销售不动产　　　　　　　　　D. 转让土地使用权

3. 下列项目中适用9%税率的有（　　）。

A. 广告业　　　B. 邮政业　　　C. 装卸搬运服务　　　D. 交通运输业

4. 农产品增值税进项税额核定扣除时，以购进农产品为原料生产货物，计算方法有（　　）。

A. 投入产出法　　　B. 直接销售法　　　C. 成本法　　　D. 参照法

5. 下列采取增值税一般计税方法业务，在会计核算时会使用到"应交税费——预交增值税"的有（　　）。

A. 跨县市转让不动产

B. 跨地级市提供建筑服务

C. 跨县市提供不动产经营租赁服务

D. 房地产开发公司销售商品房预收的销售款

6. 下列专栏应在"应交税费——应交增值税"借方反映的有（　　）。

A. 销项税额　　　B. 进项税额　　　C. 减免税款　　　D. 销项税额抵减

7. 根据增值税政策的规定，增值税纳税人年应税销售额超过规定标准的，除另有规定外，应当向主管税务机关办理一般纳税人登记。下列各项中应计入年应税销售额的有（   ）。

    A. 销售房地产开发产品收取的预收款

    B. 纳税申报销售额

    C. 稽查查补销售额

    D. 纳税评估调整销售额

8. 下列行为中，外购货物进项税额准予从销项税额中抵扣的有（   ）。

    A. 将外购货物无偿赠送给客户

    B. 将外购货物作为投资提供给联营单位

    C. 将外购货物分配给股东

    D. 将外购货物用于本单位职工福利

9. 根据增值税法律制度的规定，一般纳税人购进货物的下列进项税额中，不得从销项税额中抵扣的有（   ）。

    A. 因管理不善造成被盗的购进货物的进项税额

    B. 被执法部门依法没收的购进货物的进项税额

    C. 被执法部门强令自行销毁的购进货物的进项税额

    D. 因地震造成毁损的购进货物的进项税额

10. 下列关于增值税纳税义务发生时间的表述中，正确的有（   ）。

    A. 纳税人采取直接收款方式销售货物，为货物发出的当天

    B. 纳税人销售应税劳务，为提供劳务的同时收讫销售款或者取得索取销售款凭据的当天

    C. 纳税人采取委托银行收款方式销售货物，为发出货物并办妥托收手续的当天

    D. 纳税人采取赊销方式销售货物，为书面合同约定的收款日期的当天

三、判断题

1. 我国现行增值税属于生产型增值税。 （   ）
2. 一般纳税人的特点是增值税进项税额可以抵扣销项税额。 （   ）
3. 增值税的征收率仅适用于小规模纳税人和特定一般纳税人，税率均为3%。 （   ）
4. 经批准从事有形动产融资租赁服务和有形动产融资性售后回租服务的一般纳税人，增值税实际税负超过3%的部分实行即征即退。 （   ）
5. "待抵扣进项税额"明细科目，核算一般纳税人由于未经税务机关认证而不得从当期销项税额中抵扣的进项税额。 （   ）

四、思考题

1. 简述增值税的主要特点和类型。

2. 增值税计税方法有哪几种？分别适用于什么情况？

3. 需要做进项税额转出的情形，如何进行进项税额转出的会计核算？

4. 采用一般计税方法纳税人在"应交税费——应交增值税"二级科目下如何设置三级科目？

5. 简述包装物押金的税务处理。

五、计算分录题

某公司为增值税一般纳税人，20×3 年 7 月发生如下经济业务：

（1）购入 A 材料一批，专用发票注明价款 800 000 元，增值税额为 104 000 元，款项通过银行存款支付。同时支付运费 12 000 元（不含税价），取得运输部门开出的增值税专用发票，材料验收入库。

（2）从某小规模纳税人处购进 B 材料一批，取得普通发票一张，注明价款 20 000 元，款项以银行存款支付。

（3）购入一台生产用机器设备，增值税专用发票注明价格 500 000 元，增值税额 65 000 元，另外支付含税的运费 4 360 元，取得了增值税专用发票。全部款项以银行存款支付。

（4）购进免税农产品一批，买价 100 000 元，货物已验收入库，款项已经用现金支付。

（5）接受某投资者转入的 A 材料一批，增值税专用发票上注明的货物价款为 200 000 元，增值税额为 26 000 元，价款合计 226 000 元。

（6）委托某机械加工厂加工零部件一批，发出 A 材料，成本 15 000 元，当月加工完毕。提货时对方开具增值税专用发票，注明加工费 3 000 元，增值税额 390 元，全部款项以银行存款支付。

（7）由于仓库保管不善，被盗 A 材料 5 000 元，原因待查。

（8）公司当月销售产品取得不含税的销售收入为 300 000 元；销售使用过的未抵扣进项税额的货运汽车 6 辆，开具普通发票注明价税合计金额 24.72 万元，该公司未放弃减税。上述款项已收，取得的增值税专用发票当期全部认证。

要求：

（1）计算当期不可抵扣的进项税额。

（2）计算当期进项税额。

（3）计算当期销项税额。

（4）计算当期应纳增值税。

（5）分别对以上经济业务进行会计核算。

第三章 消费税会计

【学习目标】

通过本章学习，熟悉消费税的纳税人、税目、税率等相关知识和特点；理解消费税与增值税的区别与联系；掌握消费税应纳税额的计算；掌握消费税会计核算和纳税申报。

【思政目标】

通过学习消费税的设置目的和征收范围，使学生理解税收在调节经济、优化资源配置等方面的重要作用，增强对税收政策的理解和支持，同时也要关注税收政策对弱势群体的影响，积极倡导公平合理的税收政策，弘扬社会责任感；通过学习消费税会计知识，培养"学思用"的职业道德素养和情操。

第一节 消费税税制要素

一、消费税的概念和特点

消费税法是指国家制定的用以调整消费税征收与缴纳相关权利及义务关系的法律规范。现行消费税的基本法律规范，是自 2009 年 1 月 1 日起实施的《中华人民共和国消费税暂行条例》（以下简称《消费税暂行条例》），以及 2008 年 12 月 15 日财政部、国家税务总局发布的《中华人民共和国消费税暂行条例实施细则》。

消费税是对我国境内从事生产、委托加工、进口、批发或零售应税消费品的单位和个人就其销售额或销售数量，在特定环节征收的一种流转税。通过消费税的计征，实现调节产品结构、引导消费方向、保证国家财政收入。

我国现行消费税的特点：（1）征税项目具有选择性。目前消费税是针对特定消费品或消费行为而征收的，主要涉及高档消费品、奢侈品和不可替代的资源性产品、高能耗消费品等。（2）征税环节单一性。消费税主要选择在生产销售和进口环节征收。（3）计税方法的多样性。消费税根据不同课税对象的特点，选择从价定率、从量定额以及从价从量复合计征的计税方法。（4）平均税率水平比较高且税负差异大。消费税的平均税率比较高，且不同征税项目的税负差异较大。

二、消费税的纳税义务人

消费税的纳税义务人，是在中华人民共和国境内生产、委托加工和进口《消费税暂行条例》规定的消费品的单位和个人，以及国务院确定的销售应税消费品的其他单位和个人。中华人民共和国境内，是指生产、委托、加工和进口应税消费品的起运地或所在地在境内。单位是指各类企业、行政单位、事业单位、军事单位、社会团体及其他单位。个人是指个体工商户及其他个人。

三、消费税的纳税环节

1. 生产销售环节。生产应税消费品销售是消费税征收的主要环节。纳税人将生产的应税消费品换取生产资料、消费资料、投资入股、偿还债务，以及用于连续生产应税消费品以外的其他方面都应缴纳消费税。

2. 委托加工环节。委托加工应税消费品是指委托方提供原料和主要材料，受托方只收取加工费和代垫部分辅助材料加工的应税消费品。委托加工的应税消费品，由受托方向委托方交货时代收代缴税款。由受托方提供原材料或其他情形的一律不能视同委托加工应税消费品，而应该按照销售自制应税消费品缴纳消费税。

委托加工的应税消费品收回后，再继续用于生产应税消费品销售且符合现行政策规定的，其加工环节缴纳的消费税税款可以扣除。

3. 进口环节。单位和个人进口属于消费税征税范围的货物，在进口环节要缴纳消费税。为了减少征税成本，进口环节缴纳的消费税由海关代征。

4. 零售环节。零售环节征收消费税的包括：金银首饰（仅限于金基、银基合金首饰以及金、银和金基、银基合金的镶嵌首饰）、钻石及钻石饰品、铂金首饰和超豪华小汽车。

其他的贵重首饰（如珠宝首饰）和珠宝玉石的消费税仍在生产环节（或者进口环节、委托加工环节）征收，在零售环节不征收。

5. 批发环节。卷烟、电子烟在批发环节加征一道消费税。卷烟、电子烟分别自2009年5月1日、2022年11月1日起，除在生产环节纳税外，均于批发环节再征一道税。

卷烟、电子烟消费税均在生产和批发两个环节征收，批发企业在计算缴纳时不得扣除已含的生产环节的消费税税款。

纳税人兼营卷烟批发和零售业务的，应当分别核算批发和零售环节的销售额、销售数量；未分别核算批发和零售环节销售额、销售数量的，按照全部销售额、销售数量计征批发环节消费税。

纳税人生产、批发电子烟的，按照生产、批发电子烟的销售额计算纳税。电子烟生产环节纳税人从事电子烟代加工业务的，应当分开核算持有商标电子烟的销售额和代加工电子烟的销售额；未分开核算的，一并缴纳消费税。

四、消费税的税目和税率

我国现行消费税共有 15 个税目和若干子税目，税率实行从价比例税率和从量定额税率两类。另外，应征消费税白酒和卷烟采取从价定率和从量定额相结合的征收方式。消费税税目和税率如表 3.1 所示。

表 3.1 消费税税目和税率（税额）表

应税消费品名称	税率		
	生产（进口）环节	批发环节	零售环节
一、烟			
1. 卷烟			
（1）甲类卷烟	56% 加 0.003 元/支	11% 加 0.005 元/支	
（2）乙类卷烟	36% 加 0.003 元/支		
2. 雪茄烟	36%		
3. 烟丝	30%		
4. 电子烟	36%	11%	
二、酒			
1. 白酒（含粮食白酒和薯类白酒）	20% 加 0.5 元/500 克		
2. 黄酒	240 元/吨		
3. 啤酒			
（1）甲类啤酒（出厂价≥3000 元）	250 元/吨		
（2）乙类啤酒（出厂价＜3000 元）	220 元/吨		
4. 其他酒	10%		
三、高档化妆品	15%		
四、贵重首饰及珠宝玉石			
1. 金银首饰、铂金首饰和钻石及钻石饰品			5%
2. 其他贵重首饰和珠宝玉石	10%		
五、鞭炮、焰火	15%		
六、成品油			

续表

应税消费品名称	税率		
	生产（进口）环节	批发环节	零售环节
1. 汽油	1.52 元/升		
2. 柴油	1.20 元/升		
3. 航空煤油	1.20 元/升		
4. 石脑油	1.52 元/升		
5. 溶剂油	1.52 元/升		
6. 润滑油	1.52 元/升		
7. 燃料油	1.20 元/升		
七、摩托车			
1. 气缸容量为 250 毫升	3%		
2. 气缸容量为 250 毫升以上的	10%		
八、小汽车			
1. 乘用车			
（1）气缸容量（排气量，下同）≤1.0升	1%		
（2）1.0升＜气缸容量≤1.5升	3%		
（3）1.5升＜气缸容量≤2.0升	5%		
（4）2.0升＜气缸容量≤2.5升	9%		
（5）2.5升＜气缸容量≤3.0升	12%		
（6）3.0升＜气缸容量≤4.0升	25%		
（7）气缸容量＞4.0升	40%		
2. 中轻型商用客车	5%		
3. 超豪华小汽车	按子税目1和子税目2的规定征收		10%
九、高尔夫球及球具	10%		
十、高档手表	20%		
十一、游艇	10%		
十二、木制一次性筷子	5%		
十三、实木地板	5%		
十四、电池	4%		
十五、涂料	4%		

五、消费税的征收管理

（一）消费税纳税义务发生时间

消费税纳税义务发生时间，以货款结算方式或行为发生时间分别确定。

1. 纳税人销售应税消费品的纳税义务发生时间：

（1）纳税人采取赊销和分期收款结算方式的，按书面合同约定的收取货款的当天；无书面合同或者合同没有约定收款日期的，为发出应税消费品的当天。

（2）纳税人采取预收款结算方式的，为发出应税消费品的当天。

（3）纳税人采取托收承付和委托银行收款方式的，为发出应税消费品并办妥托收手续的当天。

（4）纳税人采用其他结算方式的，为收讫销售款或者取得索取销售款凭证的当天。

2. 纳税人自产自用应税消费品的，纳税义务发生时间为移送使用的当天。

3. 纳税人委托加工应税消费品的，纳税义务发生时间为纳税人提货的当天。

4. 纳税人进口应税消费品的，纳税义务发生时间为报关进口的当天。

（二）消费税纳税期限

消费税纳税期限分别为 1 日、3 日、5 日、10 日、15 日、1 个月或者 1 个季度。纳税人的具体纳税期限，由主管税务机关根据纳税人应纳税额的大小分别核定，不能按照固定期限纳税的，可以按次纳税。

纳税人以 1 个月或者 1 个季度为 1 个纳税期的，自期满之日起 15 日内申报纳税；纳税人以 1 日、3 日、5 日、10 日、15 日为 1 个纳税期的，自期满之日起 5 日内预缴税款，于次月 1 日起 15 日内申报纳税并结清上月应纳税款。

纳税人进口应税消费品，应当自海关填发海关进口消费税专用缴款书之日起 15 日内缴纳。

如果纳税人不能按照规定的纳税期限依法纳税，将按《税收征收管理法》的有关规定处理。

（三）消费税纳税地点

1. 纳税人销售的应税消费品，以及自产自用的应税消费品，除国务院另有规定外，应当向纳税人核算地主管税务机关申报纳税。

2. 委托加工的应税消费品，由受托方向所在地主管税务机关代收代缴消费税税款。委托个人加工应税消费品，由委托方向其机构所在地或者居住地主管税务机关申报纳税。

3. 进口应税消费品，由进口人或者其代理人向报关地海关申报纳税。

4. 纳税人到外县（市）销售或者委托外县（市）代销自产应税消费品的，于应税消费品销售后，回机构所在地或者居住地主管税务机关申报纳税。

第二节　消费税应纳税额的计算

一、生产销售应税消费品应纳税额的计算

（一）直接对外销售应税消费品应纳税额的计算

1. 从价定率征收应纳税额的计算。实行从价定率计征办法征收的应税消费品，计税依据是应税消费品的销售额。其计算公式为：

$$应纳消费税额 = 应税消费品的销售额 × 比例税率$$

（1）应税消费品销售额的确定。公式中的销售额包括销售应税消费品从购买方收取的全部价款和价外费用，不包括应向购买方收取的增值税额。价外费用是指价外收取的基金、集资款、返还利润、补贴、违约金（延期付款利息）和手续费、包装费、储备费、优质费、运输装卸费、品牌使用费、代收款项、代垫款项以及其他各种性质的价外收费。但是下列款项不属于价外费用，如由纳税人转交的承运部门开具给购买方的运输费用发票、纳税人代为收取的政府性基金或者行政事业性收费。

纳税人应税消费品的销售额中未扣除增值税额或者因不得开具增值税专用发票而发生价款和增值税额合并收取的，在计算消费税时，应当换算为不含增值税额的销售额。其换算公式为：

$$应税消费品的销售额 = 含增值税的销售额 ÷ （1 + 增值税税率或征收率）$$

【例3－1】某化妆品生产公司为增值税一般纳税人。20×3年6月向某商场销售高档化妆品一批，开具增值税专用发票，取得不含增值税销售额200万元；向某单位销售高档化妆品一批，开具普通发票上注明的销售额为22.6万元。高档化妆品适用消费税税率15%。计算该化妆品公司当月应缴纳的消费税。

应税销售额 = 200 + 22.6 ÷ （1 + 13%） = 220（万元）

应纳消费税额 = 220 × 15% = 33（万元）

（2）包装物及押金计入销售额的确定。实行从价定率办法计算应纳税额的应税消费品连同包装物销售的，不论包装物是否单独计价，也不论在会计上如何核算，均应

计入应税消费品的销售额中征收消费税。如果包装物不作价随同产品销售，而是收取押金，此项押金则不应并入应税消费品的销售额中征税。但对因逾期未收回的包装物不再退还的和已收取 1 年以上的押金，应并入应税消费品的销售额，按照应税消费品的适用税率缴纳消费税。

对既作价随同应税消费品销售，又另外收取押金的包装物的押金，凡纳税人在规定的期限内不予退还的，均应并入应税消费品的销售额，按照应税消费品的适用税率缴纳消费税。

对销售啤酒、黄酒外的其他酒类产品而收取的包装物押金，无论押金是否返还及会计上如何核算，均应并入酒类产品销售额中，依酒类产品的适用税率征收消费税。

【例 3-2】某筷子生产企业为增值税一般纳税人。20×3 年 6 月取得不含税销售额如下：销售烫花木制筷子 30 万元；销售竹制筷子 36 万元；销售木制一次性筷子 24 万元。6 月没收逾期未退还的木制一次性筷子包装物押金 0.46 万元。计算该企业 6 月应缴纳的消费税。

应纳消费税额 = 24 × 5% + 0.46 ÷ (1 + 13%) × 5% = 1.22（万元）

（3）应税消费品换取生产资料等方面销售额的确定。纳税人用于换取生产资料和消费资料、投资入股和抵偿债务等方面的应税消费品，应当以纳税人同类应税消费品的最高销售价格作为计税依据计算征收消费税。

纳税人将自己生产的应税消费品用于发放福利等方面，按照纳税人最近时期同类货物的"平均"销售价格作为计税依据计算征收消费税。

【例 3-3】某化妆品公司为增值税一般纳税人，20×3 年 7 月销售自产高档化妆品两批：第一批 400 箱，每箱不含税售价 1 500 元；第二批 500 箱，每箱不含税售价 1 560 元。另外当月以 300 箱同类化妆品与某公司换取生产用的原材料。计算该公司当月应缴纳的消费税。

应纳消费税额 = (1 500 × 400 + 1 560 × 500 + 1 560 × 300) × 15% = 277 200（元）

2. 从量定额征收应纳税额的计算。实行从量计征消费税的计税依据，是应税消费品的销售数量、重量、容积等。应纳消费税额的计算取决于应税消费品的销售数量和单位税额两个因素。

$$应纳消费税额 = 应税消费品的销售数量 × 单位税额$$

公式中的销售数量是指纳税人生产、加工和进口消费品的销售数量。具体规定如下：销售应税消费品的，为应税消费品的销售数量；自产自用应税消费品的，为应税消费品的移送使用数量；委托加工应税消费品的，为纳税人收回的应税消费品数量；进口应税消费品的，为海关核定的应税消费品进口征税数量。

【例 3-4】某啤酒厂 20×3 年 6 月销售啤酒 1 000 吨，每吨出厂价格 3 200 元。计算该啤酒厂6月应缴纳的消费税。

该啤酒厂的啤酒销售价格为 3 200 元/吨 > 3 000 元/吨，属于甲类啤酒，适用的消费税税率为 250 元/吨。

应纳消费税额 = 应税消费品的销售数量 × 定额税率
$$= 1\ 000 \times 250 = 250\ 000\ （元）$$

3. 从价从量复合征收应纳税额的计算。现行消费税的征税范围中，只有卷烟、白酒采用复合计征方法。

应纳税额 = 应税销售额 × 比例税率 + 应税销售数量 × 定额税率

白酒和卷烟最低计税价格的特殊规定

销售额为纳税人生产销售卷烟、白酒时向购买方收取的全部价款和价外费用。销售数量则为纳税人生产销售卷烟或白酒的实际数量、海关核定的进口征税数量、委托方收回数量、纳税人移送使用数量。

【例 3 - 5】某白酒生产企业为增值税一般纳税人，20 ×3 年 6 月销售粮食白酒 120 吨，取得不含增值税的销售额 600 万元。计算白酒企业应缴纳的消费税。

应纳消费税额 = 120 × 2 000 × 0.5 ÷ 10 000 + 600 × 20% = 132 （万元）

（二）自产自用应税消费品应纳税额的计算

1. 自产自用应税消费品的确定。自产自用是纳税人生产应税消费品后，不直接对外销售，而是用于连续生产应税消费品或用于其他方面。用于连续生产应税消费品是指作为生产最终应税消费品的直接材料并构成最终产品实体的应税消费品；用于其他方面是指纳税人用于生产非应税消费品、在建工程、管理部门、非生产机构、提供劳务，以及用于馈赠、赞助、集资、广告、样品、职工福利、奖励等方面的应税消费品。

纳税人用于连续生产的应税消费品，不缴纳消费税；用于其他方面的要视同销售行为，于移送时缴纳消费税。

2. 自产自用应税消费品应纳税额的计算。

（1）从价定率计征的自产自用消费品应纳税额的计算。

应纳税额 = 同类应税消费品的销售额或者组成计税价格 × 比例税率

组成计税价格 = ［成本 × （1 + 成本利润率）］÷ （1 - 比例税率）

（2）从量定额计征的自产自用应税消费品应纳税额的计算。

应纳消费税额 = 消费品移送使用数量 × 定额税率

（3）复合计征的自产自用应税消费品应纳税额的计算。

应纳消费税额 = 同类应税消费品的销售额或者组成计税价格 × 比例税率 + 自产自用数量 × 定额税率

$$组成计税\atop 价格 = \left[成本 \times (1 + 成本利润率) + {自产自用\atop 数量} \times {定额\atop 税率} \right] \div \left(1 - {比例\atop 税率} \right)$$

【例 3 – 6】甲酒厂 20 × 3 年 6 月将一批自产的葡萄酒用作职工福利，葡萄酒的成本为 12 000 元。该葡萄酒无同类产品市场销售价格，其成本利润率为 5%。消费税税率为 10%。计算甲酒厂该业务应缴纳的消费税。

组成计税价格 = [12 000 × (1 + 5%)] ÷ (1 – 10%) = 14 000（元）

应纳消费税额 = 14 000 × 10% = 1 400（元）

二、委托加工应税消费品应纳税额的计算

委托加工应税消费品是指委托方提供原料和主要材料，受托方只收取加工费和代垫部分辅助材料加工的应税消费品。对于受托方提供原材料生产的应税消费品，或者受托方先将原材料卖给委托方，然后再接受加工的应税消费品，以及由受托方以委托方名义购进原材料生产的应税消费品，不论纳税人在财务上是否作销售处理，都不得作为委托加工应税消费品处理，而应按照销售自制应税消费品缴纳消费税。

委托加工的应税消费品，按照受托方的同类消费品的销售价格计算纳税；没有同类价格的，按照组成计税价格计算纳税。

实行从价定率办法计算纳税的委托加工应税消费品应纳税额的计算公式为：

应纳税额 = 同类应税消费品销售价格或者组成计税价格 × 比例税率

组成计税价格 = (材料成本 + 加工费) ÷ (1 – 比例税率)

实行从量定额办法计算纳税的委托加工应税消费品应纳税额的计算公式为：

应纳税额 = 委托加工数量 × 定额税率

实行复合计税办法计算纳税的委托加工应税消费品应纳税额的计算公式为：

$$应纳税额 = {同类应税消费品销售价格\atop 或组成计税价格} \times 比例税率 + {委托加工\atop 数量} \times 定额税率$$

$$组成计税\atop 价格 = \left({材料\atop 成本} + 加工费 + {委托加工\atop 数量} \times {定额\atop 税率} \right) \div \left(1 - {比例\atop 税率} \right)$$

材料成本是指委托方所提供加工材料的实际成本。凡未提供材料成本或所在地主管税务机关认为材料成本不合理的，税务机关有权重新核定材料成本。加工费是指受托方加工应税消费品向委托方收取的全部费用，包括代垫辅助材料的成本，不包括增值税和代收代缴的消费税。

【例 3 – 7】梅花手表公司 20 × 3 年 6 月委托某手表代工公司加工一款高档手表，支付不含增值税的加工费为 30 万元，梅花公司提供的原材料金额为 130 万元，已知该

手表代工公司无同类产品销售价格，消费税税率为 20%。计算该手表代工公司应代收代缴的消费税。

组成计税价格 =（130 + 30）÷（1 - 20%）= 200（万元）

应纳消费税额 = 200 × 20% = 40（万元）

三、进口应税消费品应纳税额的计算

进口应税消费品按照组成计税价格或进口数量和规定的税率计算应纳税额。

实行从价定率办法计算纳税的进口应税消费品应纳税额的计算公式为：

$$应纳税额 = 组成计税价格 × 比例税率$$

$$组成计税价格 = \left(\frac{海关核定的关税}{完税价格} + 关税 \right) ÷（1 - 比例税率）$$

实行从量定额办法计算纳税的进口应税消费品应纳税额的计算公式为：

$$应纳税额 = 海关核定应税消费品进口数量 × 定额税率$$

实行复合计税办法计算纳税的进口应税消费品应纳税额的计算公式为：

$$应纳税额 = 组成计税价格 × 比例税率 + 海关核定进口数量 × 定额税率$$

$$组成计税价格 = \left(\frac{关税完税}{价格} + 关税 + \frac{进口}{数量} × \frac{定额}{税率} \right) ÷（1 - 比例税率）$$

【例 3 - 8】某公司 20 × 3 年 6 月进口一批高档化妆品。该高档化妆品海关核定的关税完税价格为 85 万元，关税税率为 30%，消费税税率为 15%。计算该公司 6 月应纳消费税。

组成计税价格 =（85 + 85 × 30%）÷（1 - 15%）= 130（万元）

应纳消费税额 = 130 × 15% = 19.5（万元）

四、已纳消费税扣除的计算

消费税扣除与增
值税扣除的比较

（一）应税消费品已纳税款允许扣除的范围

外购应税消费品和委托加工收回应税消费品，用于连续生产应税消费品的，准予从消费税应纳税额中扣除原已纳消费税税款。扣除范围如下：（1）外购和委托加工收回的已税烟丝为原料生产的卷烟；（2）外购和委托加工收回的已税高档化妆品为原料生产的化妆品；（3）外购和委托加工收回的已税珠宝玉石为原料生产的贵重首饰及珠宝玉石；（4）外购和委托加工收回的已税鞭炮、烟火为原料生产的鞭炮、焰火；（5）外购和委托加工收回的已税杆头、杆身和握把为原料生产的高尔夫球杆；（6）外购和委托加工收回的已税木制一次性筷子为原料生产的木制一次性筷子；（7）外购和委托加工收回的已税实木地板为原料生产的实木地板；（8）外购和委托加工收回的已税汽油、柴油、石脑油、燃料油、润滑油为原料生产的应税成品油。

自 2015 年 5 月 1 日起，从葡萄酒生产企业购进、进口葡萄酒连续生产应税葡萄酒的，准予从葡萄酒消费税应纳税额中扣除所耗用应税葡萄酒的消费税税款。如本期消费税应纳税额不足抵扣的，余额留待下期继续抵扣。

（二）应税消费品已纳税款扣除的计算

1. 外购应税消费品已纳税款的扣除。

（1）实行从价定率办法计算当期准予扣除的外购应税消费品已纳税款的计算公式为：

$$\begin{array}{l}\text{当期准予扣除的外购}\\\text{应税消费品已纳税款}\end{array} = \begin{array}{l}\text{当期准予扣除外购}\\\text{应税消费品买价}\end{array} \times \begin{array}{l}\text{外购应税消费品}\\\text{适用税率}\end{array}$$

$$\begin{array}{l}\text{当期准予扣除外购}\\\text{应税消费品买价}\end{array} = \begin{array}{l}\text{期初库存外购}\\\text{应税消费品买价}\end{array} + \begin{array}{l}\text{当期购进应税}\\\text{消费品买价}\end{array} - \begin{array}{l}\text{期末库存外购应税}\\\text{消费品买价}\end{array}$$

（2）实行从量定额办法计算当期准予扣除的外购应税消费品已纳税款的计算公式为：

$$\begin{array}{l}\text{当期准予扣除外购应税}\\\text{消费品已纳税款}\end{array} = \begin{array}{l}\text{当期准予扣除外购}\\\text{应税消费品数量}\end{array} \times \begin{array}{l}\text{外购应税消费品}\\\text{单位税额}\end{array}$$

$$\begin{array}{l}\text{当期准予扣除外购}\\\text{消费品数量}\end{array} = \begin{array}{l}\text{期初库存外购}\\\text{应税消费品数量}\end{array} + \begin{array}{l}\text{当期购进应税}\\\text{消费品数量}\end{array} - \begin{array}{l}\text{期末库存外购应税}\\\text{消费品数量}\end{array}$$

【例 3 - 9】红山烟草公司 20×3 年 6 月外购烟丝，不含增值税的买价为 50 万元，本月生产领用部分烟丝用于连续生产雪茄烟，期初尚有库存的外购烟丝 2 万元，期末库存烟丝 12 万元。烟丝消费税税率为 30%。计算红山烟草公司 6 月准予扣除的消费税。

生产领用烟丝的买价 = 2 + 50 - 12 = 40（万元）

准予扣除的消费税 = 40 × 30% = 12（万元）

2. 委托加工收回应税消费品已纳税款的扣除。委托加工收回上述扣除范围内的应税消费品已由受托方代收代缴消费税，收回后用于连续生产应税消费品的，所纳消费税税款准予按规定抵扣。其计算公式如下：

$$\begin{array}{l}\text{当期准予扣除的委托加工}\\\text{应税消费品已纳税款}\end{array} = \begin{array}{l}\text{期初库存委托加工}\\\text{已纳消费税税款}\end{array} + \begin{array}{l}\text{当期收回委托加工}\\\text{已纳消费税税款}\end{array} - \begin{array}{l}\text{期末库存委托加工}\\\text{已纳消费税税款}\end{array}$$

【例 3 - 10】远方公司 20×3 年 6 月委托 B 企业加工一批烟丝，远方公司提供原材料，原材料成本 20 万元，支付不含税加工费 3 万元，B 企业按照本企业同类烟丝不含税销售价格 35 万元代收代缴远方公司消费税 10.5 万元，远方公司将委托加工收回烟丝的 20% 以 15 万元的不含税价格销售给某卷烟厂。烟丝消费税税率为 30%。计算远方公司 6 月应纳消费税。

应纳消费税额 $= 15 \times 30\% - 35 \times 20\% \times 30\% = 2.4$（万元）

第三节　消费税的会计核算

一、消费税会计科目的设置

1. "应交税费——应交消费税"科目。为了正确反映企业应缴、已缴、欠缴消费税等相关纳税事项，企业需在"应交税费"科目下设置"应交消费税"明细科目。该科目的借方反映纳税人实际缴纳的消费税和允许抵扣的消费税；贷方反映按规定应缴纳的消费税；期末贷方余额表示尚未缴纳的消费税，借方余额表示多缴的消费税。

2. "税金及附加"科目。为了反映因消费税负债而产生的消费税费用，企业还应设置"税金及附加"科目，该科目核算企业销售应税消费品而负担的消费税及其附加（城市维护建设税、教育费附加等）。

企业计算应缴消费税时，借记"税金及附加""在建工程""管理费用"等科目，贷记"应交税费——应交消费税"科目。实际缴纳时，借记"应交税费——应交消费税"科目，贷记"银行存款"科目。

二、应税消费品销售的会计核算

（一）直接销售应税消费品的会计核算

纳税人将生产的应税消费品直接对外销售时，计提的消费税借记"税金及附加"科目，贷记"应交税费——应交消费税"科目。

【例 3-11】某鞭炮公司为增值税一般纳税人，20×3 年 6 月销售一批其自产的鞭炮，其成本为 25 000 元，不含税售价为 45 000 元，增值税税率为 13%，消费税税率为 15%。货款尚未收到。计算该公司 6 月应纳增值税（不考虑进项税额）和消费税，并进行账务处理。

应纳增值税 $= 45\,000 \times 13\% = 5\,850$（元）

应纳消费税 $= 45\,000 \times 15\% = 6\,750$（元）

确认销售收入时：

借：应收账款   50 850

  贷：主营业务收入   45 000

    应交税费——应交增值税（销项税额） 5 850

结转销售成本时：

借：主营业务成本   25 000

  贷：库存商品   25 000

计提消费税时：

借：税金及附加   6 750

  贷：应交税费——应交消费税   6 750

【例 3 – 12】 某酒业公司为增值税一般纳税人，20 × 3 年 6 月销售白酒 10 吨，不含增值税单价为 35 000 元，该白酒成本为 200 000 元，货款已收取；另外收取包装物押金 11 300 元，约定 3 个月后返还包装物，否则逾期没收押金。白酒消费税比例税率为 20%，定额税率为 0.5 元/500 克。对该公司上述业务进行账务处理。

确认销售收入时：

借：银行存款   395 500

  贷：主营业务收入   350 000

    应交税费——应交增值税（销项税额） 45 500

结转销售成本时：

借：主营业务成本   200 000

  贷：库存商品   200 000

应纳消费税 = 350 000 × 20% + 10 × 2 000 × 0.5 = 80 000（元）

借：税金及附加   80 000

  贷：应交税费——应交消费税   80 000

收取押金时：

借：银行存款   11 300

  贷：其他应付款——存入保证金   11 300

押金应纳增值税 = 11 300 ÷ (1 + 13%) × 13% = 1 300（元）

押金应纳消费税 = 11 300 ÷ (1 + 13%) × 20% = 2 000（元）

借：其他应付款——存入保证金   3 300

  贷：应交税费——应交增值税（销项税额） 1 300

    应交税费——应交消费税   2 000

如期退回押金时：

借：其他应付款——存入保证金   8 000

  销售费用   3 300

	11 300
贷：银行存款　　　　　　　　　　　　　　　　　　　　　　　11 300
若逾期未退包装物没收押金时：
借：其他应付款——存入保证金　　　　　　　　　　　　　　8 000
　　贷：其他业务收入　　　　　　　　　　　　　　　　　　　8 000

（二）自产自用应税消费品的会计核算

纳税人将自产的应税消费品用于本单位连续生产非应税消费品、在建工程、管理部门、非生产机构、提供劳务，以及用于馈赠、赞助、集资、广告、样品、职工福利、奖励等方面，一律视同销售处理，在移送使用时按同类消费品价格或组成计税价格计算增值税（如不属于增值税视同销售行为，则不需计算缴纳增值税）和消费税。纳税人在按规定计提应缴纳的消费税时，借记"生产成本""制造费用""在建工程""固定资产""管理费用""销售费用""营业外支出""应付职工薪酬""税金及附加"等科目，贷记"应交税费——应交消费税"科目。

【例3-13】 甲化妆品公司为增值税一般纳税人，20×3年6月将自产的一批高档化妆品发放给职工，同类高档化妆品不含增值税平均销售价格为300 000元，该高档化妆品的成本为220 000元，适用的消费税税率为15%。计算该化妆品公司6月应纳增值税（不考虑进项税额）和消费税，并进行相关账务处理。

应纳增值税 = 300 000 × 13% = 39 000（元）

应纳消费税 = 300 000 × 15% = 45 000（元）

确认收入时：

借：应付职工薪酬——非货币性福利　　　　　　　　　　　339 000
　　贷：主营业务收入　　　　　　　　　　　　　　　　　　300 000
　　　　应交税费——应交增值税（销项税额）　　　　　　　 39 000

结转销售成本时：

借：主营业务成本　　　　　　　　　　　　　　　　　　　220 000
　　贷：库存商品　　　　　　　　　　　　　　　　　　　　220 000

计提消费税时：

借：税金及附加　　　　　　　　　　　　　　　　　　　　 45 000
　　贷：应交税费——应交消费税　　　　　　　　　　　　　 45 000

【例3-14】 甲汽车公司为增值税一般纳税人，20×3年6月将自产的乘用车10辆投资于某客运公司。同类乘用车平均销售价格为130 000元（不含增值税，下同），最高销售价格为150 000元，实际成本为100 000元。该乘用车适用的消费税税率为5%。计算甲汽车公司6月应纳增值税（不考虑进项税额）和消费税，并进行相关账务处理。

应纳增值税 = 130 000 × 10 × 13% = 169 000（元）

应纳消费税 = 150 000 × 10 × 5% = 75 000（元）

确认收入时：

借：长期股权投资	1 469 000
货：主营业务收入	1 300 000
应交税费——应交增值税（销项税额）	169 000

结转销售成本时：

借：主营业务成本	1 000 000
贷：库存商品	1 000 000

计提消费税时：

借：税金及附加	75 000
贷：应交税费——应交消费税	75 000

三、委托加工应税消费品的会计核算

（一）委托加工应税消费品的会计核算原则

1. 委托方消费税的核算原则。

（1）委托方收回应税消费品后直接用于销售。委托方收回应税消费品后直接用于销售，且销售价格不高于受托方计税价格，则在销售时不再缴纳消费税。委托方在委托加工后提货时，应将受托方代收代缴的消费税随同应支付的加工费一并计入委托加工的应税消费品成本之中，借记"委托加工物资"等科目，贷记"银行存款"等科目。

委托方收回应税消费品后直接用于销售，且销售价格高于受托方计税价格，根据最新规定，不属于直接销售，需按照规定申报缴纳消费税，在计税时准予扣除受托方代收代缴的消费税。委托方在委托加工后提货时，将受托方代收代缴的消费税随同应支付的加工费一并计入委托加工的应税消费品成本之中，借记"委托加工物资"科目，贷记"银行存款"等科目。对外销售的价格高于受托方计税价格时，按照规定计算的消费税扣除受托方代收代缴的消费税后的金额，借记"税金及附加"科目，贷记"应交税费——应交消费税"科目。

（2）委托方收回应税消费品用于连续生产应税消费品。委托方收回应税消费品如果用于连续生产应税消费品的，其已被受托方代收代缴的消费税按照规定准予从连续生产的应税消费品应纳消费税中抵扣，所以收回时委托方将受托方代收代缴的消费税，借记"应交税费——待抵扣消费税"科目，贷记"银行存款"等科目。待连续生产的应税消费品销售时，可按生产实耗法计算可抵扣的消费税，借记"应交税费——应交消费税"科目，贷记"待扣税金——待抵扣消费税"科目。

不设置"应交税费——待抵扣消费税"科目的，可通过"应交税费——应交消费税"科目核算待抵扣消费税，则借记"应交税费——应交消费税"等科目，贷记"银行存款"等科目。

2. 受托方消费税的核算原则。受托方可按本企业同类消费品的价格计算代收代缴消费税；若没有同类消费品销售价格的，按照组成计税价格计算。受托方只是代收代缴消费税，不是企业的税费支出，不需要记入"税金及附加"科目，只需通过"应交税费——应交消费税"科目核算该消费税的代收代缴过程。

受托方收取代收消费税时，借记"银行存款"科目，贷记"应交税费——应交消费税"科目；上缴代收消费税时，借记"应交税费——应交消费税"科目，贷记"银行存款"科目。

（二）委托加工应税消费品的会计核算

1. 收回后直接对外销售的会计核算。

（1）委托方的会计核算。

【例3-15】某卷烟厂20×3年6月委托A厂加工烟丝，卷烟厂和A厂均为一般纳税人。卷烟厂提供烟叶55 000元，A厂收取加工费20 000元，增值税2 600元。A厂无同类消费品计税销售价格。加工完毕，该批烟丝收回后直接用于销售，所有款项均已结清，烟丝适用的消费税税率为30%。对委托方卷烟厂进行相关账务处理。

发出材料时：

借：委托加工物资 55 000

    贷：原材料 55 000

支付加工费时：

借：委托加工物资 20 000

    应交税费——应交增值税（进项税额） 2 600

    贷：银行存款 22 600

支付代收代缴消费税时：

受托方代收代缴消费税组成计税价格 = （55 000 + 20 000）÷ （1 - 30%）

$$= 107\,142.86（元）$$

受托方代收代缴消费税 = 107 142.86 × 30% = 32 142.86（元）

借：委托加工物资 32 142.86

    贷：银行存款 32 142.86

加工的烟丝入库时：

借：库存商品 107 142.86

　　　　　　贷：委托加工物资　　　　　　　　　　　　　　　　　107 142.86

次月销售时按不同情况分别进行账务处理：

情形一：若次月按不含增值税的售价 107 000 元销售以上全部烟丝。

应纳增值税 = 107 000 × 13% = 13 910（元）

借：银行存款　　　　　　　　　　　　　　120 910

　　贷：主营业务收入　　　　　　　　　　　　107 000

　　　　应交税费——应交增值税（销项税额）　 13 910

借：主营业务成本　　　　　　　　　　　107 142.86

　　贷：库存商品　　　　　　　　　　　　　107 142.86

情形二：若次月按不含增值税的售价 110 000 元销售以上全部烟丝。

应纳增值税 = 110 000 × 13% = 14 300（元）

应纳消费税 = (110 000 – 107 142.86) × 30% = 857.14（元）

借：银行存款　　　　　　　　　　　　　124 300

　　贷：主营业务收入　　　　　　　　　　　　110 000

　　　　应交税费——应交增值税（销项税额）　　14 300

借：主营业务成本　　　　　　　　　　　107 142.86

　　贷：库存商品　　　　　　　　　　　　　107 142.86

借：税金及附加　　　　　　　　　　　　　857.14

　　贷：应交税费——应交消费税　　　　　　　　857.14

（2）受托方的会计核算。

【例 3 – 16】接【例 3 – 15】，对受托方 A 厂进行相关账务处理。

组成计税价格 = (55 000 + 20 000) ÷ (1 – 30%) = 107 142.86（元）

应交消费税 = 107 142.86 × 30% = 32 142.86（元）

受托方收取加工费时：

借：银行存款　　　　　　　　　　　　　 22 600

　　贷：其他业务收入　　　　　　　　　　　　 20 000

　　　　应交税费——应交增值税（销项税额）　　 2 600

受托方代收消费税时：

借：银行存款　　　　　　　　　　　　　 32 142.86

　　贷：应交税费——应交消费税　　　　　　　 32 142.86

受托方缴纳代收的消费税时：

借：应交税费——应交消费税　　　　　　 32 142.86

　　贷：银行存款　　　　　　　　　　　　　 32 142.86

委托加工应税消费品收回后直接对外销售时消费税会计处理的不同规定

2. 收回后用于连续生产应税消费品的会计核算。

（1）委托方的会计核算。

【例 3 – 17】接【例 3 – 15】，委托加工的烟丝收回后，经过进一步加工后作为卷烟对外销售。假设当月销售 3 个标准箱，每标准箱有 250 条，每标准条调拨价 60 元，该卷烟适用的比例税率为 36%，定额税率为每标准箱 150 元。当月销售卷烟的成本为 30 000 元。期初库存委托加工应税烟丝已纳消费税 2 580 元，期末库存委托加工应税烟丝已纳税额 29 880 元。对委托方卷烟厂进行相关账务处理。

发出材料时：

借：委托加工物资　　　　　　　　　　　　　　　　　　　　　55 000
　　贷：原材料　　　　　　　　　　　　　　　　　　　　　　　　　55 000

支付加工费时：

借：委托加工物资　　　　　　　　　　　　　　　　　　　　　20 000
　　应交税费——应交增值税（进项税额）　　　　　　　　　　 2 600
　　贷：银行存款　　　　　　　　　　　　　　　　　　　　　　　　22 600

支付受托方代收代缴的消费税 32 142.86 元时：

借：应交税费——待抵扣消费税　　　　　　　　　　　　　　32 142.86
　　贷：银行存款　　　　　　　　　　　　　　　　　　　　　　　32 142.86

加工的烟丝入库时：

借：原材料　　　　　　　　　　　　　　　　　　　　　　　　75 000
　　贷：委托加工物资　　　　　　　　　　　　　　　　　　　　　　75 000

销售卷烟取得收入时：

应纳增值税 $= 3 \times 250 \times 60 \times 13\% = 5\ 850$（元）

借：银行存款　　　　　　　　　　　　　　　　　　　　　　　50 850
　　贷：主营业务收入（$3 \times 250 \times 60$）　　　　　　　　　　　　45 000
　　　　应交税费——应交增值税（销项税额）　　　　　　　　　 5 850

借：主营业务成本　　　　　　　　　　　　　　　　　　　　　30 000
　　贷：库存商品　　　　　　　　　　　　　　　　　　　　　　　　30 000

计提消费税时：

应交消费税 $= 150 \times 3 + 45\ 000 \times 36\% = 16\ 650$（元）

借：税金及附加　　　　　　　　　　　　　　　　　　　　　　16 650
　　贷：应交税费——应交消费税　　　　　　　　　　　　　　　　16 650

抵扣消费税时：

当月准予抵扣的消费税 $= 2\ 580 + 32\ 142.86 - 29\ 880 = 4\ 842.86$（元）

借：应交税费——应交消费税　　　　　　　　　　　　　　　 4 842.86

贷：待扣税金——待抵扣消费税   4 842.86

当月实际上缴消费税时：

借：应交税费——应交消费税   11 807.14

  贷：银行存款   11 807.14

（2）受托方的会计核算。受托方首选本企业同类消费品的价格计算代收代缴消费税，但若没有同类消费品销售价格的，则按照组成计税价格计算。

四、进口应税消费品的会计核算

进口应税消费品时，进口单位缴纳的消费税应计入应税消费品的成本中，按进口成本连同应纳关税、消费税，借记"固定资产""原材料""在途物资""库存商品"等科目；由于进口货物向海关缴税与提货联系在一起，即缴税后方能提货，为简化核算，关税、消费税可以不通过"应交税费"科目核算，直接贷记"银行存款""应付账款"等科目。若情况特殊，先提货后缴税时，也可以通过"应交税费"科目核算。

【例 3-18】甲公司 20×3 年 6 月从国外 M 公司购进高档化妆品一批，到岸价折合人民币为 26 万元。适用的消费税税率为 15%，增值税税率为 13%，假定关税税率为 25%。对甲公司进口业务进行相关账务处理。

应交关税 = 260 000 × 25% = 65 000（元）

消费税组成计税价格 =（260 000 + 65 000）÷（1 - 15%）= 382 352.94（元）

应交消费税 = 382 352.94 × 15% = 57 352.94（元）

应交增值税 = 382 352.94 × 13% = 49 705.88（元）

进口商品采购成本 = 到岸价 + 关税 + 消费税 = 260 000 + 65 000 + 57 352.94

           = 382 352.94（元）

借：在途物资   382 352.94

  应交税费——应交增值税（进项税额）   49 705.88

  贷：应付账款——M 公司   260 000

    银行存款   172 058.82

五、出口应税消费品的会计核算

（一）出口应税消费品的退税政策

纳税人出口应税消费品与已纳增值税出口货物一样，国家都给予退（免）税优惠。出口应税消费品退（免）税在税收政策上分为以下三种情况：

1. 出口免税并退税。该政策的适用范围是有出口经营权的外贸企业购进应税消费品直接出口，以及外贸企业受其他外贸企业委托代理出口应税消费品。

2. 出口免税不退税。该政策的适用范围是有进出口经营权的生产企业自营出口应税消费品，生产企业委托外贸企业代理出口自产的应税消费品，依据其实际出口数量免征消费税，但不予办理消费税退税。

3. 出口不免税也不退税。除生产企业、外贸企业外的其他企业（指一般商贸企业），委托外贸企业代理出口应税消费品，一律不予退（免）消费税。

（二）出口应税消费品退税额的计算

出口应税消费品的退税率（额）与征税时对应的消费税税率或者单位税额相同，应税消费品在出口时能够实现彻底退还消费税。但企业在办理出口货物退（免）税时，应将不同税率的出口应税消费品分开核算和申报；凡是因未分开核算而划分不清使用税率的，一律从低适用税率计算退（免）税额。

1. 从价定率征收计算退税额。属于从价定率方法计征消费税的应税消费品，应依照外贸企业从工厂购进货物时征收消费税的价格计算消费税应退税额。其计算公式为：

$$消费税应退税额 = 出口货物的工厂销售额 \times 消费税税率$$

式中，出口货物的工厂销售额不包含增值税。含增值税的销售额应换算为不含增值税的销售额。

2. 从量定额征收计算退税额。属于从量定额方法计征消费税的应税消费品，应依照货物购进和报关出口的数量计算消费税应退税额。其计算公式为：

$$消费税应退税额 = 出口数量 \times 单位税额$$

3. 从价从量复合计征计算退税额。属于从价从量复合计税方法计征消费税的应税消费品，应依照出口货物的工厂销售额和出口数量计算消费税应退税额。其计算公式为：

$$消费税应退税额 = 出口货物的工厂销售额 \times 单位税额 + 出口数量 \times 单位税额$$

（三）出口应税消费品的账务处理

1. 出口免税并退税。外贸企业从生产企业购进应税消费品自营出口，购入商品时按不含增值税（含消费税）的金额，借记"库存商品"科目，贷记"应交税费——应交增值税（进项税额）""银行存款"等科目；商品出口后，借记"银行存款""应收账款"等科目，贷记"主营业务收入"科目；申请退还消费税时，借记"应收出口退税款"科目，贷记"主营业务成本"科目；收到退税款时，借记"银行存款"科目，贷记"应收出口退税款"科目。

2. 出口免税但不退税。出口经营权的生产性企业出口应税消费品，出口只免不退，即生产企业直接出口应税消费品按规定直接予以免税的，不退税，可不计算应交消费税。出口时，借记"应收账款"等科目，贷记"主营业务收入"等科目。

3. 出口不免税也不退税。对于适用出口不免税也不退税的纳税人，其出口销售的货物视同国内销售，正常缴纳消费税。

【例3-19】甲外贸公司为增值税一般纳税人，20×3年6月从乙化妆品厂购入高档化妆品一批（乙化妆品厂该批高档化妆品的成本为200万元，共销售50箱），取得的增值税专用发票注明的价款为300万元，增值税为39万元。甲外贸公司取得的增值税专用发票符合抵扣规定。甲外贸公司当年7月将该批高档化妆品销往国外，离岸价为70万美元（当日汇率1美元兑7.10元人民币），并按规定申报办理消费税退税。高档化妆品的消费税税率和退税率均为15%，增值税退税率为9%。上述款项均已收付。计算甲外贸公司应退的消费税和增值税，并进行相关的账务处理。

应退消费税 = 300 × 15% = 45（万元）

应退增值税 = 300 × 9% = 27（万元）

购入高档化妆品时：

借：库存商品		3 000 000
应交税费——应交增值税（进项税额）		390 000
贷：银行存款		3 390 000

高档化妆品报关出口时：

借：银行存款（700 000 × 7.10）		4 970 000
贷：主营业务收入		4 970 000

结转销售成本时：

借：主营业务成本		3 000 000
贷：库存商品		3 000 000

不予退还的增值税作进项税额转出时：

借：主营业务成本 [3 000 000 × (13% - 9%)]		120 000
贷：应交税费——应交增值税（进项税额转出）		120 000

申请退税时：

借：应收出口退税款——增值税		270 000
——消费税		450 000
贷：应交税费——应交增值税（出口退税）		270 000
主营业务成本		450 000

收到出口退税时：

借：银行存款		720 000
贷：应收出口退税款——增值税		270 000

——消费税	450 000

六、缴纳消费税的会计核算

纳税人缴纳消费税通过"应交税费——应交消费税""银行存款"两个科目核算。纳税人按照应缴纳的消费税额，借记"应交税费——应交消费税"科目，同时贷记"银行存款"科目。缴纳消费税的会计核算参见前述例题，此处不再赘述。

七、减免消费税的会计核算

1. 直接减免消费税的会计核算。纳税人对法定直接减免的消费税，可以不进行账务处理。

2. 先征后返、先征后退和即征即退消费税的会计核算。纳税人对实行先征后返、先征后退和即征即退消费税的会计核算，与先征后返、先征后退和即征即退增值税的会计核算类似，应当先按正常计税要求计算缴纳消费税，并进行相应的账务处理。

本月缴纳以前期间应缴未缴的消费税，则借记"应交税费——应交消费税"科目，贷记"银行存款"科目；在收到退税款时，借记"银行存款"科目，贷记"其他收益"科目。

第四节　消费税的纳税申报

在中华人民共和国境内生产、委托加工和进口规定消费品的单位和个人，以及国务院确定的销售规定消费品的其他单位和个人，依据相关税收法律、法规、规章及其他有关规定，在规定的纳税申报期限内填报消费税及附加税费申报表和其他相关资料，向税务机关进行纳税申报。

【例3－20】20×3年6月从乙化妆品厂购入高档化妆品一批，取得的增值税专用发票注明的价款为300万元，增值税为39万元。对上述业务进行账务计处理并进行纳税申报。

确认收入时：

借：银行存款	3 390 000
贷：主营业务收入	3 000 000
应交税费——应交增值税（销项税额）	390 000

计提消费税时：

借：税金及附加（3 000 000×15%）　　　　　　　　　　　　　　450 000

　　贷：应交税费——应交消费税　　　　　　　　　　　　　　　　　450 000

纳税申报如表3.2所示。

表3.2　　　　　　　　　　　　**消费税及附加税费申报表**

税款所属期：××年×月1日至××年×月31日

纳税人识别号（统一社会信用代码）：□□□□□□□□□□□□□□□□□□

纳税人名称：　　　　　　　　　　　　　　　　　　金额单位：人民币元（列至角分）

项目 应税 消费品名称	适用税率		计量 单位	本期销售数量	本期销售额	本期应纳税额
	定额税率	比例税率				
	1	2	3	4	5	6＝1×4＋2×5
高档化妆品		15%	箱	50	3 000 000	450 000
合计	—	—	—	—	—	450 000

	栏次	本期税费额
本期减（免）税额	7	
期初留抵税额	8	
本期准予扣除税额	9	
本期应扣除税额	10＝8＋9	
本期实际扣除税额	11〔10＜（6－7），则为10，否则为6－7〕	
期末留抵税额	12＝10－11	
本期预缴税额	13	
本期应补（退）税额	14＝6－7－11－13	450 000
城市维护建设税本期应补（退）税额	15	（略）
教育费附加本期应补（退）费额	16	（略）
地方教育附加本期应补（退）费额	17	（略）

声明：此表是根据国家税收法律法规及相关规定填写的，本人（单位）对填报内容（及附带资料）的真实性、可靠性、完整性负债。

　　　　　　　　　　　　　　　　　　　　　　　纳税人（签章）：　　年　　月　　日

经办人： 经办人身份证号： 代理机构签章： 代理机构统一社会信用代码：	受理人： 受理税务机关（章）： 受理日期：　　年　　月　　日

除消费税及附加税费申报表以外，还有附表，如本期准予扣除税额计算表、本期减（免）税额明细表、本期委托加工收回情况报告表、消费税附加税费计算表等，在申报时也一并填写。

纳税人在规定期限内向税务机关指定为代理金库的银行缴纳税款时，将经国库经收处收款签章的收据联作为完税凭证，证明纳税义务已经完成，并将其作为会计核算的依据。

思考与练习

一、单项选择题

1. 下列关于消费税概念、特点和演变的说法，不正确的是（　　）。
   A. 消费税就是对特定的消费品或消费行为征收的一种税
   B. 一般来说，消费税的征税对象主要是与居民消费相关的特定消费品和消费行为
   C. 消费税不具有转嫁性
   D. 为促进节能环保，经国务院批准，自 2015 年 2 月 1 日起对电池、涂料征收消费税

2. 下列关于消费税征税范围的说法中正确的是（　　）。
   A. 对于饮食业和娱乐业举办的啤酒屋利用啤酒生产设备生产的啤酒，不征收消费税
   B. 汽车轮胎属于消费税征税范围
   C. 以回收的废矿物油为原料生产的汽油免征消费税
   D. 调味料酒按照"其他酒"的税率征收消费税

3. 下列关于消费税纳税人的说法，错误的是（　　）。
   A. 委托加工高档白酒的纳税人是受托方
   B. 零售金银首饰的纳税人是零售商
   C. 批发电子烟的纳税人是电子烟批发企业
   D. 进口小汽车的纳税人是进口企业

4. 下面不属于消费税纳税人的是（　　）。
   A. 委托加工白酒的酒厂　　　　　　　B. 进口葡萄酒的贸易商
   C. 商场销售果酒　　　　　　　　　　D. 生产白酒的厂商

5. 某企业将自产的一批应税消费品（非金银首饰）用于在建工程。该批消费品成本为 750 万元，计税价格为 1 250 万元，适用的增值税税率为 13%，消费税税率为 10%。计入在建工程成本的金额为（　　）万元。
   A. 962.5　　　　　B. 875　　　　　C. 1 087.5　　　　　D. 1 037.5

6. 关于企业单独收取的包装物押金，下列消费税税务处理正确的是（　　）。

    A. 销售黄酒收取的包装物押金应并入当期销售额计征消费税

    B. 销售啤酒收取的包装物押金应并入当期销售额计征消费税

    C. 销售葡萄酒收取的包装物押金不并入当期销售额计征消费税

    D. 销售白酒收取的包装物押金并入当期销售额计征消费税

7. 某化妆品生产公司 20×3 年 1 月销售给经销商甲高档化妆品 120 箱，销售价为 800 元/箱，销售给经销商乙同类高档化妆品 60 箱，销售价为 1 000 元/箱；当月，还将 20 箱同类高档化妆品发给其原材料供应商以抵偿上月所欠货款。以上售价均为不含税价格，则 1 月该化妆品生产公司应该缴纳的消费税为（　　）元（消费税税率为 15%）。

    A. 22 200   B. 26 400   C. 25 800   D. 30 400

8. 20×4 年 2 月，某化妆品生产企业以自产高档化妆品 1 000 件投资某公司取得 20% 股份，双方确认不含税价值 800 万元。该企业生产的同一类型的高档化妆品不含税售价分别为 9 000 元/件、10 000 元/件、7 000 元/件，则用作投资入股的高档化妆品应缴纳的消费税为（　　）万元（消费税税率为 15%）。

    A. 150   B. 160   C. 130   D. 0

二、多项选择题

1. 根据消费税的现行规定，下列项目属于消费税征税范围的有（　　）。

    A. 卡车   B. 高档化妆品   C. 白酒   D. 电子烟

2. 关于消费税从价定率计税销售额，下列说法不正确的有（　　）。

    A. 消费税计税销售额包括增值税

    B. 白酒包装物押金收取时不计入计税销售额

    C. 高档化妆品品牌使用费应计入计税销售额

    D. 金银首饰包装费不计入计税销售额

3. 根据消费税的有关规定，下列纳税人自产自用应税消费品需要缴纳消费税的有（　　）。

    A. 酒厂将自产的特制白酒发给职工作为福利

    B. 汽车厂用于管理部门的自产汽车

    C. 日化厂用于交易会样品的自产高档化妆品

    D. 地板厂用于生产漆饰地板的自产素板

4. 以下关于消费税的会计处理，表述正确的有（　　）。

    A. 企业销售应税消费品应缴纳的消费税应计入税金及附加

    B. 在建办公楼领用应税消费品应缴纳的消费税应计入在建工程

    C. 进口环节应缴纳的消费税应计入税金及附加

D. 进口环节应缴纳的消费税应计入所购物资成本

5. 下列各项中属于消费税纳税人的有（　　　）。

A. 向零售商销售卷烟的卷烟批发企业

B. 委托加工白酒的委托方

C. 将自产的超豪华小汽车销售给消费者的单位

D. 进口金银首饰的单位

6. 下列关于消费税计税价格的说法中，正确的有（　　　）。

A. 纳税人自产自用的应税消费品，按照纳税人生产的同类消费品的销售价格计算纳税；没有同类消费品销售价格的，按照组成计税价格计算纳税

B. 委托加工的应税消费品，按照受托方的同类消费品的销售价格计算纳税；没有同类消费品销售价格的，按照组成计税价格计算纳税

C. 进口的应税消费品，按照组成计税价格计算纳税

D. 纳税人用于换取生产资料和消费资料、投资入股和抵偿债务等方面的应税消费品，应当以纳税人同类应税消费品的最高销售价格作为计税依据计算消费税

7. 下列各项中，在计算消费税时可以组成计税价格的有（　　　）。

A. 自产自用应税消费品　　　　　B. 委托加工应税消费品

C. 进口应税消费品　　　　　　　D. 零售金银首饰

8. 下列应税消费品中，实行双环节征税的有（　　　）。

A. 卷烟　　　　　　　　　　　　B. 超豪华小汽车

C. 金银首饰　　　　　　　　　　D. 电子烟

三、判断题

1. 纳税人出口应税消费品与已纳增值税出口货物一样，国家都给予退（免）税优惠。但出口消费税的会计处理比增值税简单，征多少退多少，退税率与消费税税率一致。
（　　　）

2. 企业自产自用的应税消费品应缴纳的消费税应计入相关资产成本当中。（　　　）

3. 纳税人将不同税率的应税消费品组成成套消费品销售的，无论是否分别核算，均应从高计征消费税。
（　　　）

4. 消费税征收环节分布于生产（批发）、委托加工、进口和零售应税消费品四个环节。消费税征收环节单一，应税消费品在生产环节或进口环节征税后，除个别消费品的纳税环节为零售环节外，继续转销该消费品时不再征收消费税。
（　　　）

5. 黄酒、啤酒和成品油采用从量定额方法计征，粮食白酒、薯类白酒和卷烟采用从价从量复合计税方法计征，其余应税消费品采用从价定率方法计征。
（　　　）

6. 纳税人用于换取生产资料和消费资料、投资入股和抵偿债务等方面的应税消费

品，应当以纳税人同类应税消费品的平均销售价格作为计税依据计算消费税。（　　）

7. 纳税人自产自用的应税消费品，用于连续生产应税消费品的，在移送环节不纳消费税。　　　　　　　　　　　　　　　　　　　　　　　　　　　　　　（　　）

8. 委托加工的应税消费品，除受托方为个人外，由受托方在向委托方交货时代收代缴税款。　　　　　　　　　　　　　　　　　　　　　　　　　　　　　　（　　）

四、思考题

1. 什么是消费税？其特点有哪些？怎样理解消费税与增值税的关系？

2. 消费税的征税范围有哪些？消费税应纳税额的计算方法有哪些？分别适用于哪些应税消费品？

3. 如何理解外购应税消费品已纳税款的扣除？

4. 在计算应税消费品应纳税额时，哪些情况下已纳消费税准予扣除？

5. 增值税和消费税的出口退税存在哪些不同？

五、计算分录题

某日化厂为增值税一般纳税人，20×3年10月的生产经营情况如下：

（1）进口一批香水精，关税的完税价格为23.07万元。

（2）10月5日，以赊销方式销售给甲商场高级化妆品，不含税总价款为70万元，日化厂按照实际收到的货款开具增值税专用发票，注明价款70万元，增值税9.1万元。该批化妆品的销售成本为45万元。

其他相关资料：该日化厂进口香水精关税税率为20%，10月初库存外购香水精买价2万元，10月末库存外购香水精买价12万元。当前高级化妆品的消费税税率为15%。

要求：计算10月该日化厂应缴纳消费税，并进行账务处理。

第四章　企业所得税会计

【学习目标】

通过本章学习，熟知企业所得税的税制构成要素；掌握应纳税所得额与应纳所得税额的确认与计量；掌握企业所得税纳税申报表的构成及填制方法；掌握企业所得税主要纳税事项的会计核算。

【思政目标】

通过学习企业所得税会计，使学生深刻认识到依法纳税是每个企业应尽的义务，培养学生的税收遵从度，增强企业的社会责任感；通过正确理解纾困解难、产业升级、经济发展与民族复兴等税收政策，引导学生在遵守税法规定的前提下，合理运用税收政策，以减轻企业税负、提高经济效益，同时培养学生的创新意识和实践能力，增强学生的理论自信和文化自信，提升专业课堂的思想内涵，实现知识传授与价值引领的融合。

第一节　企业所得税税制要素

一、企业所得税的概念和特点

企业所得税法，是指国家制定的用以调整企业所得税征收与缴纳之间权利及义务关系的法律规范。现行企业所得税的基本法律规范，包括 2007 年 3 月 16 日全国人大通过的《中华人民共和国企业所得税法》和 2007 年 11 月 28 日国务院常务会议通过的《中华人民共和国企业所得税法实施条例》。

企业所得税是对中华人民共和国境内的企业和其他取得收入的组织的生产经营所得和其他所得征收的一种税。企业所得税具有以下特点：

（1）计税依据是应纳税所得额。它是收入总额扣除允许扣除的项目金额后的余额，与企业的本年利润是不相同的。

（2）应纳税所得额的计算比较复杂。税法在规定纳税人收入总额的前提下，对允许和不允许扣除的项目、允许扣除项目的扣除标准做了较为详细的规定，导致应纳税所得额的计算较为复杂。

（3）量能负担。企业所得税以纳税人的应税所得和适用税率计税，所得多的人多纳税，所得少的人少纳税，无所得的不纳税，体现了税收的纵向公平原则。

（4）实行按年征收、分期预缴的征收管理方法。企业的经营业绩通常是按年衡量的，企业的会计核算也是按年进行的，因此企业所得税实行按纳税年度计征，有利于税款的征收管理。

二、企业所得税的纳税人

企业所得税的纳税人，是指在中华人民共和国境内的企业和其他取得收入的组织，但依照我国法律、行政法规规定成立的个人独资企业以及合伙人是自然人的合伙企业除外。凡在我国境内，企业和其他取得收入的组织（以下统称企业）为企业所得税的纳税人，依法缴纳企业所得税。

我国采取收入来源地管辖权和居民管辖权相结合的双重管辖权，将企业分为居民企业和非居民企业，分别确定不同的纳税义务。

1. 居民企业。居民企业是指依法在中国境内成立，或者依照外国（地区）法律成立但实际管理机构在中国境内的企业。依法在中国境内成立的企业，包括依照中国法律、行政法规在中国境内成立的企业、事业单位、社会团体以及其他取得收入的组织。实际管理机构，是指对企业的生产经营、人员、账务、财产等实施实质性全面管理和控制的机构。

2. 非居民企业。非居民企业是指依照外国（地区）法律成立且实际管理机构不在中国境内，但在中国境内设立机构、场所的，或者在中国境内未设立机构、场所，但有来源于中国境内所得的企业。依照外国（地区）法律成立的企业，包括依照外国（地区）法律成立的企业和其他取得收入的组织。机构、场所是指在中国境内从事生产经营活动的机构、场所。

机构、场所的
界定

非居民企业委托营业代理人在中国境内从事生产经营活动的，包括委托单位或者个人经常代其签订合同，或者储存、交付货物等，该营业代理人视为非居民企业在中国境内设立的机构、场所。

三、企业所得税的征税对象和所得来源地的确定

1. 居民企业的所得税征税对象。居民企业应将来源于中国境内、境外的所得作为征税对象。所得包括销售货物所得，提供劳务所得，转让财产所得，股息、红利等权

益性投资所得，利息所得，租金所得，特许权使用费所得，接受捐赠所得和其他所得。

2. 非居民企业的所得税征税对象。非居民企业在中国境内设立机构、场所的，应当就其所设机构、场所取得的来源于中国境内的所得，以及发生在中国境外但与其所设机构、场所有实际联系的所得，缴纳企业所得税。

非居民企业在中国境内未设立机构、场所的，或者虽设立机构、场所但取得的所得与其所设机构、场所没有实际联系的，应当就其来源于中国境内的所得缴纳企业所得税。

3. 所得来源地的确定。来源于中国境内、境外的所得，按照以下原则确定：

（1）销售货物所得，按照交易活动发生地确定；

（2）提供劳务所得，按照劳务发生地确定；

（3）转让财产所得，不动产转让所得按照不动产所在地确定，动产转让所得按照转让动产的企业或者机构、场所所在地确定，权益性投资资产转让所得按照被投资企业所在地确定；

（4）股息、红利等权益性投资所得，按照分配所得的企业所在地确定；

（5）利息所得、租金所得、特许权使用费所得，按照负担、支付所得的企业或者机构、场所所在地确定，或者按照负担、支付所得的个人的住所地确定；

（6）其他所得，由国务院财政、税务主管部门确定。

四、企业所得税的税率

企业所得税税率采用比例税率，现行税率如表4.1所示。

表4.1 企业所得税税率表

税率种类	税率（%）	适用范围
基本税率	25	居民企业
		在中国境内设立机构、场所且所得与机构场所有实际联系的非居民企业
低税率	20	在中国境内未设立机构、场所的非居民企业
		在中国境内虽设立机构、场所，但取得的所得与机构场所没有实际联系的非居民企业
优惠税率	10	执行20%税率的非居民企业
	15	高新技术企业、技术先进型服务企业、其他特定企业
	20	小型微利企业

1. 小型微利企业的优惠税率。小型微利企业是指从事国家非限制和禁止行业，且同时符合年度应纳税所得额不超过300万元、从业人数不超过300人、资产总额不超过5 000万元三个条件的企业。

自 2023 年 1 月 1 日起至 2027 年 12 月 31 日止，小型微利企业应纳税所得额减按 25% 计算，按 20% 的税率缴纳企业所得税。

【例 4-1】甲公司为一家居民企业，2023 年度应纳税所得额是 290 万元，该公司符合小型微利企业条件。计算甲公司 2023 年度应缴纳的企业所得税。

甲公司应纳企业所得税 = 290 × 25% × 20% = 14.5（万元）

2. 高新技术企业、技术先进型服务企业的优惠税率。为了扶持和鼓励高新技术企业发展，对符合规定的认定条件和认定程序的高新技术企业，减按 15% 的税率征收企业所得税。

经认定的技术先进型服务企业，减按 15% 的税率征收企业所得税。享受符合规定的企业所得税优惠政策的技术先进型服务企业必须同时符合以下条件：（1）在中国境内（不包括港、澳、台地区）注册的法人企业；（2）从事《技术先进型服务业认定范围（试行）》中的一种或多种技术先进型服务业务，采用先进技术或具备较强的研发能力；（3）具有大专以上学历的员工占企业职工总数的 50% 以上；（4）从事《技术先进型服务业认定范围（试行）》中的技术先进型服务业务取得的收入占企业当年总收入的 50% 以上；（5）从事离岸服务外包业务取得的收入不低于企业当年总收入的 35%。

3. 其他特定企业的优惠税率。自 2021 年 1 月 1 日起至 2030 年 12 月 31 日，对设在西部地区国家鼓励类产业企业，减按 15% 的税率征收企业所得税；自 2020 年 1 月 1 日起至 2024 年 12 月 31 日，对注册在海南自由贸易港并实质性运营的鼓励类产业企业，减按 15% 的税率征收企业所得税；国家规划布局内的重点软件企业和集成电路设计企业，当年未享受免税优惠的，可减按 10% 的税率征收企业所得税。

五、企业所得税的纳税期限

企业所得税实行按年计征，分月或分季预缴，年终汇算清缴，多退少补的征纳方法。纳税年度自公历 1 月 1 日起至 12 月 31 日止。

企业按月或按季预缴的，应当自月份或者季度终了之日起 15 日内，向税务机关报送预缴企业所得税纳税申报表，预缴税款。企业应当自年度终了之日起 5 个月内，向税务机关报送年度企业所得税纳税申报表，并汇算清缴，结清应缴税款或应退税款。

企业在一个纳税年度中间开业或者终止经营活动，使该纳税年度的实际经营期不足 12 个月的，应当以其实际经营期为一个纳税年度。企业依法清算时，应当以清算期间作为一个纳税年度。企业应当在办理注销登记前，就其清算所得向税务机关申报并依法缴纳企业所得税。

企业在年度中间终止经营活动的，应当自实际经营终止之日起 60 日内，向税务机关办理当期企业所得税汇算清缴。

六、企业所得税的纳税地点

1. 除税收法律、行政法规另有规定外，居民企业一般以企业登记注册地（企业按照国家有关规定进行登记注册的住所地）为纳税地点，登记注册地在境外的，以实际管理机构所在地为纳税地点。

2. 居民企业在中国境内设立不具有法人资格的分支机构或者营业机构的，应当由该居民企业汇总计算并缴纳企业所得税。企业汇总计算并缴纳企业所得税时，应当统一核算应纳税所得额。

3. 非居民企业在中国境内设立机构、场所的，应当就其所设机构、场所取得的来源于中国境内的所得，以及发生在中国境外但与其所设机构、场所有实际联系的所得，以机构、场所所在地为纳税地点。非居民企业在中国境内设立两个或者两个以上的机构、场所的，经税务机关审批批准，可以选择由其主要机构、场所汇总缴纳企业所得税。

4. 非居民企业在中国境内未设立机构、场所，或者虽设立机构、场所但取得的所得与其所设机构、场所没有实际联系的，其所得应缴纳的所得税以扣缴义务人所在地为纳税地点。

5. 除国务院另有规定外，企业之间不得合并缴纳企业所得税。

七、企业所得税的税收优惠

企业所得税的优惠方式包括免税、减税、加计扣除、加速折旧、减计收入、抵扣税额、税额抵免等，主要以产业优惠为主，鼓励发展高新技术、加快西部开发、节约资源能源和保护环境等。

1. 免征与减征。

（1）企业从事农、林、牧、渔业项目的所得，可以免征、减征企业所得税。

（2）企业从事国家重点扶持的公共基础设施项目投资经营的所得，自项目取得第一笔生产经营收入所属纳税年度起，第 1～3 年免征企业所得税，第 4～6 年减半征收企业所得税。

（3）企业从事符合条件的环境保护、节能节水项目的所得，自项目取得第一笔生产经营收入所属纳税年度起，第 1～3 年免征企业所得税，第 4～6 年减半征收企业所得税。

（4）符合条件的技术转让所得免征、减征企业所得税，具体指在一个纳税年度内，居民企业转让技术所得不超过 500 万元的部分，免征企业所得税；超过 500 万元的部分，减半征收企业所得税。

【例 4 - 2】 乙公司为一家居民企业，20×3 年度转让一项专利技术取得收入 900 万元，与之相关的成本和税费为 200 万元。计算乙公司转让该专利技术应缴纳的企业所得税。

乙公司应纳企业所得税 = (900 - 200 - 500) × 50% × 25% = 25（万元）

2. 加计扣除。

（1）企业开展研发活动中实际发生的研发费用，未形成无形资产计入当期损益的，在按规定据实扣除的基础上，自 2023 年 1 月 1 日起，再按照实际发生额的 100% 在税前加计扣除；形成无形资产的，自 2023 年 1 月 1 日起，按照无形资产成本的 200% 在税前摊销。不适用研发费用加计扣除政策的行业，包括烟草制造业、住宿和餐饮业、批发和零售业、房地产业、租赁和商务服务业、娱乐业、财政部和国家税务总局规定的其他行业。

（2）集成电路企业和工业母机企业开展研发活动中实际发生的研发费用，未形成无形资产计入当期损益的，在按规定据实扣除的基础上，在 2023 年 1 月 1 日至 2027 年 12 月 31 日期间，再按照实际发生额的 120% 在税前扣除；形成无形资产的，在上述期间按照无形资产成本的 220% 在税前摊销。

（3）企业安置残疾人员的，在按照支付给残疾职工工资据实扣除的基础上，可以在计算应纳税所得额时按照支付给残疾职工工资的 100% 加计扣除。

【例 4 - 3】 丙公司是一家从事产品制造的居民企业，2023 年度发生管理费用 500 万元，其中新产品研究开发费用 120 万元。计算丙公司本年计算应纳税所得额时应调减的应纳税所得额。

丙公司调减应纳税所得额 = 120 × 100% = 120（万元）

3. 加速折旧。企业在 2024 年 1 月 1 日至 2027 年 12 月 31 日期间新购进的设备、器具，单位价值不超过 500 万元的，允许一次性计入当期成本费用，在计算应纳税所得额时扣除，不再分年度计算折旧；单位价值超过 500 万元的，可缩短折旧年限或采取加速折旧的方法。

4. 减计收入。企业以《资源综合利用企业所得税优惠目录》规定的资源作为主要原材料，生产国家非限制和禁止并符合国家和行业相关标准的产品取得的收入，减按 90% 计入收入总额。

主要原材料占生产产品材料的比例不得低于《资源综合利用企业所得税优惠目录》规定的标准。

5. 抵扣税额。创业投资企业采用股权投资方式直接投资于初创科技型企业满 2 年的，可以按照投资额的 70% 在股权持有满 2 年的当年抵扣该创业投资企业的应纳税所得额；当年不足抵扣的，可以在以后纳税年度结转抵扣。

6. 税额抵免。企业购置并实际使用《环境保护专用设备所得税优惠目录》《节能节水专用设备所得税优惠目录》《安全生产专用设备所得税优惠目录》规定的环境保护、节能节水、安全生产等专用设备的，该专用设备投资额的 10% 可以从企业当年的应纳税额中抵免；当年不足抵免的，可以在以后 5 个纳税年度结转抵免。

享受所得税税额抵免优惠的企业，应当实际购置并投入使用税法规定的专用设备；企业购置上述专用设备在 5 年内转让、出租的，应当停止享受企业所得税优惠，并补缴已经抵免的企业所得税税款。转让的受让方可以按照该专用设备投资额的 10% 抵免当年企业所得税应纳税额；当年应纳税额不足抵免的，可以在以后 5 个纳税年度结转抵免。

第二节　企业所得税应纳税额的计算

一、应纳税所得额的计算

应纳税所得额是企业所得税的计税依据，按照《中华人民共和国企业所得税法》的规定，应纳税所得额为企业每一个纳税年度的收入总额，减除不征税收入、免税收入、各项扣除，以及准予弥补的以前年度亏损后的余额。其基本公式为：

$$应纳税所得额 = 收入总额 - 不征税收入额 - 免税收入额 - 各项扣除额 - 准予弥补的以前年度亏损额$$

企业应纳税所得额的计算以权责发生制为原则，属于当期的收入和费用，不论款项是否收付，均作为当期的收入和费用；不属于当期的收入和费用，即使款项已经在当期收付，均不作为当期的收入和费用。应纳税所得额的正确计算直接关系到国家财政收入和企业负担，并且同成本、费用核算关系密切。

（一）收入总额

收入总额是指企业以货币形式和非货币形式从各种来源取得的收入。企业取得收入的货币形式，包括现金、银行存款、应收账款、应收票据、准备持有到期的债券投资以及债务豁免等；企业以非货币形式取得的收入，包括固定资产、生物资产、无形资产、股权投资、存货、不准备持有至到期的债券投资、劳务以及有关权益等，这些非货币性资产应当按照公允价值确定收入额。

收入总额具体包括：销售货物收入，提供劳务收入，转让财产收入，股息、红利等权益性投资收益，利息收入，租金收入，特许权使用费收入，接受捐赠收入和其他收入。

1. 销售货物收入，是指企业销售商品、产品、原材料、包装物、低值易耗品以及其他存货取得的收入。企业销售货物同时满足相关条件才能确认收入的实现。

2. 提供劳务收入，是指企业从事建筑安装、修理修配、交通运输、仓储租赁、金融保险、邮电通信、咨询经纪、文化体育、科学研究、技术服务、教育培训、餐饮住宿、中介代理、卫生保健、社区服务、旅游、娱乐、加工以及其他劳务服务活动取得的收入。企业提供劳务交易的结果能够可靠估计的，按照完工进度法确认收入的实现。

3. 转让财产收入，是指企业转让固定资产、生物资产、无形资产、股权、债权等财产取得的收入。企业转让股权收入，应于转让协议生效且完成股权变更手续时确认收入的实现。

4. 股息、红利等权益性投资收益，是指企业因权益性投资从被投资方取得的收入。除国务院财政、税务主管部门另有规定外，按照被投资方作出利润分配决定的日期确认收入的实现。

5. 利息收入，是指企业将资金给他人使用但不构成权益性投资，或因他人占用本企业资金取得的收入，包括存款利息、贷款利息、债券利息、欠款利息等收入。利息收入，按照合同约定的债务人应付利息日期确认收入。

6. 租金收入，是指企业提供固定资产、包装物或者其他有形资产的使用权取得的收入。租金收入，按照合同约定的承租人应付租金的日期确认收入的实现。

7. 特许权使用费收入，是指企业提供专利权、非专利技术、商标权、著作权以及其他特许权的使用权取得的收入。特许权使用费收入，按照合同约定的特许权使用人应付特许权使用费的日期确认收入的实现。

8. 接受捐赠收入，是指企业接受的其他企业、组织或者个人无偿给予的货币性资产、非货币性资产。接受捐赠收入，按照实际收到捐赠资产的日期确认收入的实现。

9. 其他收入，是指企业取得的除上述各项收入以外的其他收入，包括企业资产溢余收入、逾期未退包装物押金收入、确实无法偿付的应付款项、已做坏账损失处理后又收回的应收款项、债务重组收入、补贴收入、即征即退税款、违约金收入、汇兑收益等。

（二）不征税收入和免税收入

1. 不征税收入。不征税收入是指从性质和根源上不属于企业营利活动带来的经济利益，不作为应纳税所得额组成部分的收入，不应列为征收范围的收入。企业取得的不征税收入所对应的各项成本费用，除另有规定外，不得在计算应纳税所得额时扣除。

（1）财政拨款。财政拨款是指各级人民政府对纳入预算管理的事业单位、社会团

销售商品收入
确定的条件

体等组织拨付的财政资金，但国务院和国务院财政、税务主管部门另有规定的除外。

（2）依法收取并纳入财政管理的行政事业性收费、政府性基金。行政事业性收费，是指依照法律法规等有关规定，按照国务院规定程序批准，在实施社会公共管理，以及在向公民、法人或者其他组织提供特定公共服务过程中，向特定对象收取并纳入财政管理的费用。政府性基金，是指企业依照法律、行政法规等有关规定，代政府收取的具有专项用途的财政资金。

（3）国务院规定的其他不征税收入。国务院规定的其他不征税收入，是指企业取得的，由国务院财政、税务主管部门规定专项用途并经国务院批准的财政性资金。财政性资金是指企业取得的来源于政府及其有关部门的财政补助、补贴、贷款贴息，以及其他各类财政专项资金，包括直接减免的增值税和即征即退、先征后退、先征后返的各种税收，但不包括企业按规定取得的出口退税款。

2. 免税收入。免税收入是指虽然具有可税性但按税法规定免予征税的收入。企业取得的免税收入所对应的各项成本费用，除另有规定外，可在计算应纳税所得额时扣除。

（1）国债利息收入。企业从发行者直接投资购买的国债持有至到期，其从发行者取得的国债利息收入；企业在到期前转让国债或者从非发行者投资购买的国债，按规定计算方法计算的国债利息收入，全额免缴企业所得税。

（2）居民企业直接投资于其他居民企业所取得的股息、红利等权益性投资收益，该收益不包括连续持有居民企业公开发行并上市流通的股票不足 12 个月取得的投资收益。

（3）在中国境内设立机构、场所的非居民企业从居民企业取得与该机构、场所有实际联系的股息、红利等权益性投资收益，该收益不包括连续持有居民企业公开发行并上市流通的股票不足 12 个月取得的投资收益。

（4）符合条件的非营利组织的收入。符合条件的非营利组织的收入，是指非营利组织在开展业务活动过程中所获得的非营利性收入，不包括非营利组织从事营利性活动取得的收入。

（5）非营利组织其他免税收入。其具体包括：接受其他单位或者个人捐赠的收入；除《企业所得税法》第七条规定的财政拨款以外的其他政府补助收入，但不包括因政府购买服务取得的收入；按照省级以上民政、财政部门规定收取的会费；不征税收入和免税收入孳生的银行存款利息收入；财政部、国家税务总局规定的其他收入。

（三）准予扣除项目

企业实际发生的与取得应税收入有关的合理支出，包括成本、费用、税金、损失和其他支出，准予在计算应纳税所得额时扣除；除税收法律、行政法规另有规定外，企业实际发生的成本、费用、税金、损失和其他支出，不得重复扣除。

1. 成本。企业申报纳税期间已经确认的销售商品，提供劳务、转让和处置固定资产、无形资产等的销售成本、销货成本、业务支出以及其他耗费。

企业必须将经营活动中发生的成本合理划分为直接成本和间接成本。直接成本可根据有关会计凭证、记录直接计入有关成本计算对象或劳务的经营成本中。间接成本必须根据与成本计算对象之间的因果关系、成本计算对象的产量等，以合理的方法分配计入有关成本计算对象中。

2. 费用。企业为生产、经营商品和提供劳务等所发生的销售费用、管理费用和财务费用（已经计入成本的有关费用除外）。

3. 税金。企业实际发生的除所得税和允许抵扣的增值税以外的各项税金及附加，即企业按规定缴纳的消费税、城市维护建设税、关税、资源税、土地增值税、房产税、车船税、城镇土地使用税、印花税、契税、教育费附加、地方教育附加等税金及附加。这些税金准予在发生当期扣除或在发生当期计入相关资产的成本中并在以后各期分摊扣除。

4. 损失。企业在生产经营活动中发生的固定资产和存货的盘亏、毁损、报废损失，转让财产损失，呆账损失，坏账损失，自然灾害等不可抗力因素造成的损失以及其他损失。税前扣除的损失为净损失，即企业的损失是扣除责任人赔偿和保险赔偿后的余额。

企业已经作为损失处理的资产，若在以后纳税年度又全部收回或部分收回时，应计入当期应税收入。

5. 其他支出。除成本、费用、税金、损失外，企业在生产经营活动中发生的与生产经营活动有关的、合理的支出。

（四）准予限额扣除项目

在计算应纳税所得额时，对根据会计准则规定已经确认的支出，凡未超过税收法规规定的税前扣除范围和标准的，可按其实际确认的支出在税前扣除；超过税前扣除范围和标准的，应进行所得税的纳税调整。准予限额扣除项目包括但不限于以下内容：

1. 工资、薪金支出。企业发生的合理的工资、薪金支出，准予在税前扣除。工资、薪金支出是企业每一纳税年度支付给本企业任职或与其有雇佣关系的员工的所有现金或非现金形式的劳动报酬，包括基本工资、奖金、津贴、补贴、年终加薪、加班工资，以及与任职或受雇有关的其他支出。

合理工资、薪金是指企业按照股东会、董事会、薪酬委员会或相关管理机构制定的工资薪金制度实际发放给员工的工资、薪金。

2. 职工福利费、工会经费、职工教育经费支出。企业发生的职工福利费、工会经费、职工教育经费按标准扣除，未超过标准的按实际数扣除，超过标准的只能按标准扣除。

（1）企业实际发生的满足职工共同需要的集体生活、文化、体育等方面的职工福利费支出，不超过工资薪金总额14%的部分准予扣除。

（2）企业拨缴的工会经费，不超过工资薪金总额2%的部分，准予在税前扣除。

（3）企业发生的职工教育经费支出，不超过工薪总额8%的部分，准予扣除；超过部分，可以在以后纳税年度结转扣除；软件企业、集成电路设计企业、动漫企业、核电企业、航空企业的职工培训费用，可按其实际发生额在税前全额扣除。

【例4－4】甲公司为一家居民企业，20×3年实际发生工资支出500万元、职工福利费78万元、工会经费8万元、职工教育经费42万元。计算甲公司本年计算应纳税所得额时应调增的应纳税所得额。

职工福利费不超过工资、薪金总额14%的部分，准予扣除。

工资、薪金总额的14%＝500×14%＝70（万元）

职工福利费应调增应纳税所得额＝78－70＝8（万元）

工会经费不超过工资、薪金总额2%的部分，准予扣除。

工资、薪金总额的2%＝500×2%＝10（万元）

工会经费的发生额为8万元，未超支，不需要纳税调整。

职工教育经费不超过工资、薪金总额8%的部分，准予扣除。

工资、薪金总额的8%＝500×8%＝40（万元）

职工教育经费应调增应纳税所得额＝42－40＝2（万元）

应调增的应纳税所得额合计＝8＋2＝10（万元）

3. 社会保险费和住房公积金。企业按照国务院主管部门或省级人民政府规定的范围和标准为职工缴纳的基本医疗保险费、基本养老保险费、失业保险费、工伤保险费等基本社会保险费和住房公积金，准予税前扣除。

企业为本企业任职和受雇的员工支付的补充养老保险费、补充医疗保险费，分别在不超过职工工资总额5%标准内的部分，准予税前扣除；超过部分，不得扣除；企业按规定为特殊工种职工支付的人身安全保险费和符合规定的商业保险费，准予扣除，但为投资人、一般职工支付的商业保险费，不得扣除；企业参加的财产保险、责任保险，按规定缴纳的保险费，准予扣除。

4. 利息费用。

（1）非金融企业向金融企业借款的利息支出、金融企业的各项存款利息支出和同业拆借利息支出、企业经批准发行债券的利息支出可据实扣除。

（2）非金融企业向非金融企业借款的利息支出，不超过按照金融企业同期同类贷款利率计算的数额的部分可据实扣除，超过部分不许扣除。

（3）非金融企业向股东、其他与企业有关联关系的自然人借款的利息支出，在不超过债权性投资与权益性投资2∶1的基础上，不超过按照金融企业同期同类贷款利率计算的数额的部分准予扣除，超过的部分不得在发生当期和以后年度扣除。

【例4－5】甲公司为一家居民企业，20×3年发生财务费用300万元，其中包含向关联企业乙公司支付的1月1日至12月31日的借款利息200万元，借款本金为3 000

万元，金融机构同期同类贷款利率为 6%，该交易不符合独立交易原则。乙公司对甲公司的权益性投资额为 1 000 万元，且实际税负低于甲公司。计算甲公司本年计算应纳税所得额时应调增的应纳税所得额。

利息费用应调增应纳税所得额 $= 200 - 1\,000 \times 2 \times 6\% = 80$（万元）

5. 借款费用。

（1）企业在生产经营活动中发生的合理的不需要资本化的借款费用，准予在税前扣除。

（2）企业为购置、建造和生产固定资产、无形资产，及经过 12 个月以上的建造才能达到预定可销售状态的存货而发生的借款，在有关资产购置、建造期间发生的合理的借款费用，符合会计准则规定的资本化条件的，应作为资本性支出计入相关资产的成本；日后按税法规定计算的折旧等成本费用，可在税前扣除。有关资产竣工结算并交付使用后或达到预定可销售状态后发生的合理的借款费用，可在发生当期税前扣除。不符合资本化条件的，作为财务费用，准予在税前据实扣除。

6. 业务招待费。企业实际发生的与生产经营活动有关的业务招待费，按照实际发生额的 60% 扣除，但最高不得超过当年销售收入的 5‰。

【例 4 - 6】甲公司为一家居民企业，20×3 年实现销售收入 3 800 万元，转让专利技术使用权取得收入 200 万元，视同销售货物收入 400 万元，接受捐赠收入 300 万元，债务重组收益 60 万元，发生业务招待费 95 万元。计算甲公司本年可在企业所得税税前扣除的业务招待费金额。

甲公司本年销售收入 $= 3\,800 + 200 + 400 = 4\,400$（万元）

第一标准为业务招待费发生额的 $60\% = 95 \times 60\% = 57$（万元）

第二标准为当年销售收入的 $5‰ = 4\,400 \times 5‰ = 22$（万元）

由于 22 万元 ＜ 57 万元，故甲公司本年在企业所得税税前扣除的业务招待费金额为 22 万元。

7. 广告费和业务宣传费。

（1）企业发生的符合条件的广告费和业务宣传费支出，除国务院财政、税务主管部门另有规定外，不超过当年销售收入额（含视同销售收入额）15% 的部分，准予扣除；超过部分，准予在以后纳税年度结转扣除。

（2）化妆品制造或销售、医药制造和饮料制造（不含酒类制造）企业发生的广告费和业务宣传费支出，不超过当年销售收入 30% 的部分，准予扣除；超过部分，准予在以后纳税年度结转扣除。

【例 4 - 7】甲公司为一家居民企业，20×3 年实现销售收入 4 800 万元，转让专利技术所有权取得收入 200 万元，转让专利技术使用权取得收入 100 万元，视同销售货物收入 300 万元，接受捐赠收入 200 万元，债务重组收益 70 万元，发生广告费 540 万元、业务宣传费263万元。计算甲公司本年可在企业所得税税前扣除的广告费和业务宣传费。

甲公司本年销售收入 = 4 800 + 100 + 300 = 5 200（万元）

甲公司本年准予扣除的广告费和业务宣传费限额 = 5 200 × 15% = 780（万元）

甲公司本年实际发生的广告费和业务宣传费金额 = 540 + 263 = 803（万元）

由于780万元 < 803万元，故甲公司本年在企业所得税税前扣除的广告费和业务宣传费金额为780万元，超过限额的23万元可以结转至以后年度扣除。

8. 手续费和佣金支出。

（1）保险企业发生与其经营活动有关的手续费及佣金，不超过当年全部保费收入扣除退保金等后余额的18%的部分，在计算应纳税所得额时准予扣除；超过部分，允许结转以后年度扣除。

（2）其他企业，按与具有合法经营资格中介服务机构或个人所签订服务协议或合同确认的收入金额的5%计算限额。

（3）企业不得将手续费及佣金支出计入回扣、业务提成、返利、进场费等费用。

9. 公益捐赠支出。公益捐赠支出是企业通过境内公益性社会组织、公益性群众团体、县级及以上人民政府及其部门等国家机关，向教育、扶贫、济困等公益慈善事业的捐赠支出。

企业发生的公益性捐赠支出，不超过按国家统一会计制度的规定计算的年度利润总额12%的部分，准予扣除；超过年度利润总额12%的部分，准予在以后3年内在计算应纳税所得额时结转扣除。

2019年1月1日至2025年12月31日，企业通过公益性社会组织、县级及以上人民政府及其组成部门和直属机构，用于目标脱贫地区的扶贫捐赠支出，准予据实扣除。

【例4-8】甲公司20×3年利润总额为800万元，20×3年实际发生营业外支出120万元，其中104万元为公益性捐赠支出。计算甲公司本年税前可扣除的捐赠支出。

公益性捐赠支出扣除限额 = 800 × 12% = 96（万元）

甲公司实际发生的公益性捐赠支出104万元，由于96万元小于104万元，故甲公司本年在企业所得税税前扣除的公益性捐赠支出为96万元，超过限额的8万元可以结转至以后年度扣除，但不得超过3年。

10. 依照法律、法规规定的准予扣除的其他项目。

（五）不得扣除项目

税前不得扣除项目，主要包括以下内容：

（1）向投资者支付的股息、红利等权益性投资收益款项。

（2）企业所得税税款。

（3）税收滞纳金。

（4）罚金、罚款和被没收财物的损失。

（5）不属于公益性捐赠规定条件的捐赠支出。

（6）赞助支出，即企业发生的与生产经营活动无关的各种非广告性质的支出。

（7）未经核定的准备金支出，即企业未经国务院财政、税务主管部门核定而提取的各项资产减值准备、风险准备等准备金。

（8）企业之间支付的管理费、企业内营业机构之间支付的租金和特许权使用费，以及非银行企业内营业机构之间支付的利息。

（9）与取得收入无关的其他支出。

（六）亏损弥补

1. 亏损是企业年度收入总额减去不征税收入、免税收入和各项税前扣除额后的余额为负数的金额，它是企业财务会计报告中的亏损额经税务机关按税法规定核实调整后的金额。税法规定，纳税人年度发生的应税亏损，准予在以后年度以应税所得弥补，弥补年限不得超过5年。弥补年限应连续计算，不得因弥补期间发生亏损而顺延。企业在汇总计算缴纳企业所得税时，其境外营业机构的亏损不得抵减境内营业机构的盈利。

2. 具备高新技术企业或科技型中小企业资格的企业，其具备资格年度之前5个年度发生的尚未弥补完的亏损，准予结转以后年度弥补，最长结转年限为10年。

3. 企业开始生产经营的年度为计算企业损益年度的起点。企业筹办期间发生的筹办费用支出，不得计算为当期的亏损，即不做纳税调整。对于筹办费用，企业可以在开始经营之日的当年一次性扣除，也可以作为长期待摊费用分期摊销，一经选定，不得改变。

【例4-9】甲公司为一家居民企业，不符合小型微利企业的条件，经税务机关审定的连续6年应纳税所得额情况如表4.2所示，假设该公司一直执行5年亏损弥补规定。计算甲公司6年间的应纳企业所得税。

表4.2　　　　　经税务机关审定的甲公司连续6年应纳税所得额情况　　　　单位：万元

项目	2018年	2019年	2020年	2021年	2022年	2023年
应纳税所得额	-130	30	-70	120	50	60

甲公司2018年的亏损需要用2019年和2021年的应纳税所得额弥补（30万元+100万元）；2020年的亏损需要用2021年和2022年的应纳所得额弥补（20万元+50万元）。

甲公司应纳企业所得税=60×25%=15（万元）

二、企业所得税应纳税额的计算

（一）居民企业应纳税额的计算

1. 查账征收方法。企业依据会计相关法律法规的要求建立健全的会计制度，能够提供纳税所需要的账簿资料，并能按照税法规定正确计算出应纳税所得额，采用查账征收方式计算应纳税额。

居民企业的应纳税所得额乘以适用税率为应纳所得税额，再减去按税法规定的减免税额和抵免税额后的余额为应纳税额。其计算公式为：

$$应纳税额 = 应纳税所得额 \times 适用税率 - 减免所得税额 - 抵免所得税额$$
$$= 应纳所得税额 - 减免所得税额 - 抵免所得税额$$

根据计算公式可以看出，应纳税额的多少，主要取决于应纳税所得额和适用税率两个因素。在实际过程中，应纳税所得额的计算一般有两种方法。

（1）直接计算法，是按税法规定直接计算应纳税所得额的方法，即按税法规定的应税收入减去税法规定允许税前扣除项目金额计算应纳税所得额。其计算公式为：

$$应纳税所得额 = 收入总额 - 不征税收入额 - 免税收入额 - 各项扣除额 - 准予弥补的以前年度亏损额$$

（2）间接计算法，是在财务会计计算的账面利润总额的基础上，加减纳税调整项目金额，间接计算出应纳税所得额。其计算公式为：

$$应纳税所得额 = 利润总额 + （或 -）纳税调整项目金额$$

纳税调整项目金额包括两方面的内容：一是税法规定范围与会计规定不一致的应予以调整的金额；二是税法规定扣除标准与会计规定不一致的应予以调整的金额。

【例 4-10】甲企业为居民企业，20×3 年主营业务收入 660 万元，主营业务成本 400 万元；其他业务收入 86 万元，其他业务成本 66 万元，税金及附加 32 万元，管理费用 96 万元，财务费用 20 万元，营业外收入 10 万元，营业外支出 22 万元。计算甲公司 20×3 年的应纳企业所得税。

应纳税所得额 = 660 - 400 + 86 - 66 - 32 - 96 - 20 + 10 - 22 = 120（万元）

应纳企业所得税 = 120 × 25% = 30（万元）

【例 4-11】甲公司为一家居民企业，20×3 年发生经营业务如下：（1）取得产品销售收入 4 600 万元。（2）发生产品销售成本 3 100 万元。（3）发生销售费用 550 万元（其中广告费 460 万元）、管理费用 410 万元（其中业务招待费 50 万元）、财务费用 70 万元。（4）发生销售税金 130 万元（含增值税 80 万元）。（5）取得营业外收入 90 万元，发生营业外支出 60 万元（含通过公益性社会团体向贫困山区捐款 40 万元，支付税收滞纳金 8 万元）。（6）计入成本、费用中的实发工资总额 250 万元，拨缴职工工会经费 8 万元，发生职工福利费 40 万元，发生职工教育经费 29 万元。计算甲公司 20×3 年的应纳企业所得税。

会计利润总额 = 4 600 + 90 - 3 100 - 550 - 410 - 70 - (130 - 80) - 60

= 450（万元）

广告费和业务宣传费扣除限额 = 4 600 × 15% = 690（万元）> 460 万元，因此可全额扣除，无须纳税调整。

业务招待费限额扣除标准 1 = 4 600 × 5‰ = 23（万元）

业务招待费限额扣除标准 2 = 50 × 60% = 30（万元）

由于 23 万元 < 30 万元，故业务招待费应调增应纳税所得额 = 50 − 23 = 27（万元）。

捐赠支出扣除限额 = 450 × 12% = 54（万元）> 40 万元，因此可全额扣除，无须纳税调整。

税收滞纳金不得税前扣除，应调增应纳税所得额 8 万元。

工会经费扣除限额 = 250 × 2% = 5（万元）< 8 万元，因此工会经费应调增应纳税所得额 = 8 − 5 = 3（万元）。

职工福利费扣除限额 = 250 × 14% = 35（万元）< 40 万元，因此职工福利费应调增应纳税所得额 = 40 − 35 = 5（万元）。

职工教育经费扣除限额 = 250 × 8% = 20（万元）< 29 万元，因此职工教育经费应调增应纳税所得额 = 29 − 20 = 9（万元）。

应纳税所得额 = 450 + 27 + 8 + 3 + 5 + 9 = 502（万元）

本年应纳企业所得税 = 502 × 25% = 125.5（万元）

2. 核定征收方法。居民企业纳税人因不设置账簿或应当设置但未设置账簿、擅自销毁账簿、账目混乱等情形难以进行查账征收企业所得税，税务机关可以核定征收企业所得税。

按核定征收方式缴纳企业所得税的居民企业，在其收入总额或成本费用支出额能够正确核算的情况下，可按国家规定的应税所得率计算应纳税所得额，再计算应纳税额，据以申报纳税。其应纳所得税额计算公式为：

$$应纳所得税额 = 应纳税所得额 × 适用税率$$
$$应纳税所得额 = 应税收入额 × 应税所得率$$

或：　　应纳税所得额 = 成本（费用）支出额 ÷（1 − 应税所得率）× 应税所得率

企业所得税应税所得率不是税率，它是对核定征收企业所得税的企业计算其应纳税所得额预先规定的比例，是企业应纳税所得额占其经营收入的比例，根据各个行业的实际销售利润率或者经营利润率等情况分别测算得出的。主管税务机关根据纳税人的实际情况核定其应税所得率，一经核定，除发生特殊情况外，一个纳税年度内一般不得调整。

应税所得率的
幅度标准

【例 4 − 12】乙批发兼零售的居民企业，20 × 3 年自行申报销售收入总额 1 000 万元，成本费用总额 1 200 万元，当年亏损 200 万元，经税务机关审核，该企业申报的收入总额无法核实，成本费用核算正确。该企业采取核定征收企业所得税，应税所得率为 8%。计算乙居民企业 20×3 年应纳企业所得税。

应纳税所得额 = 1 200 ÷（1 − 8%）× 8% = 104.35（万元）

应纳企业所得税 = 104.35 × 25% = 26.09（万元）

3. 境外所得已纳税额的抵免。企业取得的下列所得已在境外缴纳的所得税税额，可以从其当期应纳税额中抵免，抵免限额为该项所得依照税法规定计算的应纳税额；超过抵免限额的部分，可以在以后 5 个年度内，用每年度抵免限额抵免当年应抵税额后的余额进行抵补。

（1）居民企业来源于中国境外的应税所得。

（2）非居民企业在中国境内设立机构、场所，取得发生在中国境外但与该机构、场所有实际联系的应税所得。

居民企业从其直接或间接控制的外国企业分得的来源于中国境外的股息、红利等权益性投资收益，外国企业在境外实际缴纳的所得税税额中属于该项所得负担的部分，可以作为该居民企业的可抵免境外所得税税额，在税法规定的抵免限额内抵免。

【例 4 − 13】丙居民企业 20×3 年境内应纳税所得额为 1 000 万元，设立在 H 国的分公司就其境外所得在 H 国已纳企业所得税 60 万元，H 国企业所得税税率为 30%。计算丙居民企业 20×3 年应纳企业所得税。

H 国企业取得的境外所得 = 60 ÷ 30% = 200（万元）

应纳税总额 =（1 000 + 200）× 25% = 300（万元）

境外所得抵免限额 = 200 × 25% = 50（万元）

应纳企业所得税 = 300 − 50 = 250（万元）

在境外实际缴纳企业所得税（60 万元）超过境外抵免限额（50 万元）的 10 万元从下年起，用以后连续 5 个纳税年度的每年抵免限额抵免当年应抵税额后的余额进行抵免。

（二）非居民企业应纳税额的计算

对于在我国境内设立机构、场所且取得的所得与其所设机构、场所有实际联系的非居民企业，其应纳税额的计算与居民企业应纳税额的计算相同。

对于在我国境内未设立机构、场所的，或者虽设立机构、场所但取得的所得与其所设机构、场所没有实际联系的非居民企业，按照下列方法计算应纳税所得额：

1. 股息、红利等权益性投资收益和利息、租金、特许权使用费所得，以收入全额为应纳税所得额。

2. 转让财产所得，以收入全额减除财产净值后的余额为应纳税所得额。其中，财产净值是指财产的计税基础减除已经按照规定扣除的折旧、折耗、摊销、准备金等后的余额。

3. 其他所得，参照前两项规定的方法计算应纳税所得额。

对于在我国境内未设立机构、场所的，或者虽设立机构、场所但取得的所得与其所设机构、场所没有实际联系的非居民企业，应纳税额的计算公式为：

$$应纳税额 = 应纳税所得额 \times 适用税率（减按 10\%）$$

【例 4 – 14】F 国的甲企业在中国境内未设立机构、场所，但在 20×3 年从中国境内取得了下列所得：股息 120 万元、特许权使用费 200 万元；该企业还转让了其在中国境内的财产，转让收入 420 万元，该财产的净值为 350 万元。计算甲企业 20×3 年在中国境内的应纳企业所得税。

甲企业取得股息、特许权使用费的应纳税所得额 = 120 + 200 = 320（万元）

甲企业取得财产转让所得的应纳税所得额 = 420 – 350 = 70（万元）

应纳企业所得税 =（320 + 70）× 10% = 39（万元）

非居民企业因会计账簿不健全，资料残缺难以查账，或者其他原因不能准确计算并据实申报其应纳税所得额的，税务机关有权采取相应方法核定其应纳税所得额，并计算应纳税额。其应纳所得税额计算公式为：

$$应纳所得税额 = 应纳税所得额 \times 适用税率$$

$$应纳税所得额 = 收入总额 \times 经税务机关核定的利润率$$

或：

$$应纳税所得额 = \frac{成本费用总额}{1 - 经税务机关核定的利润率} \times 经税务机关核定的利润率$$

或：

$$应纳税所得额 = \frac{经费支出总额}{1 - 经税务机关核定的利润率} \times 经税务机关核定的利润率$$

税务机关有根据认为非居民企业的实际利润率明显高于税务机关核定的利润率，有权予以重新调整。

第三节 企业所得税的会计核算

一、企业所得税的会计核算方法

会计准则和所得税法是基于不同目的、遵循不同原则分别制定的，二者在资产与负债的计量标准、收入与费用的确认原则等诸多方面存在着一定的分歧，导致企业核算的会计利润与税法规定的应纳税所得额往往不一致而产生差异。所得税会计就是研究如何处理会计利润和应纳税所得额之间差异的会计理论与方法。我国企业所得税目前使用的会计核算方法有应付税款法和资产负债表债务法。

1. 应付税款法。应付税款法是企业将本期税前会计利润与应纳税所得额之间的差额造成的影响纳税的金额直接计入当期损益，而不递延到以后各期的一种所得税会计处理方法。应付税款法是税法导向的会计处理方法，我国执行《小企业会计准则》的企业可以采用该处理方法。

2. 资产负债表债务法。资产负债表债务法是企业从资产负债表出发，比较资产负债表上列示的资产、负债按照会计准则的规定确定的账面价值与按照税法的规定确定的计税基础，对于两者之间的差异分别应纳税暂时性差异与可抵扣暂时性差异，确认相关的递延所得税负债与递延所得税资产，并在此基础上确定每一会计期间利润表中的所得税费用。资产负债表债务法是以区分资产、负债账面价值与计税基础之间差异为导向的所得税会计处理方法，我国执行《企业会计准则》的企业要求采用该处理方法。

二、资产负债表债务法

（一）资产和负债的计税基础

资产负债表债务法要求企业的资产与负债应根据会计准则与税法的不同规定分别进行计价，因而形成两种计价基础，即资产和负债的账面价值与计税基础。

1. 资产的计税基础。资产的账面价值，是指企业在持续使用和最终处置该项资产时将取得的经济利益总额。资产的计税基础，是指企业在收回资产账面价值的过程中，计算应纳税所得额时按照税法规定可以自应税经济利益中抵扣的金额，即该项资产在未来期间使用或最终处置时，允许作为成本或费用可以税前扣除的金额。

资产的计税基础 = 未来期间按照税法规定可予税前扣除的金额

资产在初始确认时，其计税基础一般为取得成本。从所得税角度考虑，某一单项资产产生的所得是指该项资产产生的未来经济利益流入扣除其取得成本之后的金额。在资产持续持有期间，可在未来期间税前扣除的金额是指资产的取得成本减去以前期间按照税法规定已经从税前扣除金额后的余额，该余额代表的是按照税法规定相关资产在未来期间计税时仍然可以在税前扣除的金额。

一般情况下，资产在取得时，其账面价值与计税基础是相同的；在后续计量过程中，因会计准则与税法规定不同，可能产生资产的账面价值与其计税基础的差异。例如固定资产、无形资产、交易性金融资产因计提折旧（或摊销）方法与年限、计提减值准备、期末采用公允价值计量等因素导致其账面价值与计税基础产生差异。

（1）固定资产。以各种方式取得的固定资产，初始确认时入账价值基本上是被税法认可的，即取得时其账面价值一般等于计税基础。固定资产在持有期间进行后续计量时，会计的基本计量模式是"成本 - 累计折旧、固定资产减值准备"，税收的基本计量模式是"成本 - 按照税法规定已在以前期间税前扣除的折旧额"。

会计与税收处理的差异主要来自折旧方法、折旧年限的不同以及固定资产减值准备的计提。

第一，折旧方法产生的差异。会计准则规定，企业可以根据与固定资产有关的经济利益的预期实现方式合理选择折旧方法，如可以按直线法计提折旧，也可以按照双倍余额递减法、年数总和法等计提折旧，前提是有关的方法能够反映固定资产为企业带来经济利益的实现情况。税法一般会规定固定资产的折旧方法，除某些按照规定可以加速折旧的情况外，基本上可以税前扣除的是按照直线法计提的折旧。

第二，折旧年限产生的差异。税法一般规定每一类固定资产的折旧年限；而在会计处理时，按照会计准则规定折旧年限是由企业根据固定资产的性质和使用情况合理确定的，因而折旧年限的不同，也会产生固定资产账面价值与计税基础之间的差异。

第三，计提固定资产减值准备产生的差异。在持有固定资产的期间内，会计上可能对固定资产计提了减值准备，因税法规定按照会计准则规定计提的减值准备在资产发生实质性损失之前不允许税前扣除，也会造成固定资产的账面价值与计税基础的差异。

【例 4 – 15】甲公司于 20×2 年 1 月 1 日开始计提折旧的某项固定资产，原价为 5 000 000 元，使用年限为 10 年，采用年限平均法计提折旧，预计净残值为 0 元。税法规定类似固定资产采用加速折旧方法计提的折旧可予税前扣除，该企业在计税时采用双倍余额递减法计提折旧，预计净残值为 0 元。计算甲公司该项固定资产在 20×3 年 12 月 31 日的账面价值和计税基础。

该项固定资产的账面价值 = 5 000 000 – 500 000 × 2 = 4 000 000（元）

该项固定资产的计税基础 = 5 000 000 – 5 000 000 × 20% – 4 000 000 × 20%

$$= 3\ 200\ 000（元）$$

该项固定资产账面价值 4 000 000 元与其计税基础 3 200 000 元之间产生的差额 800 000 元，在未来期间计入企业的应纳税所得额。

【例 4 – 16】甲公司于 20×0 年 12 月 25 日取得某设备，成本为 18 000 000 元，预计使用年限 10 年，预计净残值为 0 元，采用年限平均法计提折旧。20×3 年 12 月 31 日，根据该设备生产产品的市场占有情况，甲公司估计其可收回金额为 10 200 000 元。假定税法规定的折旧方法、折旧年限与会计准则相同，企业的资产在发生实质性损失时可予税前扣除。计算甲公司该项固定资产在 20×3 年 12 月 31 日的账面价值和计税基础。

该设备年末估计其可收回金额为 10 200 000 元，应当计提 2 400 000 元固定资产减值准备。计提该减值准备后，该设备的账面价值为 10 200 000 元。

该设备的账面价值 = 18 000 000 – 1 800 000 × 3 – 2 400 000 = 10 200 000（元）

该设备的计税基础 = 18 000 000 – 1 800 000 × 3 = 12 600 000（元）

该设备的账面价值 10 200 000 元与其计税基础 12 600 000 元之间产生的差额 2 400 000 元，在未来期间将减少企业的应纳税所得额。

（2）无形资产。除内部研究开发形成的无形资产以外，以其他方式取得的无形资产，初始确认时其入账价值与税法规定的成本之间一般不存在差异。无形资产在后续计量时，会计与税收的差异主要产生于对无形资产摊销年限或方法的确定、是否需要摊销以及无形资产减值准备的计提。

第一，内部研发形成的无形资产。税法规定，自行开发的无形资产，以开发过程中该资产符合资本化条件后至达到预定用途前发生的支出为计税基础。企业开展研发活动中实际发生的研发费用，未形成无形资产计入当期损益的，在按规定据实扣除的基础上，自 2023 年 1 月 1 日起，再按照实际发生额的 100% 在税前加计扣除；形成无形资产的，自 2023 年 1 月 1 日起，按照无形资产成本的 200% 在税前摊销。

一般情况下，初始确认时按照会计准则确定的成本与其计税基础通常是相同的。对于享受税收优惠形成无形资产的研发支出，税法规定按照无形资产成本的 200% 在税前摊销，其账面价值与计税基础在初始确认时产生差异，但加计摊销而形成的差异不确认有关暂时性差异的所得税影响。

【例 4 – 17】甲公司 20×3 年发生研究开发支出共计 8 000 000 元，其中研究阶段支出为 3 000 000 元，开发阶段不符合资本化条件的支出为 1 000 000 元，符合资本化条件的支出为 4 000 000 元。假定开发形成的无形资产在当期期末已达到预定用途，但尚未进行摊销。计算甲公司该项无形资产在 20×3 年 12 月 31 日的账面价值和计税基础。

该项无形资产的账面价值 = 4 000 000 元

该项无形资产的计税基础 = 4 000 000 × 200% = 8 000 000（元）

该项无形资产的账面价值 4 000 000 元与其计税基础 8 000 000 元之间产生的差额 4 000 000 元，产生于无形资产的初始确认，不影响会计利润和应纳税所得额。

第二，后续计量与减值准备差异。会计准则规定应根据无形资产使用寿命情况，区分为使用寿命有限的无形资产和使用寿命不确定的无形资产。对于使用寿命不确定的无形资产，不要求摊销，在会计期末应进行减值测试。税法规定，企业取得无形资产的成本，应在一定期限内摊销，有关摊销额允许税前扣除。

在对无形资产计提减值准备的情况下，因所计提的减值准备不允许税前扣除，也会造成其账面价值与计税基础的差异。

【例 4 – 18】甲公司于 20×3 年 1 月 1 日取得某项无形资产，成本为 6 000 000 元，企业根据各方面情况判断，无法合理预计其带来未来经济利益的期限，将其作为使用寿命不确定的无形资产。20×3 年 12 月 31 日，对该项无形资产进行减值测试，发生减值 500 000 元。公司在计税时，对该项无形资产按照 10 年的期限进行摊销，有关摊销额允许税前扣除。计算甲公司该项无形资产在 20×3 年 12 月 31 日的账面价值和计税基础。

该项无形资产的账面价值 = 6 000 000 - 500 000 = 5 500 000（元）

该项无形资产的计税基础 = 6 000 000 - 6 000 000 ÷ 10 = 5 400 000（元）

该项无形资产的账面价值 5 500 000 元与其计税基础 5 400 000 元之间的差额 100 000 元，在未来期间计入企业的应纳税所得额。

（3）以公允价值计量且其变动计入当期损益的金融资产。对于以公允价值计量且其变动计入当期损益的金融资产，某一会计期末的账面价值为公允价值。税法规定，按照会计准则确认的公允价值变动损益在计税时不予考虑，即有关金融资产在某一会计期末的计税基础为其取得成本，会造成该类金融资产账面价值与计税基础之间的差异。

【例 4 - 19】甲公司 20×3 年 7 月以 480 000 元取得乙公司股票 100 000 股作为以公允价值计量且其变动计入当期损益的金融资产，20×3 年 12 月 31 日，甲公司尚未出售所持有的乙公司股票，乙公司股票公允价值为 560 000 元。税法规定，资产在持有期间公允价值的变动不计入当期应纳税所得额，待处置时一并计算应纳税所得额的金额。计算甲公司该项资产在 20×3 年 12 月 31 日的账面价值和计税基础。

该项金融资产的账面价值 = 560 000 元

该项金融资产的计税基础 = 480 000 元

该项金融资产的账面价值 560 000 元与其计税基础 480 000 元之间的差额 80 000 元，在未来期间计入企业的应纳税所得额。

（4）其他资产。因会计准则与税法规定不同，企业持有的其他资产可能造成其账面价值与计税基础之间存在差异，如计提了资产减值准备的其他资产、采用公允价值模式进行后续计量的投资性房地产等。

【例 4 - 20】甲公司的一栋办公楼于 20×2 年 12 月 25 日投入使用并直接出租，成本为 50 000 000 元。甲公司对投资性房地产采用公允价值模式进行后续计量。20×3 年 12 月 31 日，该栋办公楼的公允价值为 52 200 000 元。根据税法规定，已出租的办公楼以历史成本扣除按税法规定计提折旧后作为其计税基础，折旧年限为 20 年，净残值为 0 元，采用年限平均法计提折旧。计算甲公司该项投资性房地产在 20×3 年 12 月 31 日的账面价值和计税基础。

该项投资性房地产的账面价值 = 52 200 000 元

该项投资性房地产的计税基础 = 50 000 000 - 50 000 000 ÷ 20 = 47 500 000（元）

该项投资性房地产的账面价值 52 200 000 元与其计税基础 47 500 000 元之间的差额 4 700 000 元，将计入未来期间的应纳税所得额。

2. 负债的计税基础。负债的账面价值为企业预计在未来期间清偿该项负债时的经济利益流出。负债的计税基础，是指负债的账面价值减去该负债在未来期间计算应纳税所得额时，税法规定可予税前扣除的金额。

负债的计税基础 = 账面价值 − 未来期间按照税法规定可予税前扣除的金额

一般情况下，负债的确认与偿还不会影响企业的损益，也不会影响企业应纳税所得额，未来期间计算应纳税所得额时按照税法规定可予税前扣除的金额为零，即计税基础等于账面价值，如企业的短期借款、应付账款等。但是，某些情况下，负债的确认可能会影响企业的损益，进而影响不同期间的应纳税所得额，使其计税基础与账面价值之间产生差额。

（1）预计负债。或有事项会计准则规定，将预计提供售后服务发生的支出在销售当期确认为费用，同时确认预计负债。税法规定，与销售产品相关的支出应于发生时税前扣除，因该类事项产生的预计负债在期末的计税基础为其账面价值与未来期间可税前扣除金额之间的差额，在这种情况下，计税基础为零。

在某些特殊情况下，因某些事项确认的预计负债，税法规定其支出无论是否实际发生均不允许税前扣除，即未来期间按照税法规定可予抵扣的金额为零，则其账面价值与计税基础相同。

【例 4 − 21】甲公司 20×3 年因销售产品承诺提供 3 年的保修服务，在当年年度利润表中确认了 8 000 000 元销售费用，同时确认为预计负债，当年发生保修支出 2 000 000 元，预计负债的期末余额为 6 000 000 元。假定税法规定，与产品售后服务相关的费用可以在实际发生时税前扣除。计算甲公司该项预计负债在 20×3 年 12 月 31 日的账面价值与计税基础。

该项预计负债的账面价值 = 6 000 000 元

该项预计负债的计税基础 = 6 000 000 − 6 000 000 = 0（元）

该项预计负债的账面价值 6 000 000 元与其计税基础 0 元之间产生的差额 6 000 000 元，在未来期间将减少企业的应纳税所得额。

【例 4 − 22】20×3 年 12 月 31 日，因乙公司银行借款到期不能偿还，银行起诉其担保人甲公司。甲公司预计很可能履行的担保责任为 12 000 000 元。税法规定，企业为其他单位债务提供担保发生的损失不允许在税前扣除。计算甲公司该项预计负债在 20×3 年 12 月 31 日的账面价值与计税基础。

该项预计负债的账面价值 = 12 000 000 元

该项预计负债的计税基础 = 12 000 000 − 0 = 12 000 000（元）

该项预计负债的账面价值 12 000 000 元与其计税基础 12 000 000 元之间产生的差额为 0 元。对于债务担保发生的支出，会计准则与税法规定存在差异，但该差异仅影响发生当期，对未来期间计算应纳税所得额不产生影响。

（2）合同负债。企业在收到客户预付的款项时，因不符合收入确认条件，会计将其确认为合同负债。税法对于收入的确认原则一般与会计准则相同，即会计未确认收入时，计税时一般亦不计入应纳税所得额，该部分经济利益在未来期间计税时可予税前扣除的金额为零，计税基础等于账面价值。

但在某些情况下，发生的合同负债，不符合会计准则规定的收入确认条件，不确认收入，但按照税法规定应计入当期应纳税所得额时，未来期间可全额税前扣除，即计税基础为零。

【例 4 – 23】甲公司于 20 × 3 年 12 月 12 日自客户收到一笔合同预付款，金额为 100 万元，在收到时因不符合收入确认条件，将其作为合同负债核算。假定按照税法规定，该款项应计入取得当期的应纳税所得额。计算甲公司该项合同负债在 20 × 3 年 12 月 31 日的账面价值与计税基础。

该项合同负债的账面价值 = 1 000 000 元

该项合同负债的计税基础 = 1 000 000 – 1 000 000 = 0（元）

该项预计负债的账面价值 1 000 000 元与其计税基础 0 元之间产生的差额 1 000 000 元，在未来期间将减少企业的应纳税所得额。

（3）应付职工薪酬。会计准则规定，企业为获得职工提供的服务给予的各种形式的报酬以及其他相关支出均应作为企业的成本、费用，在未支付之前确认为负债。税法对于合理的职工薪酬基本允许税前扣除，但税法中如果规定了税前扣除标准的，按照会计准则规定计入成本费用的金额超过规定标准部分，应进行纳税调整。因超过部分在发生当期不允许税前扣除（职工教育经费除外），在以后期间也不允许税前扣除，其账面价值等于计税基础。

【例 4 – 24】甲公司 20 × 3 年 12 月计入成本费用的应付职工薪酬 3 970 000 元，其中：工资、薪金 3 000 000 元（为合理的工资、薪金），职工福利费 600 000 元，工会经费为 70 000 元，职工教育经费 300 000 元。至 20 × 3 年 12 月 31 日该款项尚未支付。按税法规定，合理的工资、薪金可税前扣除，职工福利费、工会经费、职工教育经费按限额税前扣除，但职工教育经费超过限额的部分准予在以后年度结转扣除。计算甲公司该项预计负债在 20 × 3 年 12 月 31 日的账面价值与计税基础。

该项应付职工薪酬的账面价值 = 3 000 000 + 600 000 + 70 000 + 300 000

= 3 970 000（元）

该项应付职工薪酬的计税基础 = 3 970 000 – (300 000 – 3 000 000 × 8%)

= 3 910 000（元）

该项应付职工薪酬的账面价值 3 970 000 元与其计税基础 3 910 000 元之间产生的差额 60 000 元，在未来期间将减少企业的应纳税所得额。

（4）其他负债。企业的其他负债项目，如应缴纳的罚款和滞纳金等，在尚未支付之前按照会计准则规定确认为费用，同时作为负债反映。按照税法规定，罚款和滞纳金不允许税前扣除，其计税基础为账面价值减去未来期间计税时可予税前扣除的金额零之间的差额，即计税基础等于账面价值。

【例4-25】甲公司因未按照税法规定缴纳税金，需要在20×3年缴纳滞纳金150 000元，至20×3年12月31日，该款项尚未支付，形成其他应付款150 000元。按照税法规定，企业因违反国家有关法律法规支付的罚款、滞纳金不允许税前扣除。计算甲公司该项其他应付款在20×3年12月31日的账面价值与计税基础。

该项其他应付款的账面价值=150 000元

该项其他应付款的计税基础=150 000-0=150 000（元）

该项其他应付款的账面价值150 000元与其计税基础150 000元之间产生的差额为0元。对于罚款和滞纳金支出，会计准则与税法规定存在差异，但该差异仅影响发生当期，对未来期间计算应纳税所得额不产生影响。

（二）暂时性差异

暂时性差异是指资产、负债的账面价值与其计税基础不同产生的差异，该差异的存在将影响未来期间的应纳税所得额。暂时性差异根据其对未来期间应纳税所得额的不同影响，分为应纳税暂时性差异和可抵扣暂时性差异。

永久性差异的含义

1. 应纳税暂时性差异。应纳税暂时性差异，是指在确定未来收回资产或清偿负债期间的应纳税所得额时，将导致产生应税金额的暂时性差异。应纳税暂时性差异通常产生于以下情况：

（1）资产的账面价值大于其计税基础，该项资产未来期间产生的经济利益不能全部税前抵扣，两者之间的差额需要缴税，产生应纳税暂时性差异。

（2）负债的账面价值小于其计税基础，则意味着就该项负债"未来期间按照税法规定可予税前扣除的金额"为负数，即应在未来期间应纳税所得额的基础上调增，增加未来期间的应纳税所得额和应缴纳的企业所得税，产生应纳税暂时性差异。

【例4-26】甲公司20×2年12月31日购入一台不需要安装的设备，初始入账金额为300万元，购入当日即投入行政管理部门使用，预计使用年限为5年，预计净残值为0元，会计采用年限平均法计提折旧。税法规定采用年数总和法计提折旧，折旧年限和预计净残值与会计估计相同。计算20×3年12月31日该项设备产生的应纳税暂时性差异。

该项设备的账面价值=300-300÷5=240（万元）

该项设备的计税基础=300-300×5÷15=200（万元）

该项设备的应纳税暂时性差异=240-200=40（万元）

2. 可抵扣暂时性差异。可抵扣暂时性差异，是指在确定未来收回资产或清偿负债期间的应纳税所得额时，将导致产生可抵扣金额的暂时性差异。可抵扣暂时性差异通常产生于以下情况：

（1）资产的账面价值小于其计税基础，意味着资产在未来期间产生的经济利益小于按照税法规定允许税前扣除的金额，两者之间的差额可以减少企业未来期间的应纳税所得额，从而减少未来期间的应交所得税，产生可抵扣暂时性差异。

（2）负债的账面价值大于其计税基础，意味着该项负债"未来期间按照税法规定可予税前扣除的金额"为正数，即应在未来期间与负债相关的全部或部分支出可以自未来应税经济利益中扣除，从而减少未来期间的应纳税所得额和应交所得税，产生可抵扣暂时性差异。

【例4-27】甲公司20×3年7月1日购入一项商标权，取得成本为200万元，无法确定其使用寿命。20×3年12月31日，甲公司对该项商标权进行减值测试，其可收回金额为160万元。税法规定，该无形资产应采用直线法摊销，预计使用寿命10年，无残值。计算20×3年12月31日该项商标权产生的可抵扣暂时性差异。

该项商标权的账面价值=该项商标权的可收回金额=160万元

该项商标权的计税基础=200-200÷10×1÷2=190（万元）

该项商标权的可抵扣暂时性差异=190-160=30（万元）

（3）特殊项目产生的暂时性差异。

第一，未作为资产、负债确认的项目产生的暂时性差异。某些交易或事项发生以后，因为不符合资产、负债确认条件而未体现为资产负债表中的资产或负债，但按照税法规定能够确定其计税基础的，其账面价值零与计税基础之间的差异也构成暂时性差异。如企业发生的符合条件的广告费和业务宣传费支出，除另有规定外，不超过当年销售收入15%的部分准予扣除；超过部分准予在以后纳税年度结转扣除。该类费用在发生时按照会计准则的规定计入当期损益，不形成资产负债表中的资产，但按照税法规定可以确定其计税基础，两者之间的差异也形成暂时性差异。

【例4-28】甲公司20×3年发生广告费8000000元，至年末已全额支付给广告公司，根据税法规定，企业发生的广告费、业务宣传费不超过当年销售收入15%的部分允许税前扣除，超过部分允许结转以后年度税前扣除。甲公司20×3年实现销售收入50000000元。计算甲公司因广告费支出形成的资产的账面价值和计税基础，并对两者所产生的差异进行分析。

广告费支出形成资产的账面价值=0元

广告费支出形成资产的计税基础=8000000-50000000×15%=500000（元）

广告费支出形成资产的账面价值0元与其计税基础500000元之间形成500000元可抵扣暂时性差异。

第二，可抵扣亏损及税款抵减产生的暂时性差异。按照税法规定可以结转以后年度的未弥补亏损及税款抵减，虽不是因资产、负债的账面价值与计税基础不同产生的，但与可抵扣暂时性差异具有同样的作用，均能减少未来期间的应纳税所得额，进而减少未来期间的应交企业所得税，会计处理上视同可抵扣暂时性差异，在符合条件的情况下，应确认其相关的递延所得税资产。

【例 4 - 29】甲公司于 20×3 年因政策原因发生经营亏损 500 万元，经税务机关审定的应纳税所得额为 -500 万元。按照税法规定，该亏损可用于抵减以后 5 个年度的应纳税所得额。该公司预计其于未来 5 年期间能够产生足够的应纳税所得额弥补该亏损。计算并分析甲公司亏损产生的暂时性差异。

可抵扣暂时性差异 = 500 万元

该经营亏损 500 万元不是资产、负债的账面价值与其计税基础不同产生的，但从性质上看是可以减少未来期间企业的应纳税所得额和应交所得税，属于可抵扣暂时性差异。

（三）递延所得税负债和递延所得税资产的确认与计量

1. 递延所得税负债的确认与计量。递延所得税负债是指根据应纳税暂时性差异计算的未来期间应付的所得税金额。应纳税暂时性差异在未来期间转回时，会增加转回期间的应纳税所得额和相应的应交所得税，导致经济利益流出企业，因而在其产生期间，相关的所得税影响金额构成一项未来的纳税义务，应确认为一项负债，即递延所得税负债产生于应纳税暂时性差异。

（1）确认递延所得税负债的一般原则。除会计准则中明确规定可不确认递延所得税负债的情况以外，企业对所有应纳税暂时性差异均应确认相关的递延所得税负债。除直接计入所有者权益的交易或事项以及企业合并外，在确认递延所得税负债的同时，应增加利润表中的所得税费用。

交易或事项发生时影响到会计利润或应纳税所得额的，相关的所得税影响应作为利润表中所得税费用的组成部分；与直接计入所有者权益的交易或事项相关的，其所得税影响应增加或减少所有者权益；企业合并产生的，相关的递延所得税影响应调整购买日应确认的商誉或计入当期损益的金额。

【例 4 - 30】甲公司 20×3 年 1 月 1 日开始计提折旧的某设备，取得成本为 870 000 元，采用年限平均法计提折旧，预计使用年限为 10 年，假设净残值为 0 元。假定计税时允许按缩短年限法将折旧年限缩短为 6 年计提折旧，假设净残值为 0 元。甲公司适用的企业所得税税率为 25%。假定该公司不存在其他会计与税收处理的差异。20×3 年 12 月 31 日，甲公司估计该项固定资产的可收回金额为 770 000 元。计算甲公司应确认的递延所得税负债。

固定资产的账面净值 = 870 000 - 870 000 ÷ 10 = 783 000（元）

甲公司年末估计该项固定资产的可收回金额为 770 000 元，发生减值，需要计提固定资产减值准备 13 000 元。

固定资产的账面价值 = 870 000 – 870 000 ÷ 10 – 13 000 = 770 000（元）

固定资产的计税基础 = 870 000 – 870 000 ÷ 6 = 725 000（元）

固定资产的账面价值 770 000 元大于其计税基础 725 000 元的差额 45 000 元，将于未来期间增加企业的应纳税所得额，为应纳税暂时性差异，应确认相关的递延所得税负债。

固定资产应确认的递延所得税负债 = 45 000 × 25% = 11 250（元）

（2）不确认递延所得税负债的特殊情况。有些情况下，虽然资产、负债的账面价值与其计税基础不同，产生应纳税暂时性差异，但出于各方面考虑，会计准则规定不确认相关的递延所得税负债。

第一，商誉的初始确认。在非同一控制下的企业合并中，合并成本大于合并中取得的被购买方可辨认净资产公允价值份额的差额，应确认为商誉；按税法规定，计税时如果属于免税合并，商誉的计税基础为零，其账面价值与计税基础的不同而产生应纳税暂时性差异，但不确认相应的递延所得税负债。

【例 4 – 31】甲公司 20 × 3 年以增发市场价值为 40 000 000 元的本公司普通股为对价购买乙公司 100% 的净资产，以此对乙公司进行吸收合并，并且在合并之前甲公司和乙公司之间不存在任何关联关系。假定该项企业合并符合税法规定的免税合并条件，且甲公司、乙公司选择进行免税处理。甲、乙公司适用的企业所得税税率均为 25%，且预期在未来期间不会发生变化。购买日乙公司各项可辨认资产、负债的公允价值及其计税基础如表 4.3 所示。

表 4.3　　　　　乙公司各项可辨认资产、负债的公允价值及计税基础　　　　　单位：元

项目	公允价值	计税基础	暂时性差异
固定资产	16 000 000	6 800 000	9 200 000
应收账款	7 500 000	7 500 000	0
存货	9 700 000	6 200 000	3 500 000
应付账款	(3 500 000)	(3 500 000)	0
其他应付款	(800 000)	0	(800 000)
不包括递延所得税的可辨认资产、负债的公允价值	28 900 000	17 000 000	11 900 000

根据上述交易计算甲公司应确认的递延所得税负债、递延所得税资产及商誉的金额。

企业合并成本 = 40 000 000 元

可辨认净资产的公允价值 = 28 900 000 元

递延所得税资产 = 800 000 × 25% = 200 000（元）

递延所得税负债 = (9 200 000 + 3 500 000) × 25%

= 3 175 000（元）

考虑递延所得税后可辨认净资产的公允价值 = 28 900 000 + 200 000 - 3 175 000

$$= 25\ 925\ 000（元）$$

商誉 = 40 000 000 - 25 925 000 = 14 075 000（元）

该项合并符合税法规定的企业所得税免税合并条件，购买方在免税合并中取得的被购买方有关资产、负债应维持其原计税基础不变。被购买方原账面上未确认商誉，即商誉的计税基础为 0 元。该项合并中所确认的商誉金额 14 075 000 元与其计税基础 0 元之间产生的应纳税暂时性差异，不再进一步确认相关的递延所得税影响。

第二，企业合并之外的交易或事项中，如果该项交易或事项发生时既不影响会计利润，也不影响应纳税所得额，则所产生的资产、负债的初始确认金额与其计税基础不同，形成应纳税暂时性差异的，交易或事项发生时不确认相应的递延所得税负债。

该规定主要考虑到由于交易发生时既不影响会计利润，也不影响应纳税所得额，确认递延所得税负债的直接结果是增加有关资产的账面价值或降低所确认负债的账面价值，使得资产、负债在初始确认时，违背历史成本原则，影响会计信息的可靠性。

第三，与子公司、联营企业、合营企业投资等相关的应纳税暂时性差异，一般应确认相应的递延所得税负债，但在同时满足规定的两个条件时无须确认相关的递延所得税负债。这两个条件一是投资企业能够控制暂时性差异转回的时间；二是该暂时性差异在可预见的未来很可能不会转回。

（3）递延所得税负债的计量。

$$递延所得税负债 = 应纳税暂时性差异 \times 预计税率$$

递延所得税负债应以相关应纳税暂时性差异转回期间适用的企业所得税税率计量。若预计在应纳税暂时性差异转回期间，企业所得税税率不会发生变化，可直接采用现行所得税税率；若预计转回期间税率会发生变动，则采用预计变动税率。另外，无论应纳税暂时性差异的转回期间如何，递延所得税负债均不要求折现。

2. 递延所得税资产的确认与计量。递延所得税资产是指根据可抵扣暂时性差异计算的减少未来期间应缴纳所得税的金额。可抵扣暂时性差异在转回期间将减少企业的应纳税所得额和相应的应交所得税，导致经济利益流入企业，因而在其产生期间，相关的所得税影响金额构成一项未来的经济利益，应确认为一项资产，即递延所得税资产产生于可抵扣暂时性差异。

（1）确认递延所得税资产的一般原则。确认因可抵扣暂时性差异产生的递延所得税资产应当以未来期间可能取得的应纳税所得额为限。在判断企业可抵扣暂时性差异转回期间是否有足够的应纳税所得额时，一是要考虑在未来期间的正常经营活动能够实现的应纳税所得额；二是要考虑此前产生的应纳税暂时性差异在未来期间转回时将产生应纳税所得额的增加额。如因无法取得足够的应纳税所得额而未确认相关的递延所得税资产的，应在账务报表附注中进行披露。

与递延所得税负债的确认相同，有关交易或事项发生时，影响到会计利润或应纳税所得额的，所确认的递延所得税资产应作为利润表中所得税费用的调整；有关的可抵扣暂时性差异产生于直接计入所有者权益的交易或事项，则确认的递延所得税资产也应计入所有者权益；企业合并产生的可抵扣暂时性差异的所得税影响，应调整企业合并中确认的商誉或计入当期损益的金额。

与子公司、联营企业、合营企业的投资相关的可抵扣暂时性差异，同时满足下列条件的，应当确认相关的递延所得税资产：一是暂时性差异在可预见的未来很可能转回；二是未来很可能获得用来抵扣可抵扣暂时性差异的应纳税所得额。在投资企业对有关投资计提减值准备的情况下，也会产生可抵扣暂时性差异。

对于按照税法规定可以结转以后年度的未弥补亏损和税款抵减，应视同可抵扣暂时性差异处理。在预计可利用未弥补亏损或税款抵减的未来期间内能够取得足够的应纳税所得额时，除会计准则中规定不予确认的情况外，应当以很可能取得的应纳税所得额为限，确认相应的递延所得税资产，同时减少确认当期的所得税费用。

【例 4 – 32】甲公司自 20 × 3 年 1 月 1 日开始计提折旧的某项固定资产，原价为 3 200 000 元，在会计核算时估计其使用寿命为 5 年，采用年限平均法计提折旧，假设预计净残值为 0 元。税法规定类似固定资产按照 10 年计算确定可税前扣除的折旧额，假设预计净残值为 0 元。20 × 3 年 12 月 31 日，甲公司估计该项固定资产的可收回金额为 2 560 000 元。计算甲公司应确认的递延所得税资产。

固定资产的账面净值 = 3 200 000 – 3 200 000 ÷ 5 = 2 560 000（元）

甲公司年末估计该项固定资产的可收回金额为 2 560 000 元，因此没有发生减值，不需要计提固定资产减值准备。

固定资产的账面价值 = 3 200 000 – 3 200 000 ÷ 5 – 0 = 2 560 000（元）

固定资产的计税基础 = 3 200 000 – 3 200 000 ÷ 10 = 2 880 000（元）

该固定资产的账面价值 2 560 000 元小于其计税基础 2 880 000 元的差额 320 000元，将于未来期间减少企业的应纳税所得额，为可抵扣暂时性差异，符合确认条件时，应确认相关的递延所得税资产。

固定资产应确认的递延所得税资产 = 320 000 × 25% = 80 000（元）

（2）不确认递延所得税资产的特殊情况。在某些情况下，企业发生的某项交易或事项不属于企业合并，并且交易发生时既不影响会计利润，也不影响应纳税所得额，且该项交易中产生的资产、负债的初始确认金额与其计税基础不同，产生可抵扣暂时性差异的，不确认相应的递延所得税资产。

【例 4 - 33】甲公司 20 × 3 年进行内部研究开发所形成的无形资产成本为 2 000 000 元，因按照税法规定可予未来期间税前扣除的金额为 4 000 000 元（2 000 000 × 200%），其计税基础为 4 000 000 元。计算甲公司上述事项中应确认的递延所得税资产。

该项无形资产并非产生于企业合并，同时在其初始确认时既不影响会计利润，也不影响应纳税所得额，所得税准则规定，这种情况下不确认相关的递延所得税资产。

（3）递延所得税资产的计量。

$$递延所得税资产 = 可抵扣暂时性差异 × 预计税率$$

与递延所得税负债的计量原则相同，在确认递延所得税资产时，也应以预期转回该资产期间的适用税率为基础计量，且不论可抵扣暂时性差异转回期间长短。同样递延所得税资产不要求折现，在期末还应复核递延所得税资产的账面价值。如果未来期间很可能无法取得足够的应纳税所得额用以抵扣可抵扣暂时性差异，应当减记递延所得税资产的账面价值。

3. 税率变化对已确认递延所得税资产和递延所得税负债影响的确认。因税收法规的变化，导致企业在某一会计期间适用的企业所得税税率发生变化的，企业应对已确认的递延所得税资产和递延所得税负债按照新的税率进行重新计量。递延所得税资产和递延所得税负债的金额代表的是有关可抵扣暂时性差异或应纳税暂时性差异于未来期间转回时，导致企业应缴纳的企业所得税金额减少或增加的情况。在税率变动的情况下，应对原已确认的递延所得税资产及递延所得税负债的金额进行调整，反映税率变化带来的影响。

除直接计入所有者权益的交易或事项产生的递延所得税资产及递延所得税负债，相关的调整金额应计入所有者权益以外，其他情况下因税率变化产生的调整金额应确认或冲减税率变化当期的所得税费用。

【例 4 - 34】20 × 1 年 12 月 31 日，某企业购入价值 4 000 万元的固定资产，预计使用年限为 5 年，净残值为 0 元。税法采用直线法计提折旧，会计允许采用双倍余额递减法计提折旧。20 × 3 年 12 月，该企业将注册地迁到西部地区，因享受西部大开发税收优惠，适用的企业所得税税率由 25% 变更为 15%。计算 20 × 3 年应确认的递延所得税负债发生额。

（1）20 × 2 年 12 月 31 日：

该项固定资产的账面价值 = 4 000 - 4 000 × 40% = 2 400（万元）

该项固定资产的计税基础 = 4 000 - 4 000 ÷ 5 = 3 200（万元）

可抵扣暂时性差异余额 = 3 200 - 2 400 = 800（万元）

递延所得税资产余额 = 800 × 25% = 200（万元）

本期递延所得税资产发生额 = 200 万元

（2）20×3 年 12 月 31 日：

该项固定资产的账面价值 = 4 000 - 1 600 - （4 000 - 1 600）×40% = 1 440（万元）

该项固定资产的计税基础 = 4 000 - 800 - 800 = 2 400（万元）

可抵扣暂时性差异余额 = 2 400 - 1 440 = 960（万元）

递延所得税资产余额 = 960×15% = 144（万元）

期初递延所得税资产余额 = 200 万元

本期递延所得税资产发生额 = 144 - 200 = -56（万元）

（四）所得税费用的确认与计量

所得税会计的主要目的之一是确定当期应缴纳的企业所得税以及利润表中的所得税费用。在按照资产负债表债务法核算企业所得税的情况下，利润表中的所得税费用包括当期所得税和递延所得税两个部分。

1. 当期所得税。当期所得税是指企业按照税法规定计算确定的针对当期发生的交易和事项，应缴纳给税务机关的所得税金额。

企业在确定当期所得税时，对于当期发生的交易或事项，会计处理与税法处理不同的，应在会计利润的基础上，按照适用税收法规的规定进行调整，计算出当期应纳税所得额，按照应纳税所得额与适用企业所得税税率计算确定当期所得税。一般情况下，应纳税所得额可在会计利润的基础上，考虑会计与税收法规之间的差异，按照以下公式计算确定：

$$应纳税所得额 = 会计利润 + \frac{按照会计准则规定计入利润表，}{但计税时不允许税前扣除的费用}$$

$$\pm \frac{计入利润表的费用与按照税法规定}{可予税前抵扣的金额之间的差额}$$

$$\pm \frac{计入利润表的收入与按照税法规定应计入}{应纳税所得额的收入之间的差额}$$

$$- 税法规定的不征税收入 \pm 其他需要调整的因素$$

$$当期应交所得税 = 应纳税所得额 \times 当期适用税率$$

2. 递延所得税。递延所得税是指按照会计准则的规定当期应予确认的递延所得税资产和递延所得税负债的金额，即递延所得税资产及递延所得税负债当期发生金额或予以转销的金额的综合结果，但不包括计入所有者权益的交易或事项的所得税影响。

$$递延所得税 = （期末递延所得税负债 - 期初递延所得税负债）$$

$$- （期末递延所得税资产 - 期初递延所得税资产）$$

3. 所得税费用。计算确定当期所得税费用及递延所得税费用以后，利润表中应予确认的所得税费用为两者之和，即：

$$所得税费用 = 当期所得税费用 + 递延所得税费用$$

【例4-35】甲公司20×3年度利润表中利润总额为9 000 000元，适用的所得税税率为25%，预计未来期间适用的所得税税率不会发生变化，未来期间能够产生足够的应纳税所得额用以抵扣可抵扣暂时性差异。递延所得税资产及递延所得税负债不存在期初余额。

该公司20×3年发生的有关交易和事项中，会计处理与税收处理存在差别的有：

（1）20×3年1月开始计提折旧的一项固定资产，成本为1 100万元，使用年限为10年，净残值为0元，会计处理按年数总和法计提折旧，税法处理按直线法计提折旧。假定税法规定的使用年限及净残值与会计规定相同。

（2）当期取得作为交易性金融资产核算的股票投资的成本为600万元，20×3年12月31日的公允价值为700万元。税法规定，以公允价值计量的金融资产持有期间的市价变动不计入应纳税所得额。

（3）因违反环保法的规定应支付罚款180万元。税法规定，罚金、罚款和被没收财物的损失不得税前扣除。

（4）20×3年5月甲公司被乙公司提起诉讼，要求其赔偿未履行合同造成的经济损失。12月31日，该诉讼尚未审结，甲公司预计很可能支出的金额为100万元。税法规定，该诉讼损失在实际发生时允许在税前扣除。

（5）存货原账面价值为4 025万元，期末对持有的存货计提了55万元的存货跌价准备。税法规定，未经核定的准备金支出不得税前扣除。

甲公司上述交易或事项均按照会计准则的规定进行了处理。甲公司有确凿证据表明未来期间有足够的应纳税所得额用来抵扣可抵扣暂时性差异。假设除上述事项外，没有其他影响所得税核算的因素。根据上述资料计算甲公司20×3年应确认的递延所得税和所得税费用。

（1）20×3年12月31日甲公司资产、负债的账面价值与计税基础如表4.4所示。

表4.4　　　　甲公司有关资产、负债的公允价值及其计税基础　　　单位：万元

项目	账面价值	计税基础	差异	
			应纳税暂时性差异	可抵扣暂时性差异
交易性金融资产	700	600	100	
存货	3 970	4 025		55
固定资产	900	990		90

续表

项目	账面价值	计税基础	差异	
			应纳税暂时性差异	可抵扣暂时性差异
其他应付款	180	180		
预计负债	100	0		100
总计			100	245

（2）20×3 年递延所得税：

递延所得税资产 = 245×25% = 61.25（万元）

递延所得税负债 = 100×25% = 25（万元）

递延所得税费用 = 25 − 61.25 = − 36.25（万元）

（3）20×3 年当期应交所得税：

应纳税所得额 = 900 + 90 − 100 + 180 + 100 + 55 = 1 225（万元）

应交所得税 = 1 225×25% = 306.25（万元）

（4）20×3 年利润表中的所得税费用：

所得税费用 = 306.25 + （− 36.25）= 270（万元）

【例 4 – 36】沿用【例 4 – 35】中有关资料，假定甲公司 20×4 年当期应交所得税为 440 万元。资产负债表中有关资产、负债的账面价值与其计税基础相关资料如表 4.5 所示，除所列项目外，其他资产、负债项目不存在会计和税收的差异。

表 4.5　　　　　　　　甲公司有关资产、负债的公允价值及其计税基础　　　　　　　单位：万元

项目	账面价值	计税基础	差异	
			应纳税暂时性差异	可抵扣暂时性差异
交易性金融资产	800	600	200	
存货	4 500	4 625		125
投资性房地产	1 200	985	215	
固定资产	720	880		160
其他应付款	280	280		
预计负债	50	0		50
总计			415	335

根据上述资料计算甲公司 20×4 年应确认的递延所得税和所得税费用。

（1）当期所得税 = 当期应交所得税 = 440 万元

（2）递延所得税：

期末递延所得税负债 = 415×25% = 103.75（万元）

期初递延所得税负债 = 25 万元

递延所得税负债增加 = 103.75 - 25 = 78.75（万元）

期末递延所得税资产 = 335 × 25% = 83.75（万元）

期初递延所得税资产 = 61.25 万元

递延所得税资产增加 = 83.75 - 61.25 = 22.5（万元）

递延所得税费用 = 78.75 - 22.5 = 56.25（万元）

（3）确认所得税费用：

所得税费用 = 440 + 56.25 = 496.25（万元）

三、企业所得税的会计核算

（一）应付税款法的会计核算

应付税款法根据税法规定将税前会计利润调整为应纳税所得额，再按应纳税所得额计算应交所得税，作为本期所得税费用，即本期所得税费用等于本期应交所得税。暂时性差异产生的影响所得税的金额，在财务会计报表中不反映为一项负债或资产，仅在财务会计报表附注中说明其影响。

在应付税款法下，应设置"所得税费用"和"应交税费——应交所得税"科目进行核算。

"所得税费用"科目，核算企业按税法规定从本期损益中扣除的所得税。其借方发生额，反映企业计入本期损益的所得税额；其贷方发生额，反映转入"本年利润"科目的所得税额，结转后本科目无余额。

【例4-37】某公司20×3年利润表中的利润总额为1 500万元，适用的所得税税率为25%。该公司当年因违反环保法的规定，支付罚款120万元；当年有一台机器设备采用直线法计提折旧，本年应计提的折旧额为10万元，税法规定采用双倍余额递减法计提折旧，本年应计提的折旧额为13万元。计算该公司当年应交所得税和所得税费用并进行账务处理。

本期应纳税所得额 = 1 500 + 120 - 3 = 1 617（万元）

本期应交所得税 = 1 617 × 25% = 404.25（万元）

本期所得税费用 = 404.25 万元

（1）计算应交所得税时：

借：所得税费用	4 042 500	
贷：应交税费——应交所得税		4 042 500

（2）实际缴纳企业所得税时：

借：应交税费——应交所得税	4 042 500	
贷：银行存款		4 042 500

（二）资产负债表债务法的会计核算

1. 应设置的会计科目。在资产负债表债务法下，除了设置"所得税费用""应交税费——应交所得税"科目外，还应设置"递延所得税资产""递延所得税负债"科目对递延所得税进行核算。

（1）"递延所得税资产"科目。"递延所得税资产"科目，核算企业根据所得税准则确认的可抵扣暂时性差异产生的所得税资产。根据税法规定可用以后年度税前利润弥补的亏损产生的所得税资产，也在本科目核算。本科目应当按照可抵扣暂时性差异等项目进行明细核算。

资产负债表日，若企业初次确认递延所得税资产，借记"递延所得税资产"科目，贷记"所得税费用——递延所得税费用""其他综合收益"科目。以后各期的资产负债表日的递延所得税资产的应有余额大于其账面余额的，应按其差额确认，借记"递延所得税资产"科目，贷记"所得税费用——递延所得税费用""其他综合收益"科目；资产负债表日递延所得税资产的应有余额小于其账面余额的，做相反的会计分录。

企业合并中取得资产、负债的入账价值与其计税基础不同形成可抵扣暂时性差异的，应于购买日确认递延所得税资产，借记"递延所得税资产"科目，贷记"商誉"科目。

资产负债表日，预计未来期间很可能无法获得足够的应纳税所得额用于抵扣可抵扣暂时性差异的，按原已确认的递延所得税资产中应减记的金额，借记"所得税费用——递延所得税费用""其他综合收益"科目，贷记"递延所得税资产"科目。

本科目期末余额在借方，反映企业已确认的递延所得税资产的余额。

（2）"递延所得税负债"科目。"递延所得税负债"科目，核算企业根据所得税准则确认的应纳税暂时性差异产生的所得税负债。本科目应当按照应纳税暂时性差异项目进行明细核算。

资产负债表日，若企业初次确认递延所得税负债，借记"所得税费用——递延所得税费用""其他综合收益"科目，贷记"递延所得税负债"科目。以后各期的递延所得税负债的应有余额大于其账面余额的，应按其差额确认，借记"所得税费用——递延所得税费用""其他综合收益"科目，贷记"递延所得税负债"科目；资产负债表日递延所得税负债的应有余额小于其账面余额的，做相反的会计分录。

企业合并中取得资产、负债的入账价值与其计税基础不同形成应纳税暂时性差异的，应于购买日确认递延所得税负债，同时调整商誉，借记"商誉"科目，贷记"递延所得负债"科目。

本科目期末余额在贷方，反映企业已确认的递延所得税负债的余额。

（3）"所得税费用"科目。"所得税费用"科目，核算企业确认的应从当期利润总额中扣除的所得税费用。本科目可按"当期所得税费用""递延所得税费用"进行明细核算。期末应将本科目的余额转入"本年利润"科目，结转后本科目无余额。

企业所得税纳税期限的期末，企业按照税法的规定计算确定的当期应缴纳的企业所得税，借记"所得税费用——当期所得税费用"科目，贷记"应交税费——应交所得税"科目。

资产负债表日，根据递延所得税资产的应有余额大于"递延所得税资产"科目余额的差额（若初次确认递延所得税资产，则按初次确认的递延所得税资产金额），借记"递延所得税资产"科目，贷记"所得税费用——递延所得税费用""其他综合收益"科目；递延所得税资产的应有余额小于"递延所得税资产"科目余额的差额，做相反的会计分录。

资产负债表日，根据递延所得税负债的应有余额大于"递延所得税负债"科目余额的差额（若初次确认递延所得税负债，则按初次确认的递延所得税负债金额），借记"所得税费用——递延所得税费用""其他综合收益"科目，贷记"递延所得税负债"科目；递延所得税负债的应有余额小于"递延所得税负债"科目余额的差额，做相反的会计分录。

（4）"应交税费——应交所得税"科目。"应交税费——应交所得税"科目，核算企业所得税的当期应缴、实际缴纳和退补情况。本科目的贷方反映当期应缴和应补缴的企业所得税，借方反映实际缴纳和补缴的企业所得税；贷方余额反映当期应缴未缴的企业所得税，借方余额反映多缴的企业所得税。纳税人在当期期末，应当按照当期应缴纳的企业所得税，借记"所得税费用——当期所得税费用"科目，贷记本科目。实际缴纳时，借记本科目，贷记"银行存款"科目。

2. 递延所得税负债的账务处理。对应予以确认的递延所得税负债，应借记"所得税费用——递延所得税费用""其他综合收益""商誉"等科目，贷记"递延所得税负债"科目。

资产负债表日，对应予以确认的递延所得税负债大于"递延所得税负债"科目的差额，借记"所得税费用——递延所得税费用""其他综合收益"等科目，贷记"递延所得税负债"科目；对应予以确认的递延所得税负债小于"递延所得税负债"科目的差额，做相反的会计处理。

【例4-38】甲公司于20×1年12月3日购入某项设备，取得成本为20万元，会计上采用年限平均法计提折旧，使用年限为5年，净残值为0元，因该资产技术更新较快，计税时按双倍余额递减法计提折旧，使用年限及净残值与会计相同。甲公司适用的所得税税率为25%。该公司各会计期间均未对该设备计提固定资产减值准备，除该项固定资产产生的会计与税法之间的差异外，不存在其他会计与税收的差异。对甲公司上述企业所得税相关业务进行账务处理。

（1）20×2年资产负债表日：

账面价值＝实际成本－会计折旧＝200 000－40 000＝160 000（元）

计税基础＝实际成本－税前扣除的折旧额＝200 000－80 000＝120 000（元）

应纳税暂时性差异当期期末余额＝160 000－120 000＝40 000（元）

递延所得税负债当期应确认的发生额＝40 000×25%＝10 000（元）

借：所得税费用——递延所得税费用　　　　　　　　　　　　10 000

　　贷：递延所得税负债　　　　　　　　　　　　　　　　　　10 000

（2）20×3年资产负债表日：

账面价值＝200 000－40 000－40 000＝120 000（元）

计税基础＝实际成本－累计已税前扣除的折旧额＝200 000－80 000－48 000

　　　　　　　　　　　　　　　　　　＝72 000（元）

应纳税暂时性差异当期期末余额＝120 000－72 000＝48 000（元）

递延所得税负债当期应确认的发生额＝（48 000－40 000）×25%＝2 000（元）

借：所得税费用——递延所得税费用　　　　　　　　　　　　2 000

　　贷：递延所得税负债　　　　　　　　　　　　　　　　　　2 000

（3）20×4年资产负债表日：

账面价值＝200 000－40 000－40 000－40 000＝80 000（元）

计税基础＝200 000－80 000－48 000－28 800＝43 200（元）

应纳税暂时性差异当期期末余额＝80 000－43 200＝36 800（元）

递延所得税负债当期应确认的转回额＝（48 000－36 800）×25%＝2 800（元）

借：递延所得税负债　　　　　　　　　　　　　　　　　　　2 800

　　贷：所得税费用——递延所得税费用　　　　　　　　　　　2 800

（4）20×5年资产负债表日：

账面价值＝200 000－40 000－40 000－40 000－40 000＝40 000（元）

计税基础＝200 000－80 000－48 000－28 800－43 200÷2＝21 600（元）

应纳税暂时性差异当期期末余额＝40 000－21 600＝18 400（元）

递延所得税负债当期应确认的转回额＝（36 800－18 400）×25%＝4 600（元）

借：递延所得税负债　　　　　　　　　　　　　　　　　　　4 600

　　贷：所得税费用——递延所得税费用　　　　　　　　　　　4 600

（5）20×6年资产负债表日：

账面价值＝200 000－40 000－40 000－40 000－40 000－40 000＝0（元）

计税基础＝200 000－80 000－48 000－28 800－43 200÷2－21 600＝0（元）

应纳税暂时性差异当期期末余额＝0元

递延所得税负债当期应确认的转回额 = （18 400 - 0）×25% = 4 600（元）

借：递延所得税负债   4 600

     贷：所得税费用——递延所得税费用   4 600

【例 4 - 39】甲公司持有的某项以公允价值计量且其变动计入其他综合收益的其他债权投资，成本为 300 万元，20 ×3 年 12 月 31 日，其公允价值为 380 万元，该公司适用的企业所得税税率为 25%。除该事项外，该公司不存在其他会计与税收法规规定之间的差异，且递延所得税资产和递延所得税负债不存在期初余额。对甲公司上述企业所得税相关业务进行账务处理。

会计期末在确认 80 万元（380 - 300）的公允价值变动收益时：

借：其他债权投资   800 000

     贷：其他综合收益   800 000

确认应纳税暂时性差异对所得税的影响时：

借：其他综合收益   200 000

     贷：递延所得税负债   200 000

3. 递延所得税资产的账务处理。对应予以确认的递延所得税资产，借记"递延所得税资产"科目，贷记"所得税费用——递延所得税费用""其他综合收益""商誉"等科目。

资产负债表日，对应予以确认的递延所得税资产大于"递延所得税资产"科目的差额，借记"递延所得税资产"科目，贷记"所得税费用——递延所得税费用""其他综合收益"等科目；对应予以确认的递延所得税资产小于"递延所得税资产"科目的差额，做相反的会计处理。

【例 4 - 40】甲公司为增值税一般纳税人。20 ×1 年 12 月 31 日，甲公司 A 商品的账面成本为 100 万元，由于 A 商品的市场价格下跌，预计可变现净值为 80 万元。20 ×2 年 12 月 31 日，A 商品的市场价格有所上升，使得 A 商品的预计可变现净值为 92 万元。20 ×3 年 2 月 12 日，甲公司将 A 商品全部售出。甲公司有确凿证据表明未来期间有足够的应纳税所得额用来抵扣可抵扣暂时性差异。该公司不存在其他会计与税收差异，且每年企业所得税税率均为 25%。对甲公司上述企业所得税相关业务进行账务处理。

（1）20 ×1 年 12 月 31 日：

账面价值 = 800 000 元

计税基础 = 1 000 000 元

可抵扣暂时性差异当期期末余额 = 1 000 000 - 800 000 = 200 000（元）

递延所得税资产当期应确认的发生额 = 200 000 ×25% = 50 000（元）

借：递延所得税资产   50 000

     贷：所得税费用——递延所得税费用   50 000

（2）20×2 年 12 月 31 日：

账面价值 = 920 000 元

计税基础 = 1 000 000 元

可抵扣暂时性差异当期期末余额 = 1 000 000 - 920 000 = 80 000（元）

递延所得税资产当期应确认的转回额 = （200 000 - 80 000）×25% = 30 000（元）

借：所得税费用——递延所得税费用   30 000

    贷：递延所得税资产   30 000

（3）20×3 年 2 月 12 日：

账面价值 = 0 元

计税基础 = 0 元

可抵扣暂时性差异当期期末余额 = 0 元

递延所得税资产当期应确认的转回额 = ［0 - （-80 000）］×25% = 20 000（元）

借：所得税费用——递延所得税费用   20 000

    贷：递延所得税资产   20 000

【例 4-41】 甲公司 20×3 年 1 月 1 日购买乙公司 80% 的股权，形成非同一控制下的企业合并，因会计准则规定与适用税法规定的处理方法不同，在购买日产生可抵扣暂时性差异 300 万元。购买日及未来期间企业适用的企业所得税税率为 25%。

购买日，因预计未来期间无法取得足够的应纳税所得额，未确认与可抵扣暂时性差异相关的递延所得税资产为 75 万元。购买日确认的商誉为 50 万元。

（1）假定在购买日后 6 个月，甲公司预计能够产生足够的应纳税所得额用以抵扣企业合并时产生的可抵扣暂时性差异 300 万元，且该事实于购买日已经存在。

（2）假定在购买日后 6 个月，甲公司根据新的事实预计能够产生足够的应纳税所得额用以抵扣企业合并时产生的可抵扣暂时性差异 300 万元，且该新的事实于购买日并不存在。

根据上述资料，对甲公司上述企业所得税相关业务进行账务处理。

（1）假定在购买日后 6 个月，甲公司预计能够产生足够的应纳税所得额用以抵扣企业合并时产生的可抵扣暂时性差异 300 万元，且该事实于购买日已经存在，则甲公司应做如下账务处理：

借：递延所得税资产   750 000

    贷：商誉   500 000

        所得税费用——递延所得税费用   250 000

（2）假定在购买日后 6 个月，甲公司根据新的事实预计能够产生足够的应纳税所得额用以抵扣企业合并时产生的可抵扣暂时性差异 300 万元，且该新的事实于购买日并不存在，则甲公司应做如下账务处理：

借：递延所得税资产　　　　　　　　　　　　　　　　　750 000
　　贷：所得税费用——递延所得税费用　　　　　　　　　　750 000

4. 所得税费用的账务处理。企业当年按税法计算的应交所得税应记入"所得税费用——当期所得税费用"科目；企业产生递延所得税资产或负债的项目与利润表无关，则递延所得税资产或负债不应记入"所得税费用——递延所得税费用"科目，如其他债权投资的公允价值变动所产生的账面价值与计税基础不一致，确认的递延所得税资产或负债应记入"其他综合收益"科目。

【例 4 – 42】甲公司 20 ×3 年初的递延所得税资产与递延所得税负债的构成项目如表 4.6 所示。

表 4.6　　　　　　　　　甲公司递延所得税资产和递延所得税负债　　　　单位：万元

项目	可抵扣暂时性差异	递延所得税资产	应纳税暂时性差异	递延所得税负债
应收账款	120	30		
交易性金融资产			80	20
其他债权投资	400	100		
预计负债	160	40		
合计	680	170	80	20

该公司利润表中利润总额为 1 600 万元，该公司适用的所得税税率为 25%，预计未来期间适用的所得税税率不会发生变化，未来期间能够产生足够的应纳税所得额用以抵扣可抵扣暂时性差异。该公司 20 ×3 年发生的有关交易和事项中，会计处理与税收处理存在差别的有：

（1）年末转回应收账款坏账准备 40 万元。税法规定，转回的坏账损失不计入应纳税所得额。

（2）年末交易性金融资产确认公允价值变动收益 40 万元。税法规定，交易性金融资产公允价值变动收益不计入应纳税所得额。

（3）年末其他债权投资公允价值变动增加其他综合收益 90 万元。税法规定，其他债权投资公允价值变动收益不计入应纳税所得额。

（4）年末固定资产计提减值准备 280 万元。税法规定，计提的固定资产减值准备不允许税前扣除。

（5）当年实际支付产品保修费用 100 万元，冲减前期确认的相关预计负债。当年确认产品保修费用 20 万元，增加相关预计负债。税法规定，实际支付的产品保修费用允许税前扣除，预计的产品保修费用不允许税前扣除。

（6）当年发生业务宣传费 700 万元，至年末尚未支付。税法规定，该企业当年发生的业务宣传费 650 万元可税前抵扣，超过部分 50 万元准予结转以后年度税前扣除。

根据上述资料，计算甲公司 20 × 3 年应确认的当期应交所得税、递延所得税和所得税费用，并进行相关账务处理。

（1）甲公司 20 × 3 年度当期应交所得税：

应纳税所得额 = 1 600 − 40 − 40 + 280 − 100 + 20 + 50 = 1 770（万元）

应交所得税 = 1 770 × 25% = 442.5（万元）

（2）甲公司 20 × 3 年递延所得税费用：

递延所得税费用 = [（80 + 40）× 25% − 20] − [（80 + 280 + 80 + 50）× 25% − 70]

$\qquad\qquad$ = − 42.5（万元）

（3）甲公司利润表中应确认的所得税费用：

所得税费用 = 442.5 + （− 42.5）= 400（万元）

（4）甲公司所做账务处理如下：

借：所得税费用——当期所得税费用		442.5
递延所得税资产		52.5
贷：所得税费用——递延所得税费用		42.5
应交税费——应交所得税		442.5
递延所得税负债		10
借：其他综合收益（490 × 25% − 400 × 25%）		22.5
贷：递延所得税资产		22.5

（三）企业所得税减免的会计核算

纳税人符合减免企业所得税规定时，应在年度终了后 2 个月内向主管税务机关提供减免税申请报告、同期财务会计报表、工商营业执照和税务登记证的复印件等相关资料申请减免税。

1. 直接减免的会计核算。纳税人对直接减免的企业所得税，仍需计算应缴企业所得税。国家未指定特定用途的，可以不进行会计核算。为了完整地反映相关业务之间的来龙去脉，可以先借记"所得税费用——当期所得税费用"等科目，贷记"应交税费——应交所得税"科目；然后借记"应交税费——应交所得税"科目，贷记"所得税费用——当期所得税费用"科目。国家指定特定用途的，应当先借记"所得税费用——当期所得税费用"等科目，贷记"应交税费——应交所得税"科目；再借记"应交税费——应交所得税"科目，贷记"实收资本""资本公积"等科目。

【例 4 − 43】乙公司是一家从事专利技术研发的居民企业，该企业符合条件的技术转让所得享受减免企业所得税优惠政策。20 × 3 年取得境内技术转让收入 1 900 万元，技术转让成本及税费 1 450 万元。计算乙公司 20 × 3 年应纳企业所得税并进行账务处理。

应纳企业所得税 = (1 900 - 1 450) × 25% = 112.5（万元）

借：所得税费用   112.5

    贷：应交税费——应交所得税   112.5

税法规定，居民企业符合条件的技术转让所得不超过 500 万元的部分，免征企业所得税；超过 500 万元的部分，减半征收企业所得税。因此，乙公司当年经税务机关审批后免征企业所得税。

借：应交税费——应交所得税   112.5

    贷：所得税费用   112.5

2. 即征即退与先征后退的会计核算。纳税人对实行即征即退、先征后退企业所得税的减免方式，应当先按正常计税要求计算缴纳企业所得税，并进行相应的会计核算。企业在计算缴纳企业所得税时，借记"所得税费用"科目，贷记"应交税费——应交所得税"科目；实际缴纳时，借记"应交税费——应交所得税"科目，贷记"银行存款"科目；确认应退税额并收到退税款时，借记"银行存款"科目，贷记"其他收益"科目。

（四）企业所得税预缴和汇算清缴的会计核算

企业所得税一般是按月或按季预缴，应当自月份或季度终了之日起 15 日内，向税务机关报送企业所得税预缴纳税申报表，预缴税款；自年度终了之日起 5 个月内，向税务机关报送年度企业所得税纳税申报表，并汇算清缴，结清应缴企业所得税款。

1. 预缴企业所得税的会计核算。企业计提应预缴的企业所得税时，应借记"所得税费用——当期所得税费用"科目，贷记"应交税费——应交所得税"科目；实际缴纳应预缴的企业所得税时，应借记"应交税费——应交所得税"科目，贷记"银行存款"科目。

企业所得税预缴纳税申报表中填报预缴企业所得税的基数

【例 4 - 44】20 × 2 年甲公司的企业所得税税率为 25%，企业所得税按季预缴。本年第一季度甲公司实现的会计利润总额为 200 万元（含国债利息收入 10 万元），以前年度未弥补亏损为 30 万元。甲公司"长期借款"账户记载：年初向工商银行借款 100 万元，年利率为 6%；向乙公司借款 20 万元，年利率 10%，上述款项全部用于生产经营；另外甲公司还计提资产减值准备 10 万元。第二季度实现利润额的累计金额为 280 万元，第二季度累计资产减值 25 万元；第三季度实现利润额的累计金额为 -20 万元，第四季度实现利润额的累计金额为 220 万元。假定无其他纳税调整事项。对甲公司上述预缴企业所得税相关业务进行账务处理。

（1）计算并缴纳本年第一季度应预缴的企业所得税。

预缴企业所得税的基数为实际利润额。

实际利润额 = 利润总额 + 特定业务计算的应纳税所得额

－不征税收入和税基减免应纳税所得额 － 固定资产加速折旧

（扣除）调减额 － 弥补以前年度亏损

= 200 + 0 - 10 - 0 - 30 = 160（万元）

第一季度应预缴企业所得税 = 160 × 25% = 40（万元）

对于其他永久性差异〔长期借款利息超支 = 20 × (10% - 6%) = 0.8（万元）〕和暂时性差异（资产减值准备 10 万元），预缴时不做纳税调整。

对于暂时性差异产生的对递延所得税的影响，应该在产生时立即确认，计提时：

借：递延所得税资产　　　　　　　　　　　　　　　　25 000

　　贷：所得税费用——递延所得税费用　　　　　　　　　25 000

第一季度末（3 月末）计提第一季度应预缴的企业所得税时：

借：所得税费用——当期所得税费用　　　　　　　　　400 000

　　贷：应交税费——应交所得税　　　　　　　　　　　400 000

4 月初缴纳应预缴的企业所得税时：

借：应交税费——应交所得税　　　　　　　　　　　　400 000

　　贷：银行存款　　　　　　　　　　　　　　　　　　400 000

（2）计算并缴纳本年第二季度应预缴的企业所得税。

第二季度增加计提的资产减值准备，在当月计提时：

借：递延所得税资产　　　　　　　　　　　　　　　　37 500

　　贷：所得税费用——递延所得税费用　　　　　　　　　37 500

第二季度末（6 月末）计提第二季度应预缴的企业所得税时：

借：所得税费用——当期所得税费用　　　　　　　　　300 000

　　贷：应交税费——应交所得税〔(2 800 000 - 1 600 000) × 25%〕

　　　　　　　　　　　　　　　　　　　　　　　　　300 000

7 月初缴纳应预缴的企业所得税时：

借：应交税费——应交所得税　　　　　　　　　　　　300 000

　　贷：银行存款　　　　　　　　　　　　　　　　　　300 000

（3）计算并缴纳本年第三季度应预缴的企业所得税。

第三季度实现利润额的累计金额为亏损，暂不预缴企业所得税，也不做账务处理。

（4）计算并缴纳本年第四季度应预缴的企业所得税。

第四季度实现利润额的累计金额为 220 万元，由于第四季度实现利润额的累计金额 220 万元小于以前季度（第二季度）实现利润额的累计金额 280 万元，因此第四季度暂不预缴企业所得税，也不做账务处理。

2. 汇算清缴企业所得税的会计处理。企业所得税汇缴后，5 年内发现多缴、少缴企业所得税的，均可更正所属年度的纳税申报表，按规定计算应补、退税款。涉及应退税款的，需出具专项报告，经税务机关审核确认后，办理退税或抵顶当期应纳税所得税额。

企业所得税的汇算清缴一般属于资产负债表日后事项。企业汇算清缴企业所得税时，若全年应纳企业所得税大于全年已预缴的企业所得税，其差额为应补缴的企业所得税，应借记"以前年度损益调整"科目，贷记"应交税费——应交所得税"科目；实际缴纳应补缴的企业所得税时，应借记"应交税费——应交所得税"科目，贷记"银行存款"科目。企业还应将"以前年度损益调整"科目余额转入"利润分配"科目，借记"利润分配——未分配利润"科目，贷记"以前年度损益调整"科目；同时调整盈余公积，借记"盈余公积"科目，贷记"利润分配——未分配利润"科目。

企业汇算清缴企业所得税时，若全年应纳企业所得税小于全年已预缴的企业所得税，其差额为应多缴的企业所得税，应借记"应交税费——应交所得税"科目，贷记"以前年度损益调整"科目；税务机关审核批准退还多缴的企业所得税时，应借记"银行存款"科目，贷记"应交税费——应交所得税"科目；如果多缴的所得税不能办理退税，则可以挂账用以抵缴以后应预缴的企业所得税。企业还应将"以前年度损益调整"科目余额转入"利润分配"科目，借记"以前年度损益调整"科目，贷记"利润分配——未分配利润"科目；同时调整盈余公积，借记"利润分配——未分配利润"科目，贷记"盈余公积"科目。

【例 4 – 45】20×2 年甲公司的企业所得税税率为 25%，企业所得税按季预缴。第四季度实际利润额的累计金额为 320 万元，当年四个季度预缴企业所得税共计 70 万元。查看相关资料时发现，当年甲公司某项资产计提减值准备 10 万元，研发支出中符合 100% 加计扣除的费用 20 万元，税收滞纳金支出 2 万元，无其他纳税调整事项。甲公司 20×3 年 4 月 12 日进行企业所得税汇算清缴，并进行相关账务处理。

20×2 年度应纳税所得额 = 会计利润总额 ± 纳税调整项目金额

$$= 320 + 10 - 20 + 2 = 312（万元）$$

20×2 年度实际应纳所得税额 = 312 × 25% = 78（万元）

20×3 年 4 月 12 日汇算清缴时应补缴企业所得税 = 78 – 70 = 8（万元）

（1）计提应补缴企业所得税时：

借：以前年度损益调整——所得税费用　　　　　　　　　　　　80 000

　　贷：应交税费——应交所得税　　　　　　　　　　　　　　　80 000

（2）补缴企业所得税时：

借：应交税费——应交所得税　　　　　　　　　　　　　　　　80 000

　　贷：银行存款　　　　　　　　　　　　　　　　　　　　　　80 000

（3）将"以前年度损益调整"余额转入"利润分配"时：

借：利润分配——未分配利润　　　　　　　　　　　　　　　　80 000

贷：以前年度损益调整	80 000

（4）因净利润变动调整盈余公积时：

借：盈余公积	8 000
贷：利润分配——未分配利润	8 000

【例4-46】接【例4-45】，假定甲公司当年第四季度预缴企业所得税共计82万元，其他资料不变。甲公司20×3年4月12日进行企业所得税汇算清缴，申请退回多预缴的企业所得税，经税务机关审核批准退还多缴税款。甲公司进行相关账务处理。

甲公司汇算清缴时应补缴企业所得税 = 78 - 82 = -4（万元）

（1）计提应退企业所得税时：

借：应交税费——应交企业所得税	40 000
贷：以前年度损益调整——所得税费用	40 000

（2）经税务机关审核批准退还多缴税款时：

借：银行存款	40 000
贷：应交税费——应交企业所得税	40 000

（3）将"以前年度损益调整"余额转入"利润分配"时：

借：以前年度损益调整	40 000
贷：利润分配——未分配利润	40 000

（4）因净利润变动调整盈余公积时：

借：利润分配——未分配利润	4 000
贷：盈余公积	4 000

第四节　企业所得税的纳税申报

一、企业所得税的预缴纳税申报

企业应当自月份或季度终了之日起15日内，向主管税务机关报送企业所得税预缴纳税申报表。企业预缴企业所得税时，应按月度或季度的实际利润额预缴；按月度或季度的实际利润额预缴有困难的，可以按照上一年度应纳税所得额的月度或季度平均额预缴，或者按税务机关认可的其他方法预缴。预缴方法一经确定，在该纳税年度内不得随意变更。

实行查账征收的居民企业在月度或季度预缴企业所得税时，应填报中华人民共和国企业所得税月（季）度预缴纳税申报表（A类）（见表4.7）以及附表（略）；实行核定征收的居民企业在月度或季度预缴和年度汇算清缴企业所得税时，应填报中华人民共和国月（季）度预缴和年度纳税申报表（B 类）。

表 4.7　　　**中华人民共和国企业所得税月（季）度预缴纳税申报表（A 类）**

税款所属期间：　　年　月　日至　　年　月　日

纳税人识别号（统一社会信用代码）：□□□□□□□□□□□□□□□□□□

纳税人名称：　　　　　　　　　　　　　　　　金额单位：人民币元（列至角分）

预缴方式	□按照实际利润额预缴	□按照上一纳税年度应纳税所得额平均额预缴	□按照税务机关确定的其他方法预缴
企业类型	□一般企业	□跨地区经营汇总纳税企业总机构	□跨地区经营汇总纳税企业分支机构

预缴税款计算

行次	项目	本年累计金额
1	营业收入	
2	营业成本	
3	利润总额	
4	加：特定业务计算的应纳税所得额	
5	减：不征税收入	
6	减：免税收入、减计收入、所得减免等优惠金额（填写 A201010）	
7	减：固定资产加速折旧（扣除）调减额（填写 A201020）	
8	减：弥补以前年度亏损	
9	实际利润额（3＋4－5－6－7－8）\ 按照上一纳税年度应纳税所得额平均额确定的应纳税所得额	
10	税率（25%）	
11	应纳所得税额（9×10）	
12	减：减免所得税额（填写 A201030）	
13	减：实际已缴纳所得税额	
14	减：特定业务预缴（征）所得税额	
15	本期应补（退）所得税额（11－12－13－14）\ 税务机关确定的本期应纳所得税额	

汇总纳税企业总分机构税款计算

行次		项目	本年累计金额
16	总机构填报	总机构本期分摊应补（退）所得税额（17＋18＋19）	
17		其中：总机构分摊应补（退）所得税额（15×总机构分摊比例＿＿＿%）	
18		财政集中分配应补（退）所得税额（15×财政集中分配比例＿＿＿%）	
19		总机构具有主体生产经营职能的部门分摊所得税额（15×全部分支机构分摊比例＿＿＿%×总机构具有主体生产经营职能部门分摊比例＿＿＿%）	
20	分支机构填报	分支机构本期分摊比例	
21		分支机构本期分摊应补（退）所得税额	

续表

附报信息					
高新技术企业	□是	□否	科技型中小企业	□是	□否
技术入股递延纳税事项	□是	□否			
按季度填报信息					
季初从业人数			季末从业人数		
季初资产总额（万元）			季末资产总额（万元）		
国家限制或禁止行业	□是	□否	小型微利企业	□是	□否

谨声明：本纳税申报表是根据国家税收法律法规及相关规定填报的，是真实的、可靠的、完整的。

纳税人（签章）：　　　　　　　年　月　日

经办人： 经办人身份证号： 代理机构签章： 代理机构统一社会信用代码：	受理人： 受理税务机关（章）： 受理日期：　　年　　月　　日

二、企业所得税的年度纳税申报

企业所得税纳税人在年度终了5个月内，依照税收法规的规定，自行计算全年应纳税所得额和应纳所得税额，根据月度或季度预缴所得税的数额，确定该年度应补或应退税额，并填写年度企业所得税纳税申报表，向主管税务机关办理年度企业所得税纳税申报、提供税务机关要求提供的有关资料、结清全年企业所得税税款。

实行查账征收的企业，年度汇算清缴企业所得税时，应填报企业所得税年度纳税申报主表（A类）（见表4.8）及附表（略）。

企业所得税年度纳税申报主表（A类）及附表由37张表单组成，分为：1张基础信息表、1张主表、6张收入费用明细表、13张纳税调整明细表、1张亏损弥补明细表、9张税收优惠明细表、4张境外所得抵免明细表和2张汇总纳税明细表。除两张必填表外，一般企业收入明细表、一般企业成本支出明细表、期间费用明细表、纳税调整项目明细表、职工薪酬支出及纳税调整明细表、减免所得税优惠明细表等为常用表单；其余根据纳税人所在行业类型、业务发生情况正确选择填报适合企业的表单。

1. 基础信息表。纳税人在企业所得税年度纳税申报时应当向税务机关申报或者报告与确定应纳税额相关的信息，包括基本经营情况、有关涉税事项情况、主要股东及分红情况三部分内容。

2. 主表，体现企业所得税纳税流程。在纳税人会计利润总额的基础上，加减纳税调整金额得出纳税调整后所得，扣除税收优惠和境外税额抵免，计算出应纳税额。纳税人在计算企业所得税应纳税所得额及应纳税额时，会计处理与税收规定不一致的，应当按照税收规定计算。

3. 收入费用明细表，反映企业按照会计政策确认发生的收入、费用情况，是企业进行纳税调整的主要数据来源。

4. 纳税调整明细表。纳税人根据税法、相关税收规定以及国家统一会计制度的规定，填报企业所得税涉税事项的会计处理、税务处理以及纳税调整情况。

5. 亏损弥补明细表，反映企业发生弥补亏损、亏损结转情况。

6. 税收优惠明细表，按照税收收入、应纳税所得额和税额抵免等进行分类，反映税收优惠情况。

7. 境外所得抵免明细表，反映企业在缴纳境外企业所得税后如何抵免及抵免计算情况。

8. 汇总纳税明细表，反映汇总纳税企业的总分支机构如何分配税额情况。

表 4.8　　　　企业所得税年度纳税申报主表（A 类）　　　　金额单位：元

行次	类别	项目	金额
1	利润总额计算	一、营业收入（填写 A101010 \ 101020 \ 103000）	
2		减：营业成本（填写 A102010 \ 102020 \ 103000）	
3		减：税金及附加	
4		减：销售费用（填写 A104000）	
5		减：管理费用（填写 A104000）	
6		减：财务费用（填写 A104000）	
7		减：资产减值损失	
8		加：公允价值变动收益	
9		加：投资收益	
10		二、营业利润（1 - 2 - 3 - 4 - 5 - 6 - 7 + 8 + 9）	
11		加：营业外收入（填写 A101010 \ 101020 \ 103000）	
12		减：营业外支出（填写 A102010 \ 102020 \ 103000）	
13		三、利润总额（10 + 11 - 12）	
14	应纳税所得额计算	减：境外所得（填写 A108010）	
15		加：纳税调整增加额（填写 A105000）	
16		减：纳税调整减少额（填写 A105000）	
17		减：免税、减计收入及加计扣除（填写 A107010）	
18		加：境外应税所得抵减境内亏损（填写 A108000）	
19		四、纳税调整后所得（13 - 14 + 15 - 16 - 17 + 18）	
20		减：所得减免（填写 A107020）	
21		减：弥补以前年度亏损（填写 A106000）	
22		减：抵扣应纳税所得额（填写 A107030）	
23		五、应纳税所得额（19 - 20 - 21 - 22）	

续表

行次	类别	项目	金额
24		税率（25%）	
25		六、应纳所得税额（23×24）	
26		减：减免所得税额（填写 A107040）	
27		减：抵免所得税额（填写 A107050）	
28		七、应纳税额（25－26－27）	
29	应纳税额计算	加：境外所得应纳所得税额（填写 A108000）	
30		减：境外所得抵免所得税额（填写 A108000）	
31		八、实际应纳所得税额（28＋29－30）	
32		减：本年累计实际已缴纳的所得税额	
33		九、本年应补（退）所得税额（31－32）	
34		其中：总机构分摊本年应补（退）所得税额（填写 A109000）	
35		财政集中分配本年应补（退）所得税额（填写 A109000）	
36		总机构主体生产经营部门分摊本年应补（退）所得税额（填写 A109000）	

【例4-47】甲公司是一家从事电器生产、加工和销售的公司，为增值税一般纳税人。统一社会信用代码：914208840040567101T，企业从业人数为305人，资产总额为52 000 000元，企业所得税税率为25%，20×3年已预缴企业所得税450 000元。20×3年企业所得税汇算资料如下：

1. 公司相关收入项目：

（1）实现销售商品收入8 773 000元。

（2）提供加工修理修配劳务收入700 000元。

（3）出租机器设备租金收入及代销手续费收入1 180 000元。

（4）存款利息收入30 000元，直接投资于其他居民企业连续12个月以上的权益性投资收益170 000元，转让有价证券的净收益为40 000元。

（5）接受捐赠，共取得收入160 000元。

（6）取得固定资产处置净收益12 000元。

2. 公司相关成本、费用项目：

（1）商品销售成本3 122 790元，提供加工修理劳务成本539 000元。

（2）税金及附加1 050 000元。

（3）销售费用：广告和业务宣传费1 760 000元、经营租金540 000元、职工薪酬

450 000 元。

（4）管理费用：业务招待费 100 000 元、差旅费 57 000 元、咨询顾问费 70 000 元、办公费 205 000 元、职工薪酬 387 240 元。

（5）财务费用：银行利息支出 130 000 元、汇兑支出 6 000 元；此外公司与具有合法经营资格的中介服务企业签订了中介服务合同 200 000 元，通过银行转账支付手续费 8 000 元，取得了合法有效的增值税专用发票，并已全部计入当期损益（手续费和佣金扣除比例为所签订服务协议或合同收入确认的收入金额的 5%）。

（6）无形资产处置净损失 4 200 元。

（7）营业外支出：违约金 20 000 元、税收滞纳金 6 000 元、通过公益性社会团体向希望小学捐款 300 000 元。

（8）资产折旧与摊销：该企业拥有特殊生产设备两台，总价值为 600 000 元，折旧年限为 20 年，预计净残值率为 7%，以前年度已折旧 9 年，折旧费用已全部摊销计入商品销售成本中。

（9）计入成本、费用中的实发工资薪酬 1 066 940 元，职工工会经费 30 000 元，职工教育经费 42 100 元，职工福利费 160 000 元。

根据上述资料，填写 20×3 年企业所得税年度纳税申报主表（A 类）及部分附表（见表 4.9 至表 4.13）。

营业收入包括销售商品收入、加工劳务收入和租金收入，共计填列 10 653 000 元。

投资收益包括分回的税后利润和转让有价证券的净收益，共计填列 210 000 元。

营业成本包括商品销售成本和提供加工修理劳务成本，共计填列 3 661 790 元。

税金及附加包括城市维护建设税、教育费附加、车船税、房产税、城镇土地使用税、印花税等共计填列 1 050 000 元。

销售费用填列 2 750 000 元，管理费用填列 819 240 元，财务费用填列 114 000 元（其中包括存款利息收入冲减财务费用 40 000 元）。

营业利润填列：10 653 000 − 3 661 790 − 1 050 000 − 2 750 000 − 819 240 − 114 000 + 210 000 + 12 000 − 4 200 = 2 475 770（元）（已执行《财政部关于修订印发 2019 年度一般企业财务报表格式的通知》的纳税人，根据利润表对应项目填列）。

营业外收入填列 160 000 元，营业外支出包括违约金、滞纳金、捐款共计填列 326 000 元。

纳税调整项目增加额共计填列 256 902.20 元，其中：职工薪酬调增 19 289.60 元、业务招待费调增 46 735 元、广告和业务宣传费调增 162 050 元、捐赠支出调增 22 827.60 元、税收滞纳金调增 6 000 元。

免税收入为：直接投资于其他居民企业连续 12 个月以上的权益性投资收益 170 000 元。

表 4.9   企业所得税年度纳税申报主表（A 类）   金额单位：元

行次	类别	项目	金额
1	利润总额计算	一、营业收入（填写 A101010 \ 101020 \ 103000）	10 653 000
2		减：营业成本（填写 A102010 \ 102020 \ 103000）	3 661 790
3		减：税金及附加	1 050 000
4		减：销售费用（填写 A104000）	2 750 000
5		减：管理费用（填写 A104000）	819 240
6		减：财务费用（填写 A104000）	114 000
7		减：资产减值损失	
8		加：公允价值变动收益	
9		加：投资收益	210 000
10		二、营业利润（1 − 2 − 3 − 4 − 5 − 6 − 7 + 8 + 9）*	2 475 770
11		加：营业外收入（填写 A101010 \ 101020 \ 103000）	160 000
12		减：营业外支出（填写 A102010 \ 102020 \ 103000）	326 000
13		三、利润总额（10 + 11 − 12）	2 309 770
14	应纳税所得额计算	减：境外所得（填写 A108000）	
15		加：纳税调整增加额（填写 A105000）	256 902.20
16		减：纳税调整减少额（填写 A105000）	
17		减：免税、减计收入及加计扣除（填写 A107010）	170 000
18		加：境外应税所得抵减境内亏损（填写 A108000）	
19		四、纳税调整后所得（13 − 14 + 15 − 16 − 17 + 18）	2 396 672.20
20		减：所得减免（填写 A107020）	
21		减：弥补以前年度亏损（填写 A106000）	
22		减：抵扣应纳税所得额（填写 A107030）	
23		五、应纳税所得额（19 − 20 − 21 − 22）	2 396 672.20
24	应纳税额计算	税率（25%）	0.25
25		六、应纳所得税额（23 × 24）	599 168.05
26		减：减免所得税额（填写 A107040）	
27		减：抵免所得税额（填写 A107050）	
28		七、应纳税额（25 − 26 − 27）	599 168.05
29		加：境外所得应纳所得税额（填写 A108000）	
30		减：境外所得抵免所得税额（填写 A108000）	
31		八、实际应纳所得税额（28 + 29 − 30）	599 168.05
32		减：本年累计实际已缴纳的所得税额	450 000
33		九、本年应补（退）所得税额（31 − 32）	149 168.05
34		其中：总机构分摊本年应补（退）所得税额（填写 A109000）	
35		财政集中分配本年应补（退）所得税额（填写 A109000）	
36		总机构主体生产经营部门分摊本年应补（退）所得税额（填写 A109000）	

注：*第 10 行"营业利润"填报纳税人当期的营业利润，根据上述项目计算填报。已执行《财政部关于修订印发 2019 年度一般企业财务报表格式的通知》和《财政部关于修订印发 2018 年度金融企业财务报表格式的通知》的纳税人，根据利润表对应项目填列，不执行本行计算规则。利润表中的营业利润 = 10 653 000 − 3 661 790 − 1 050 000 − 2 750 000 − 819 240 − 114 000 + 210 000 + 12 000 − 4 200 = 2 475 770（元）。另外，发生固定资产处置净损益（收益）12 000 元，不再计入营业外收入，而计入资产处置收益；发生无形资产处置净损益（损失）4 200 元，不再计入营业外支出，而计入资产处置损失。

表 4.10　A105000　　　　　　　　　纳税调整项目明细表　　　　　　　金额单位：元

行次	项目	账载金额	税收金额	调增金额	调减金额
		1	2	3	4
1	一、收入类调整项目（2+3+…+8+10+11）	*	*		
2	（一）视同销售收入（填写 A105010）	*			*
3	（二）未按权责发生制原则确认的收入（填写 A105020）				
4	（三）投资收益（填写 A105030）				
5	（四）按权益法核算长期股权投资对初始投资成本调整确认收益	*	*	*	
6	（五）交易性金融资产初始投资调整	*	*		*
7	（六）公允价值变动净损益		*		
8	（七）不征税收入	*	*		
9	其中：专项用途财政性资金（填写 A105040）	*	*		
10	（八）销售折扣、折让和退回				
11	（九）其他				
12	二、扣除类调整项目（13+14+…+24+26+27+28+29+30）	*	*	256 902.20	
13	（一）视同销售成本（填写 A105010）	*		*	
14	（二）职工薪酬（填写 A105050）	1 299 040	1 279 750.40	19 289.60	
15	（三）业务招待费支出	100 000	53 265	46 735	*
16	（四）广告费和业务宣传费支出（填写 A105060）	*	*	162 050.00	
17	（五）捐赠支出（填写 A105070）	300 000	277 172.40	22 827.60	
18	（六）利息支出				
19	（七）罚金、罚款和被没收财物的损失		*		*
20	（八）税收滞纳金、加收利息	6 000	*	6 000	*
21	（九）赞助支出		*		*
22	（十）与未实现融资收益相关在当期确认的财务费用				
23	（十一）佣金和手续费支出	8 000	8 000		*
24	（十二）不征税收入用于支出所形成的费用	*	*		*
25	其中：专项用途财政性资金用于支出所形成的费用（填写 A105040）	*	*	—	*
26	（十三）跨期扣除项目				
27	（十四）与取得收入无关的支出		*		*
28	（十五）境外所得分摊的共同支出	*	*		*
29	（十六）党组织工作经费				

续表

行次	项目	账载金额	税收金额	调增金额	调减金额
		1	2	3	4
30	（十七）其他				
31	三、资产类调整项目（32＋33＋34＋35）	*	*		
32	（一）资产折旧、摊销（填写 A105080）	27 900	27 900		
33	（二）资产减值准备金		*		
34	（三）资产损失（填写 A105090）				
35	（四）其他				
36	四、特殊事项调整项目（37＋38＋…＋42）	*	*		
37	（一）企业重组及递延纳税事项（填写 A105100）				
38	（二）政策性搬迁（填写 A105110）	*	*		
39	（三）特殊行业准备金（填写 A105120）				
40	（四）房地产开发企业特定业务计算的纳税调整额（填写 A105010）	*			
41	（五）有限合伙企业法人合伙方应分得的应纳税所得额				
42	（六）其他	*	*		
43	五、特别纳税调整应税所得	*	*		
44	六、其他	*	*		
45	合计（1＋12＋31＋36＋43＋44）	*	*	256 902. 20	

表 4.11　A105050　　　　职工薪酬支出及纳税调整明细表　　　　单位：元

行次	项目	账载金额	实际发生额	税收规定扣除率	以前年度累计结转扣除额	税收金额	纳税调整金额	累计结转以后年度扣除额
		1	2	3	4	5	6（1－5）	7（1＋4－5）
1	一、工资薪金支出	1 066 940	1 066 940	*	*	1 066 940		*
2	其中：股权激励			*	*			*
3	二、职工福利费支出	160 000	160 000	14%	*	149 371.60	10 628.40	*
4	三、职工教育经费支出	42 100	42 100	*		42 100		
5	其中：按税收规定比例扣除的职工教育经费	42 100	42 100	8%		42 100		
6	按税收规定全额扣除的职工培训费用				*			*
7	四、工会经费支出	30 000	30 000	2%		21 338.80	8 661.20	*
8	五、各类基本社会保障性缴款			*	*			*

续表

行次	项目	账载金额	实际发生额	税收规定扣除率	以前年度累计结转扣除额	税收金额	纳税调整金额	累计结转以后年度扣除额
		1	2	3	4	5	6 (1−5)	7 (1+4−5)
9	六、住房公积金			*	*			*
10	七、补充养老保险				*			*
11	八、补充医疗保险				*			*
12	九、其他			*	*			*
13	合计 (1+3+4+7+8+9+10+11+12)	1 299 040	1 299 040	*		1 279 750.40	19 289.60	

表 4.12 A105060 广告费和业务宣传费跨年度纳税调整明细表 单位：元

行次	项目	金额
1	一、本年广告费和业务宣传费支出	1 760 000
2	减：不允许扣除的广告费和业务宣传费支出	
3	二、本年符合条件的广告费和业务宣传费支出（1−2）	1 760 000
4	三、本年计算广告费和业务宣传费扣除限额的销售（营业）收入	10 653 000
5	乘：税收规定扣除率	15%
6	四、本企业计算的广告费和业务宣传费扣除限额（4×5）	1 597 950
7	五、本年结转以后年度扣除额（3＞6，本行=3−6；3≤6，本行=0）	162 050
8	加：以前年度累计结转扣除额	
9	减：本年扣除的以前年度结转额［3＞6，本行=0；3≤6，本行=8与（6−3）孰小值］	
10	六、按照分摊协议归集至其他关联方的广告费和业务宣传费（10≤3与6孰小值）	
11	按照分摊协议从其他关联方归集至本企业的广告费和业务宣传费	
12	七、本年广告费和业务宣传费支出纳税调整金额（3＞6，本行=2+3−6+10−11；3≤6，本行=2+10−11−9）	162 050
13	八、累计结转以后年度扣除额（7+8−9）	162 050

表 4.13 A105070 捐赠支出及纳税调整明细表 单位：元

行次	项目	账载金额	以前年度结转可扣除的捐赠额	按税收规定计算的扣除限额	税收金额	纳税调增金额	纳税调减金额	可结转以后年度扣除的捐赠额
		1	2	3	4	5	6	7
1	一、非公益性捐赠		*	*	*		*	*
2	二、全额扣除的公益性捐赠		*	*		*	*	*

续表

行次	项目	账载金额	以前年度结转可扣除的捐赠额	按税收规定计算的扣除限额	税收金额	纳税调增金额	纳税调减金额	可结转以后年度扣除的捐赠额
		1	2	3	4	5	6	7
3	三、限额扣除的公益性捐赠（4＋5＋6＋7）	300 000		277 172.40	277 172.40	22 827.60		22 827.60
4	前三年度（　　年）	*		*	*	*		*
5	前二年度（　　年）	*		*	*	*		
6	前一年度（　　年）	*		*	*	*		
7	本年（20×3年）	300 000	*	277 172.40	277 172.40	22 827.60	*	22 827.60
8	合计（1＋2＋3）	300 000		277 172.40	277 172.40	22 827.60		22 827.60

思考与练习

一、单项选择题

1. 下列各项中不属于企业所得税纳税人的是（　　）。
   A. 股份制企业
   B. 合伙企业
   C. 外商投资企业
   D. 有经营所得的其他组织

2. 下列各项中，不属于企业所得税纳税人的企业是（　　）。
   A. 在外国成立但实际管理机构在中国境内的企业
   B. 在中国境内成立的个人独资企业
   C. 在中国境内成立的外商投资企业
   D. 在中国境内未设立机构、场所，但有来源于中国境内所得的企业

3. 下列项目收入中，不需要计入应纳税所得额的是（　　）。
   A. 企业债券利息收入
   B. 符合条件的居民企业之间股息收益
   C. 债务重组收入
   D. 接受捐赠的实物资产价值

4. 国家需要重点扶持的高新技术企业，减按（　　）的税率征收企业所得税。
   A. 10%　　　　　　B. 20%　　　　　　C. 15%　　　　　　D. 25%

5. 企业当年发生以及以前年度结转的公益性捐赠支出，不超过年度（　　）12% 的部分，准予扣除；超过 12% 的部分，准予结转以后 3 年内在计算应纳税所得额时扣除。

A. 收入总额
B. 利润总额
C. 纳税调整后所得
D. 应纳税所得额

6. 甲企业 20×3 年当期应交所得税 15 800 万元，递延所得税资产本期净增加 320 万元（其中 20 万元对应其他综合收益），递延所得税负债未发生变化，不考虑其他因素，20×3 年利润表应列示的所得税费用金额为（　　）万元。

A. 15 480
B. 16 100
C. 15 500
D. 16 120

7. 甲公司 20×3 年 1 月 1 日存在一项应收账款，其账面余额为 600 万元，已计提坏账准备为 50 万元，20×3 年 12 月 31 日，甲公司对该项应收账款的坏账准备计提比例变为 10%。甲公司适用的所得税税率为 25%，假定在未来期间不会发生变化。不考虑其他因素，20×3 年甲公司递延所得税资产的发生额为（　　）万元。

A. 10
B. 60
C. 15
D. 2.5

8. 企业发生的下列支出中，在计算企业所得税应纳税所得额时准予扣除的是（　　）。

A. 向投资者分配的红利
B. 缴纳的增值税税款
C. 按规定缴纳的财产保险费
D. 违反消防规定被处以的行政罚款

9. 依据企业所得税的相关规定，因财务会计制度与税收法规的规定不同而产生的差异，在计算企业所得税应纳税所得额时应按照税收法规的规定进行调整。下列各项中，属于暂时性差异的是（　　）。

A. 业务招待费产生的差异
B. 职工教育经费产生的差异
C. 工会经费产生的差异
D. 职工福利费产生的差异

10. 甲公司适用的所得税税率为 25%，20×3 年实现利润总额 1 000 万元，本年转回应纳税暂时性差异 100 万元，发生可抵扣暂时性差异 80 万元，上述暂时性差异均影响损益。不考虑其他纳税调整事项，甲公司 20×3 年应缴纳的企业所得税是（　　）万元。

A. 250
B. 295
C. 205
D. 255

二、多项选择题

1. 依照企业所得税法的规定，下列关于所得来源地确定的说法，正确的有（　　）。

A. 销售货物所得按照交易活动发生地确定
B. 提供劳务所得按照提供劳务的企业或者机构、场所所在地确定
C. 不动产转让所得按照不动产的所在地确定
D. 权益性投资资产转让所得按照被投资企业所在地确定

2. 根据企业所得税法的规定，下列各项中属于企业取得收入的货币形式有（　　）。

A. 应收票据
B. 应收账款
C. 股权投资
D. 银行存款

3. 在计算应纳税所得额时，准予扣除企业按照规定计算的固定资产折旧。下列固定资产中不得计算折旧扣除的有（　　　）。

    A. 与经营活动无关的固定资产

    B. 以经营租赁方式租出的固定资产

    C. 以融资租赁方式租入的固定资产

    D. 已足额提取折旧仍继续使用的固定资产

4. 下列税金在计算企业应纳税所得额时，不得从收入总额中扣除的有（　　　）。

    A. 土地增值税　　　　　　　　　B. 增值税

    C. 消费税　　　　　　　　　　　D. 企业为职工承担的个人所得税

5. 某纳入预算管理的事业单位在进行企业所得税纳税申报时，下列项目中准予从收入总额中扣除的不征税收入有（　　　）。

    A. 财政拨款

    B. 依法收取并纳入财政管理的行政事业性收费

    C. 国债利息收入

    D. 依法收取并纳入财政管理的政府性基金

6. 下列关于资产的计税基础说法正确的有（　　　）。

    A. 资产的计税基础是某一资产在未来期间计税时可以税前扣除的金额

    B. 资产在初始确认时，计税基础均等于取得成本

    C. 以历史成本计量的资产的计税基础等于成本减去累计折旧或摊销以及减值准备后的金额

    D. 以公允价值计量且其变动计入其他综合收益的金融资产的计税基础等于其取得的成本

7. 甲公司下列各项资产或负债在资产负债表日产生可抵扣暂时性差异的有（　　　）。

    A. 账面价值为 800 万元、计税基础为 1 200 万元的投资性房地产

    B. 账面价值为 60 万元、计税基础为 0 元的合同负债

    C. 账面价值为 180 万元、计税基础为 200 万元的交易性金融负债

    D. 账面价值为 100 万元、计税基础为 60 万元的交易性金融资产

8. 下列关于所得税会计处理的表述中，正确的有（　　　）。

    A. 企业应在资产负债表日对递延所得税资产的账面价值进行复核

    B. 企业不应当对递延所得税资产和递延所得税负债进行折现

    C. 确认递延所得税负债时，应增加利润表中的所得税费用

    D. 递延所得税资产的账面价值减记后，以后期间不得恢复

三、判断题

1. 企业因存货盘亏、毁损、报废等原因不得从销项税额中抵扣的进项税额，不得

与存货损失一起在企业所得税前扣除。 （ ）

2. 企业为了促销而给予购买方的商业折扣，应按扣除商业折扣后的金额确定销售收入计算企业所得税应纳税所得额。 （ ）

3. 企业在处置其他权益工具投资时，转回的该金融资产公允价值变动形成的递延所得税资产（或负债）应当直接计入所得税费用。 （ ）

4. 在采用资产负债表债务法核算企业所得税的情况下，企业仅在资产负债表日进行所得税核算。 （ ）

5. 递延所得税负债应当以应纳税暂时性差异乘以当期适用的所得税税率计算，且无须折现。 （ ）

6. 对于以公允价值计量且变动计入当期损益的金融资产，企业不应对因公允价值变动形成的应纳税暂时性差异确认递延所得税负债。 （ ）

四、思考题

1. 如何确认企业所得税中的收入总额？不征税收入与免税收入是如何界定的？

2. 企业所得税中限额扣除和不得扣除的项目各是哪些？

3. 税法与会计中的固定资产加速折旧有何不同？

4. 如何理解非同一控制下企业合并形成的商誉因作为免税合并从而不确认为递延所得税负债的？

5. 暂时性差异的产生原因是什么？永久性差异与暂时性差异是如何界定的？

6. 实际发生的成本、费用未能及时取得有效凭证能否在企业所得税税前扣除？

五、计算分录题

甲公司适用的企业所得税税率为25%，各年税前会计利润均为5 000万元。企业在计税时，对无形资产按照10年的期限摊销，预计净残值为0元，摊销金额允许税前扣除。

（1）甲公司于20×3年1月1日取得某项无形资产，取得成本1 000万元，取得该项无形资产后，根据各方面情况判断，甲公司无法合理预计其使用期限，将其作为使用寿命不确定的无形资产。20×3年12月31日，对该项无形资产进行测试表明其未发生减值。

（2）20×4年12月31日，对该项无形资产进行减值测试，可收回金额为600万元。

（3）假定甲公司预计其在未来期间能获得足够的应纳税所得额用来抵扣可抵扣暂时性差异。

要求：分别作出甲公司在20×3年末和20×4年末的所得税账务处理。

第五章　个人所得税会计

【学习目标】

通过本章学习，应理解个人所得税的税制要素、非居民个人所得税的计算和扣缴；掌握居民个人预扣预缴个人所得税的计算及相应的会计核算；掌握居民企业个人所得税的确认、计量与纳税申报。

【思政目标】

通过学习个人所得税的设置目的和征收原则，使学生理解税收在调节收入分配、促进社会公平等方面的重要作用，增强对税收政策的理解和支持；通过学习个人所得税会计知识丰富自己的自主纳税意识，激发创新创造活力和职业荣誉感；在学习个人所得税的代扣代缴和自行申报过程中，强调诚信为本的原则，要求学生如实反映个人的纳税情况，不得进行虚假申报或偷逃税款，培养学生的诚信意识和职业操守。

第一节　个人所得税税制要素

一、个人所得税的概念和特点

个人所得税法是指国家制定的用以调整个人所得税征收与缴纳之间权利与义务关系的法律规范。现行个人所得税法的基本规范，是 2018 年 8 月 31 日第十三届全国人大常委会第五次会议审议通过并公布的，并自 2019 年 1 月 1 日起施行。

个人所得税是对个人取得的应税所得征收的一种税，它体现了国家与个人之间的分配关系。我国现行的个人所得税主要有以下特点：

（1）实行综合与分类相结合的税制。个人所得税按税制设计及征收方式不同可分为综合税制、分类税制、综合与分类相结合的税制三种类型。我国现行个人所得税实行综合与分类相结合的税制。

（2）累进税率与比例税率并用。比例税率计算简便，便于实行源泉扣缴，累进税率可以合理调节收入分配，体现公平。我国现行个人所得税对综合所得、经营所得采用累进税率，实行量能负担；对其他所得采用比例税率，实行等比负担。

（3）费用扣除额范围较宽。各国个人所得税均有费用扣除的规定，只是扣除的方法及额度不尽相同。我国本着费用扣除从宽、从简的原则，采取定额扣除和定率扣除等多种扣除方法。

（4）实行代扣代缴与自行申报纳税。个人所得税法规定，对纳税人的应纳税额分别采取由支付单位源泉扣缴和纳税人自行申报两种方法。

二、个人所得税的纳税人

个人所得税的纳税人以住所和居住时间为标准，分为居民纳税人和非居民纳税人。纳税人有中国居民身份证号码的，以居民身份证号码为纳税人识别号；没有中国居民身份证号码的，应在首次发生纳税义务时，由税务机关赋予其纳税人识别号。个人应当凭纳税人识别号实名办税。

1. 居民纳税人。居民纳税人亦称居民个人，是指在中国境内有住所或者无住所而在一个纳税年度内在中国境内居住累计满 183 天的个人。居民个人从中国境内和境外取得的所得，依照规定缴纳个人所得税，即承担无限纳税义务。

在中国境内有住所是指因户籍、家庭、经济利益关系而在中国境内习惯性居住，纳税年度自公历 1 月 1 日起至 12 月 31 日止。

在中国境内无住所的个人，在中国境内居住累计满 183 天的年度连续不满 6 年的，经向主管税务机关备案，其来源于中国境外且由境外单位或者个人支付的所得，免予缴纳个人所得税；在中国境内居住累计满 183 天的任一年度中有一次离境超过 30 天的，其在中国境内居住累计满 183 天的年度的连续年限重新起算。

2. 非居民纳税人。非居民纳税人亦称非居民个人，是指在中国境内无住所又不居住，或者无住所而在一个纳税年度内在中国境内居住累计不满 183 天的个人。非居民个人仅就从中国境内取得的所得，依照规定缴纳个人所得税，即承担有限纳税义务。在中国境内无住所，且在一个纳税年度中在中国境内连续或者累计居住不超过 90 天的个人，其来源于中国境内的所得，由境外雇主支付并且不由该雇主在中国境内的机构、场所负担的部分，免予缴纳个人所得税。

3. 扣缴义务人。个人所得税以所得人为纳税人，以支付所得的单位或个人为扣缴义务人。扣缴义务人应依法履行预扣预缴、代扣代缴义务，纳税人不得拒绝；若拒绝的，扣缴义务人应及时报告税务机关。扣缴义务人应依法对纳税人报送的专项附加扣除等相关涉税信息和资料保密。

三、个人所得税的征税范围

我国现行个人所得税实行分类（项）课征与综合课征相结合的征收制度。以下各项个人所得应当缴纳个人所得税：

1. 工资、薪金所得，即非独立个人劳动所得。个人因任职或受雇取得的工资、薪金、奖金、年终加薪、劳动分红、津贴、补贴以及任职或者受雇有关的其他所得。

个人提前退休取得的一次性补贴收入，内部退养取得的一次性收入，不属于免税的离退休工资，应按照"工资、薪金所得"计税。

2. 劳务报酬所得。劳务报酬所得，是指个人从事劳务取得的所得。其内容包括设计、装潢、安装、制图、化验、测试、医疗、法律、会计、咨询、讲学、翻译、审稿、书画、雕刻、影视、录音、录像、演出、表演、广告、展览、技术服务、介绍服务、经纪服务、代办服务以及其他劳务取得的所得。

3. 稿酬所得。稿酬所得，是指个人因其作品以图书、报刊形式出版、发表而取得的所得。这里所说的作品包括文学作品、书画作品、摄影作品，以及其他作品。

4. 特许权使用费所得。特许权使用费所得，是指个人提供专利权、商标权、著作权、非专利技术以及其他特许权的使用权取得的所得。提供著作权的使用权取得的所得，不包括稿酬所得。

居民个人取得上述四项所得称为"综合所得"，按纳税年度合并计算个人所得税；非居民个人取得上述四项所得，按月或者按次分项计算个人所得税。

5. 经营所得。

（1）个体工商户从事生产、经营活动取得的所得，个人独资企业投资人、合伙企业的个人合伙人来源于境内注册的个人独资企业、合伙企业生产、经营的所得。个体工商户以业主为个人所得税纳税义务人。

（2）个人依法从事办学、医疗、咨询以及其他有偿服务活动取得的所得。

（3）个人对企业、事业单位承包经营、承租经营以及转包、转租取得的所得。

（4）个人从事其他生产、经营活动取得的所得。例如，个人因从事彩票代销业务而取得的所得，或者从事个体出租车运营的出租车驾驶员取得的收入，都应按照"经营所得"项目计征个人所得税。这里所说的从事个体出租车运营包括，出租车属个人所有，但挂靠出租汽车经营单位或企事业单位，驾驶员向挂靠单位缴纳管理费的，或出租汽车经营单位将出租车所有权转移给驾驶员的。

6. 利息、股息、红利所得。利息、股息、红利所得，是指个人拥有债权、股权而取得的利息、股息、红利所得。利息，是指个人拥有债权而取得的利息，包括存款利息、贷款利息和各种债券的利息，按税法的规定，个人取得的利息所得，除国债和国家发行的金融债券利息外，应当依法缴纳个人所得税。股息、红利，是指个人拥有股权取得的股息、红利。股息、红利所得，除另有规定外，都应当缴纳个人所得税。

7. 财产租赁所得。财产租赁所得，是指个人出租不动产、机器设备、车船以及其他财产取得的所得。

8. 财产转让所得。财产转让所得，是指个人转让有价证券、股权、合伙企业中的财产份额、不动产、机器设备、车船以及其他财产取得的所得。

9. 偶然所得。偶然所得，是指个人得奖、中奖、中彩以及其他偶然性质的所得。个人取得的所得，难以界定应纳税所得项目的，由国务院税务主管部门确定。

四、所得来源地的确定

除国务院财政、税务主管部门另有规定外，下列所得不论支付地点是否在中国境内，均为来源于中国境内的所得：

（1）因任职、受雇、履约等在中国境内提供劳务取得的所得；

（2）将财产出租给承租人在中国境内使用而取得的所得；

（3）许可各种特许权在中国境内使用而取得的所得；

（4）转让中国境内的不动产等财产或者在中国境内转让其他财产取得的所得；

（5）从中国境内企业、事业单位、其他组织以及居民个人取得的利息、股息、红利所得。

五、个人所得税的税率

（一）居民个人综合所得适用的税率

1. 居民个人预扣预缴个人所得税税率。

（1）工资、薪金所得，按月预扣预缴个人所得税，适用3% ~ 45%的七级超额累进税率（见表5.1）。

表5.1   居民个人工资、薪金所得预扣预缴税率表

级数	累计预扣预缴应纳税所得额	预扣率（%）	速算扣除数（元）
1	不超过 36 000 元的	3	0
2	超过 36 000 元至 144 000 元的部分	10	2 520
3	超过 144 000 元至 300 000 元的部分	20	16 920
4	超过 300 000 元至 420 000 元的部分	25	31 920
5	超过 420 000 元至 660 000 元的部分	30	52 920
6	超过 660 000 元至 960 000 元的部分	35	85 920
7	超过 960 000 元的部分	45	181 920

（2）劳务报酬所得，按次预扣预缴个人所得税税率（见表5.2）。

表 5. 2   居民个人劳务报酬所得预扣预缴税率表

级数	预扣预缴应纳税所得额	预扣率（%）	速算扣除数（元）
1	不超过 20 000 元的	20	0
2	超过 20 000 元至 50 000 元的部分	30	2 000
3	超过 50 000 元的部分	40	7 000

（3）稿酬所得、特许权使用费所得，按次预扣预缴个人所得税，适用 20% 的比例预扣率，其中稿酬所得收入额减按 70% 计算。

2. 居民个人年综合所得汇算清缴适用的税率。居民个人综合所得的年终汇算清缴，按年计算，适用 3% ~ 45% 的七级超额累进税率（见表 5. 3）。

表 5. 3   综合所得个人所得税税率表

级数	全年应纳税所得额	税率（%）	速算扣除数（元）
1	不超过 36 000 元的	3	0
2	超过 36 000 元至 144 000 元的部分	10	2 520
3	超过 144 000 元至 300 000 元的部分	20	16 920
4	超过 300 000 元至 420 000 元的部分	25	31 920
5	超过 420 000 元至 660 000 元的部分	30	52 920
6	超过 660 000 元至 960 000 元的部分	35	85 920
7	超过 960 000 元的部分	45	181 920

注：本表所称全年应纳税所得额是指依照《个人所得税法》第六条的规定，居民个人取得综合所得以每一纳税年度收入额减去费用 60 000 元以及专项扣除、专项附加扣除和依法确定的其他扣除后的余额。

（二）非居民个人工资、薪金所得，劳务报酬所得，稿酬所得和特许权使用费所得适用的税率

非居民个人取得工资、薪金所得，劳务报酬所得，稿酬所得和特许权使用费所得，适用 3% ~ 45% 的七级超额累进税率，依照表 5. 3 按月换算后计算应纳税额（见表 5. 4）。

表 5. 4   非居民个人工资、薪金所得，劳务报酬所得，
稿酬所得和特许权使用费所得适用税率表

级数	月应纳税所得额	税率（%）	速算扣除数（元）
1	不超过 3 000 元的	3	0
2	超过 3 000 元至 12 000 元的部分	10	210
3	超过 12 000 元至 25 000 元的部分	20	1 410

续表

级数	月应纳税所得额	税率（%）	速算扣除数（元）
4	超过 25 000 元至 35 000 元的部分	25	2 660
5	超过 35 000 元至 55 000 元的部分	30	4 410
6	超过 55 000 元至 80 000 元的部分	35	7 160
7	超过 80 000 元的部分	45	15 160

（三）经营所得适用的税率

个体工商户、个人独资企业、合伙企业以及个人从事其他生产经营活动的经营所得，适用5% ~ 35%的五级超额累进税率（见表5.5）。

表5.5　　　　　　　　　　　　经营所得个人所得税税率表

级数	全年应纳税所得额	税率（%）	速算扣除数（元）
1	不超过 30 000 元的	5	0
2	超过 30 000 元至 90 000 元的部分	10	1 500
3	超过 90 000 元至 300 000 元的部分	20	10 500
4	超过 300 000 元至 500 000 元的部分	30	40 500
5	超过 500 000 元的部分	35	65 500

注：本表所称全年应纳税所得额是指依照《个人所得税法》第六条的规定，以每一纳税年度的收入总额减去成本、费用以及损失后的余额。

这里值得注意的是，由于目前实行承包（租）经营的形式较多，分配方式也不相同，因此，承包、承租人按照承包、承租经营合同（协议）规定取得所得的适用税率也不一致。

1. 承包、承租人对企业经营成果不拥有所有权，仅是按合同（协议）规定取得一定所得的，其所得按"工资、薪金所得"项目征税，纳入年度综合所得，适用3% ~ 45%的七级超额累进税率。

2. 承包、承租人按合同（协议）的规定只向发包、出租方缴纳一定费用后，企业经营成果归其所有的，承包、承租人取得的所得，按"对企事业单位的承包经营、承租经营所得"项目，适用5% ~ 35%的五级超额累进税率征税。

（四）其他所得项目的适用税率

利息、股息、红利所得，财产租赁所得，财产转让所得和偶然所得，适用比例税率，税率为20%。

六、个人所得税的征收管理

个人所得税的征收管理，依照《个人所得税法》和《税收征收管理法》的规定执行。

（一）征收方式

我国个人所得税采取由支付单位源泉扣缴和纳税人自行申报纳税两种征收方法。

1. 支付单位源泉扣缴方法。个人所得税以所得个人为纳税人，以支付所得的单位或者个人为扣缴义务人。扣缴义务人向个人支付应税款项（包括现金支付、汇拨支付、转账支付和以有价证券、实物以及其他形式支付的折算金额）时，应当依照税法规定代扣代缴税款。

纳税人有中国公民身份号码的，以中国公民身份号码为纳税人识别号；纳税人没有中国公民身份号码的，由税务机关赋予其纳税人识别号。扣缴义务人扣缴税款时，纳税人应当向扣缴义务人提供纳税人识别号。

居民个人取得工资、薪金所得时，可以向扣缴义务人提供专项附加扣除有关信息，由扣缴义务人在扣缴税款时减除专项附加扣除。纳税人同时从两处以上取得工资、薪金所得，并由扣缴义务人减除专项附加扣除的，对同一专项附加扣除项目，在一个纳税年度内只能选择从一处取得的所得中扣除。

居民个人取得劳务报酬所得、稿酬所得、特许权使用费所得时，应当在汇算清缴时向税务机关提供有关信息，减除专项附加扣除。

纳税人、扣缴义务人应当按照规定保存与专项附加扣除相关的资料。税务机关可以对纳税人提供的专项附加扣除信息进行抽查，具体办法由国务院税务主管部门另行规定。税务机关发现纳税人提供虚假信息的，应当责令改正并通知扣缴义务人；情节严重的，有关部门应当依法予以处理，纳入信用信息系统并实施联合惩戒。

扣缴义务人应当按照国家规定办理全员全额扣缴申报，在代扣税款的次月15日内，向主管税务机关报送其支付所得的所有个人的有关信息、支付所得数额、扣除事项和数额、扣缴税款的具体数额和总额以及其他相关涉税信息资料，并向纳税人提供其个人所得和已扣缴税款等信息。

税务机关对扣缴义务人按照所扣缴的税款给付2%的手续费。

2. 自行申报纳税方法。有下列情形之一的，纳税人应当依法办理纳税申报：（1）取得综合所得需要办理汇算清缴；（2）取得应税所得没有扣缴义务人；（3）取得应税所得，扣缴义务人未扣缴税款；（4）取得境外所得；（5）因移居境外注销中国户籍；（6）非居民个人在中国境内从两处以上取得工资、薪金所得；（7）国务院规定的其他情形。

（二）纳税期限

居民个人取得综合所得，按年计算个人所得税；有扣缴义务人的，由扣缴义务人按月或者按次预扣预缴税款；需要办理汇算清缴的，应当在取得所得的次年 3 月 1 日至 6 月 30 日内办理汇算清缴。预扣预缴办法由国务院税务主管部门制定。

居民个人向扣缴义务人提供专项附加扣除信息的，扣缴义务人按月预扣预缴税款时应当按照规定予以扣除，不得拒绝。

非居民个人取得工资、薪金所得，劳务报酬所得，稿酬所得和特许权使用费所得，有扣缴义务人的，由扣缴义务人按月或者按次代扣代缴税款，不办理汇算清缴。

纳税人取得经营所得，按年计算个人所得税，由纳税人在月度或者季度终了后 15 日内向税务机关报送纳税申报表，并预缴税款；在取得所得的次年 3 月 31 日前办理汇算清缴。

纳税人取得利息、股息、红利所得，财产租赁所得，财产转让所得和偶然所得，按月或者按次计算个人所得税；有扣缴义务人的，由扣缴义务人按月或者按次代扣代缴税款。

纳税人取得应税所得没有扣缴义务人的，应当在取得所得的次月 15 日内向税务机关报送纳税申报表，并缴纳税款。

纳税人取得应税所得，扣缴义务人未扣缴税款的，纳税人应当在取得所得的次年 6 月 30 日前缴纳税款；税务机关通知限期缴纳的，纳税人应当按照期限缴纳税款。

居民个人从中国境外取得所得的，应当在取得所得的次年 3 月 1 日至 6 月 30 日内申报纳税。

非居民个人在中国境内从两处以上取得工资、薪金所得的，应当在取得所得的次月 15 日内申报纳税。

纳税人因移居境外注销中国户籍的，应当在注销中国户籍前办理税款清算。

扣缴义务人每月或者每次预扣、代扣的税款，应当在次月 15 日内缴入国库，并向税务机关报送扣缴个人所得税申报表。

纳税人办理汇算清缴退税或者扣缴义务人为纳税人办理汇算清缴退税的，税务机关审核后，按照国库管理的有关规定办理退税。

（三）退税

纳税人申请退税时提供的汇算清缴信息有错误的，税务机关应当告知其更正；纳税人更正的，税务机关应当及时办理退税。

扣缴义务人未将扣缴的税款解缴入库的，不影响纳税人按照规定申请退税，税务机关应当凭纳税人提供的有关资料办理退税。

纳税人申请退税，应当提供其在中国境内开设的银行账户，并在汇算清缴地就地办理税款退库。

七、个人所得税的优惠政策

1. 免征个人所得税。下列各项个人所得免征个人所得税：

（1）省级人民政府、国务院部委和中国人民解放军军以上单位，以及外国组织、国际组织颁发的科学、教育、技术、文化、卫生、体育、环境保护等方面的奖金。

（2）个人持有财政部发行的债券而取得的利息，个人持有经国务院批准发行的金融债券而取得的利息。

（3）按国务院规定发给的政府特殊津贴、院士津贴，以及国务院规定免予缴纳个人所得税的其他补贴、津贴。

（4）根据国家有关规定，从企业、事业单位、国家机关、社会组织提留的福利费或工会经费中支付给个人的生活补助费，各级人民政府民政部门支付给个人的生活困难补助费。

（5）保险赔款。

（6）军人的转业费、复员费、退役金。

（7）按照国家统一规定发给干部、职工的安家费、退职费、基本养老金或退休费、离休费、离休生活补助费。

（8）其他免税所得。

2. 减征个人所得税。

（1）残疾、孤老人员和烈属的所得。

（2）因自然灾害遭受重大损失的。

（3）国务院规定的其他减税情形。

第二节 个人所得税应纳税额的计算

一、应纳税所得额的确定

应纳税所得额，是指个人取得的各项所得减去按规定项目、标准扣除费用之后的余额。

个人所得的形式，包括现金、实物、有价证券和其他形式的经济利益。所得为实物的，应按取得的凭证上所注明的价格计算应纳税所得额；无凭证的实物或凭证上所注明的价格明显偏低的，参照市场价格核定应纳税所得额。所得为有价证券的，根据票面价格和市场价格核定应纳税所得额。所得为其他形式的经济利益，参照市场价格核定应纳税所得额。

所得为人民币以外货币的，按照办理纳税申报或扣缴申报的上一月最后一日人民币汇率中间价，折合成人民币计算应纳税所得额。年度终了后办理汇算清缴的，对已按月、季或按次预缴税款的人民币以外货币所得，不再重新折算；对应当补缴税款的所得部分，按上一纳税年度最后一日人民币汇率中间价，折合成人民币计算应纳税所得额。

（一）综合所得

居民个人的综合所得，以每一纳税年度收入额减去费用 60 000 元（免征额）以及专项扣除、专项附加扣除和依法确定的其他扣除后的余额，为年度应纳税所得额。

1. 专项扣除。包括居民个人按照国家规定的范围和标准缴纳的基本养老保险、基本医疗保险、失业保险等社会保险费和住房公积金（简称"三险一金"）。

2. 专项附加扣除。包括子女教育、继续教育、大病医疗、住房贷款利息、住房租金、赡养老人和 3 岁以下婴幼儿照护七项支出。专项附加扣除标准具体规定如下：

（1）子女教育。纳税人子女接受学前教育、各层次的学历教育（接受全日制学历教育入学的当月至全日制学历教育结束的当月）的相关支出，按照每个子女每月 2 000 元的标准定额扣除。父母可以选择由其中一方按扣除标准的 100% 扣除，也可以选择由双方分别按扣除标准的 50% 扣除，具体扣除方式在一个纳税年度内不能变更。

（2）继续教育。纳税人在中国境内接受学历（学位）继续教育的支出，在学历（学位）教育期间按照每月 400 元定额扣除。同一学历（学位）继续教育的扣除期限不能超过 48 个月。纳税人接受技能人员职业资格继续教育、专业技术人员职业资格继续教育的支出，在取得相关证书的当年，按照 3 600 元定额扣除。

个人接受本科及以下学历（学位）继续教育，符合规定扣除条件的，可以选择由其父母扣除，也可以选择由本人扣除。

（3）大病医疗。在一个纳税年度内，纳税人发生的与基本医保相关的医药费用支出，扣除医保报销后个人负担（医保目录范围内的自付部分）累计超过 15 000 元的部分，由纳税人在办理年度汇算清缴时，在 80 000 元限额内据实扣除。

纳税人发生的医药费用支出可以选择由本人或其配偶扣除；未成年子女发生的医药费用支出可以选择由其父母一方扣除。纳税人及其配偶、未成年子女发生的医药费用支出，按规定分别计算扣除额。

（4）住房贷款利息。纳税人本人或者配偶单独或者共同使用商业银行或者住房公积金个人住房贷款为本人或者其配偶购买中国境内住房，发生的首套住房贷款利息支出，在实际发生贷款利息的年度，按照每月 1 000 元的标准定额扣除，扣除期限最长不超过 240 个月。纳税人只能享受一次首套住房贷款的利息扣除。

夫妻双方婚前分别购买住房发生的首套住房贷款，其贷款利息支出，婚后可以选择其中一套购买的住房，由购买方按扣除标准的 100% 扣除，也可以由夫妻双方对各自购买的住房分别按扣除标准的 50% 扣除，具体扣除方式在一个纳税年度内不能变更。

（5）住房租金。纳税人在主要工作城市没有自有住房而发生的住房租金支出，可按以下标准定额扣除：直辖市、省会城市、计划单列市以及国务院确定的其他城市，扣除标准为每月 1 500 元；其他城市，市辖区户籍人口超过 100 万人的城市，扣除标准为每月 1 100 元，市辖区户籍人口不超过 100 万人的城市，扣除标准为每月 800 元。纳税人配偶在纳税人主要工作城市有自有住房的，视同在主要工作城市有自有住房。

住房租金支出由签订租赁住房合同的承租人扣除。

（6）赡养老人。纳税人赡养一位及以上被赡养人（指年满 60 岁的父母，以及子女均已去世的年满 60 岁的祖父母、外祖父母）的赡养支出，按以下标准定额扣除：纳税人为独生子女的，按照每月 3 000 元的标准定额扣除；纳税人为非独生子女的，由其与兄弟姐妹分摊每月 3 000 元的扣除额度，每人分摊的额度不能超过每月 1 500 元，可由赡养人均摊或者约定分摊，也可由被赡养人指定分摊。约定或者指定分摊的须签订书面分摊协议，指定分摊优先于约定分摊；分摊方式和额度在一个纳税年度内不得变更。

（7）婴幼儿照护。纳税人的 3 岁以下婴幼儿（婴幼儿出生的当月至年满 3 周岁的前一个月）照护按照每个子女每月 2 000 元的标准定额扣除。父母可以选择由其中一方按扣除标准的 100% 扣除，也可以选择由双方分别按扣除标准的 50% 扣除，具体扣除方式在一个纳税年度内不能变更。

纳税人向收款单位索取发票、财政票据、支出凭证，收款单位不能拒绝提供。

纳税人首次享受专项附加扣除，应当将专项附加扣除相关信息提交扣缴义务人或税务机关，扣缴义务人应当及时将相关信息报送税务机关，纳税人对所提交信息的真实性、准确性、完整性负责。专项附加扣除信息发生变化的，纳税人应当及时向扣缴义务人或税务机关提供相关信息。

3. 其他扣除。包括个人缴付符合国家规定的企业年金、职业年金，个人购买符合国家规定的商业健康保险、税收递延型商业养老保险的支出，以及国务院规定可以扣除的其他项目。

专项扣除、专项附加扣除和依法确定的其他扣除，以居民个人一个纳税年度的应纳税所得额为限额；一个纳税年度扣除不完的，不得结转以后年度扣除。

（二）经营所得

以个体工商户、个人独资企业、合伙企业以及个人从事其他生产、经营活动每一纳税年度的收入总额减去成本、费用和损失后的余额，为应纳税所得额。

成本、费用，是生产、经营活动中发生的各项直接支出和分配计入成本的间接费用以及销售费用、管理费用、财务费用；损失，是生产、经营活动中发生的固定资产和存货的盘亏、毁损、报废损失，转让财产损失，坏账损失，自然灾害等不可抗力因素造成的损失以及其他损失。

取得经营所得的个人，若没有综合所得的，计算其每一纳税年度应纳税所得额时，可扣除免征额6万元及专项扣除、专项附加扣除和依法确定的其他扣除，专项附加扣除在办理汇算清缴时减除。

从事生产经营活动，未提供完整、准确的纳税资料，不能正确计算应纳税所得额的，由主管税务机关核定应纳税所得额或应纳税额。

（三）财产租赁所得

每次（以一个月内取得的收入为一次）收入不超过4 000元的，减去费用800元，4 000元以上的，减去20%的费用，其余额为应纳税所得额。

（四）财产转让所得

按一次转让财产的收入额减去财产原值和合理费用（卖出财产时按规定支付的相关税费）后的余额计算纳税。两人以上共同取得同一项目收入的，应当对每人取得的收入分别按照税法的规定计算纳税。财产原值按下列方法确定：

（1）有价证券，为买入价以及买入时按照规定缴纳的有关费用；

（2）建筑物，为建造费或者购进价格以及其他有关费用；

（3）土地使用权，为取得土地使用权所支付的金额、开发土地的费用以及其他有关费用；

（4）机器设备、车船，为购进价格、运输费、安装费以及其他有关费用。

纳税人未提供完整、准确的财产原值凭证，不能按规定方法确定财产原值的，由主管税务机关核定财产原值。

（五）利息、股息、红利所得和偶然所得

以每次（实际支付或取得）收入额为应纳税所得额。扣缴义务人若已将纳税人应得收入通过"利润分配"账户明确到个人名下，即属于挂账未分配的股息、红利等，应认定为所得的支付，进行个人所得税的代扣代缴。

二、居民个人所得税应纳税额的计算

（一）预扣预缴的计算

1. 工资、薪金所得预扣预缴的计算。扣缴义务人向居民个人支付工资、薪金所得时，应按累计预扣法预扣预缴税款，并按月办理全员全额扣缴申报（另有规定的除外）。

累计预扣法是扣缴义务人在一个纳税年度内预扣预缴税款时，以纳税人截至当前月份累计工资、薪金所得收入额减去纳税人申报的累计减除费用（即免征额）、专项扣除、专项附加扣除和依法确定的其他扣除后的余额为累计预缴应纳税所得额，根据工资、薪金所得预扣预缴税率表（见表5.1）计算累计应预扣预缴税额，再减去已预扣预缴税额，以确定本期应预扣预缴税额的一种计算方法。当余额为负值时，暂不退税，纳税年度终了后余额仍为负值时，可通过年度汇算清缴、多退少补。其计算公式为：

$$\begin{array}{l}\text{本期应预扣预缴} \\ \text{个人所得税}\end{array} = \left(\begin{array}{l}\text{累计预扣预缴应} \\ \text{纳税所得额}\end{array} \times \text{预扣率} - \begin{array}{l}\text{速算} \\ \text{扣除数}\end{array}\right) - \begin{array}{l}\text{累计减免} \\ \text{税额}\end{array} - \begin{array}{l}\text{累计已预扣} \\ \text{预缴税额}\end{array}$$

$$\begin{array}{l}\text{累计预扣预缴应} \\ \text{纳税所得额}\end{array} = \begin{array}{l}\text{累计} \\ \text{收入}\end{array} - \begin{array}{l}\text{累计免税} \\ \text{收入}\end{array} - \begin{array}{l}\text{累计减除费用} \\ \text{（免征额）}\end{array} - \begin{array}{l}\text{累计专项扣除} \\ \text{（"三险一金"）}\end{array}$$

$$- \begin{array}{l}\text{累计专项} \\ \text{附加扣除}\end{array} - \begin{array}{l}\text{累计依法确定} \\ \text{的其他扣除}\end{array}$$

$$\text{累计减除费用} = 5\,000 \times \text{当期月份数}$$

【例5-1】 阳光公司职工李俊20×3年每月应发工资为30 000元，每月减除费用5 000元，"三险一金"等专项扣除为4 500元，赡养老人每月专项附加扣除金额为2 000元，无其他扣除额，没有减免收入及减免税额等情况。计算李俊20×3年1~3月每月应预扣预缴的个人所得税。

1月应预扣预缴的个人所得税 = （30 000 - 5 000 - 4 500 - 2 000）×3%

$$= 555\ \text{（元）}$$

2月应预扣预缴的个人所得税 = （30 000×2 - 5 000×2 - 4 500×2 - 2 000×2）

$$\times 10\% - 2\,520 - 555 = 625\ \text{（元）}$$

3月应预扣预缴的个人所得税 = （30 000×3 - 5 000×3 - 4 500×3 - 2 000×3）

$$\times 10\% - 2\,520 - 555 - 625 = 1\,850\ \text{（元）}$$

对上一个完整纳税年度内每月均在同一单位预扣预缴工资薪金所得的个人所得税且全年工薪收入（不扣减任何费用及免税收入）不超过6万元的居民个人，扣缴义务人在预扣预缴本年度工薪所得个人所得税时，累计减除费用自1月起直接按照全年6万元计算扣除，即在纳税人累计收入不超过6万元的月份，暂不预扣预缴个人所得税；

在其累计收入超过 6 万元的当月及年内后续月份，再预扣预缴个人所得税，并在个人所得税扣缴申报表相应纳税人的备注栏注明"上年各月均有申报且全年收入不超过 6 万元"。按累计预扣法预扣预缴劳务报酬所得个人所得税的居民个人，比照执行。

【例 5 - 2】阳光公司员工张强 20×2 年 1~12 月在企业取得工资薪金 50 400 元，公司为其办理了工资薪金所得个人所得税全员全额明细申报。20×3 年，阳光公司每月给其发放工资 8 100 元、个人按国家标准缴付"三险一金" 2 100 元。在不考虑其他扣除情况下，按原预扣预缴方法，张强每月需预缴个人所得税 30 元。采用新预扣预缴方法后，1~7 月，张强因其累计收入（8 100×7 = 56 700 元）不足 6 万元而无须缴税；从 8 月起，张强累计收入超过 6 万元。计算 8~12 月公司预扣预缴张强的税款。

8 月预扣预缴税款 =（8 100×8 - 2 100×8 - 60 000）×3% = -360（元）<0，故预扣预缴税款为 0 元。

9 月预扣预缴税款 =（8 100×9 - 2 100×9 - 60 000）×3% = -180（元）<0，故预扣预缴税款为 0 元。

10 月预扣预缴税款 =（8 100×10 - 2 100×10 - 60 000）×3% - 0 = 0（元）

11 月预扣预缴税款 =（8 100×11 - 2 100×11 - 60 000）×3% - 0 = 180（元）

12 月预扣预缴税款 =（8 100×12 - 2 100×12 - 60 000）×3% - 180 = 180（元）

如果张强 20×2 年取得的 50 400 元工资薪金不是全年 12 个月的，而是 3~12 月的，20×3 年则不能用上述方法计算并预缴个人所得税。

如果扣缴义务人预计 20×3 年发放给张强的收入将超过 6 万元，纳税人需要纳税记录或本人有多处所得合并后全年收入预计超过 6 万元等原因，扣缴义务人与纳税人可在当年 1 月税款扣缴申报前经双方确认后，按原预扣预缴方法（如【例 5 - 1】）计算并预缴个人所得税。

2. 劳务报酬所得、稿酬所得、特许权使用费所得预扣预缴的计算。扣缴义务人向居民个人支付劳务报酬所得、稿酬所得、特许权使用费所得，按次或按月预扣预缴个人所得税。

劳务报酬所得、稿酬所得、特许权使用费所得以收入减除费用后的余额为收入额。每次收入不超过 4 000（含）元的，扣除费用按 800 元计算；每次收入 4 000 元以上的，扣除费用按 20% 计算；稿酬所得的收入额减按 70% 计算。以每次收入额为应纳税所得额。

属于一次性收入的，以取得该项收入为一次；属于同一项目连续性收入的，以一个月内取得的收入为一次。

劳务报酬所得适用 20%~40% 的超额累进预扣率（见表 5.2），稿酬所得、特许权使用费所得适用 20% 的比例预扣率。

劳务报酬所得应预扣预缴税额 = 应纳税所得额 × 预扣率 - 速算扣除数

稿酬所得、特许权使用费所得应预扣预缴税额 = 应纳税所得额 × 20%

居民个人取得劳务报酬所得、稿酬所得、特许权使用费所得，在预扣预缴税款后，应当在年度终了后与工资薪金所得合并计税，进行汇算清缴，多退少补。

（1）劳务报酬所得预扣预缴的计算。

【例5-3】某演员8月在A地演出2天，共获演出收入60 000元（税前收入）。计算演出单位为其预扣预缴的个人所得税。

应纳税所得额=60 000×（1-20%）=48 000（元）

演出单位应预扣预缴的个人所得税=48 000×30%-2 000=12 400（元）

如果该演员通过民政部门将这笔收入税后全部捐赠给贫困地区，应交个人所得税计算如下：

可在税前扣除的捐赠额=48 000×30%=14 400（元）

实际应纳税所得额=48 000-14 400=33 600（元）

应交个人所得税=33 600×30%-2 000=8 080（元）

实际捐款金额=60 000-8 080=51 920（元）

（2）稿酬所得、特许权使用费所得预扣预缴的计算。

【例5-4】某作家从出版社取得一笔稿酬收入20 000元（税前收入），计算出版社预扣预缴的个人所得税。

应纳税所得额=20 000×（1-20%）×70%=11 200（元）

出版社应预扣预缴的个人所得税=11 200×20%=2 240（元）

【例5-5】居民曹某20×3年10月转让给甲公司一项专利权，取得一次性特许权使用费收入共计3 000元（税前收入），计算甲公司为曹某预扣预缴的个人所得税。

甲公司应预扣预缴的个人所得税=（3 000-800）×20%=440（元）

（二）综合所得汇算清缴的计算

年度终了后，纳税人应在次年3~6月到主管税务机关进行综合所得个人所得税的汇算清缴。

自2019年1月1日起，居民个人的综合所得，以每一纳税年度的收入额减除费用60 000元以及专项扣除、专项附加扣除和依法确定的其他扣除后的余额，为应纳税所得额。各项所得的计算，以人民币为单位。所得为人民币以外的货币的，按照人民币汇率中间价折合成人民币缴纳税款。

居民个人的综合所得适用七级超额累进税率，其应纳税额的计算公式为：

$$应纳税额=年应纳税所得额×适用税率-速算扣除数$$

$$=\left(\begin{array}{c}每一纳税年度\\的收入额\end{array}-60\ 000-\begin{array}{c}专项扣除、专项附加扣除\\和依法确定的其他扣除\end{array}\right)$$

$$×适用税率-速算扣除数$$

$$= \big[每一纳税年度工资、薪金收入 + 劳务报酬收入$$
$$\times (1 - 20\%) + 稿酬收入 \times (1 - 20\%) \times 70\%$$
$$+ 特许权使用费收入 \times (1 - 20\%) - 60\,000$$
$$- 专项扣除、专项附加扣除和依法确定的其他扣除 \big]$$
$$\times 适用税率 - 速算扣除数$$

【例5-6】 居民个人张宝强为中国境内甲公司员工，其身份证上载明的"公民身份号码"为：420×××××××××××××××，20×3年取得的收入情况如下：

（1）每月取得中国境内甲公司支付的税前工资、薪金收入11 000元。"三险一金"的计提基数为11 000元，每月个人负担的养老保险、医疗保险、失业保险、住房公积金分别为：880元、220元、55元、880元，每月子女教育专项附加扣除额为2 000元，每月赡养老人专项附加扣除额为3 000元。

（2）为中国境内乙公司提供咨询全年取得税前劳务报酬收入共计30 000元。

（3）出版小说一部，全年取得中国境内丙出版社支付的税前稿酬收入共计20 000元。

（4）全年取得中国境内丁公司支付的税前特许权使用费收入共计10 000元。

甲公司、乙公司、丙出版社、丁公司已经为张宝强预缴（代扣代缴）个人所得税，共计9 040元。计算张宝强20×3年综合所得的应纳税所得额和应纳个人所得税。

20×3年综合所得的应纳税所得额

$$= 11\,000 \times 12 + 30\,000 \times (1 - 20\%) + 20\,000 \times (1 - 20\%) \times 70\% + 10\,000$$
$$\times (1 - 20\%)$$
$$- 60\,000 - 880 \times 12 - 220 \times 12 - 55 \times 12 - 880 \times 12 - 2\,000 \times 12 - 3\,000 \times 12$$
$$= 30\,780 （元）$$

20×3年综合所得应纳个人所得税 $= 30\,780 \times 3\% - 0 = 923.4$（元）

（三）财产租赁所得应纳税额的计算

按照每次租赁收入的大小，区别下列情况计算：

（1）每次收入不超过4 000元的：

$$应纳税额 = (每次收入额 - 费用800元) \times 20\%$$

（2）每次收入超过4 000元的：

$$应纳税额 = 每次收入额 \times (1 - 20\%) \times 20\%$$

（四）财产转让所得应纳税额的计算

$$应纳税额 = (财产转让收入额 - 财产原值 - 合理费用) \times 20\%$$

（五）利息、股息、红利所得应纳税额的计算

$$应纳税额 = 每次收入额 \times 20\%$$

（六）偶然所得应纳税额的计算

$$应纳税额 = 每次收入额 \times 20\%$$

（七）居民个人所得税的特殊情况

1. 全年一次性奖金收入的计税。居民个人取得全年一次性奖金的计税有两种计算方法可供选择。

（1）以全年一次性奖金收入除以 12 个月得到的数额，再以按月换算后的综合所得确定适用税率和速算扣除数，单独计算纳税，计算公式为：

$$应交个人所得税 = 全年一次性奖金收入额 \times 适用税率 - 速算扣除数$$

此种计算方法延至 2027 年 12 月 31 日。

（2）将居民个人取得的全年一次性奖金，并入当年综合所得计算纳税。

【例 5-7】阳光公司统一按单独计税方法为职工发放年终奖，并代员工扣缴年终奖应交个人所得税，20×3 年公司管理人员李一军取得年终奖 288 000 元。在纳税年度依法扣除"三险一金"、专项附加扣除后的预扣预缴应纳税所得额为每月 6 800 元，没有其他扣除项目。

公司对李一军个人所得税预扣预缴如下：

每月应纳税所得额 6 800 元，根据表 5.1，确认适用税率为 3%，速算扣除数为 0 元。

$$全年预扣预缴工资、薪金所得个人所得税 = (6\,800 \times 12 - 60\,000) \times 3\%$$
$$= 648（元）$$

年终奖 288 000 ÷ 12 = 24 000（元/月），对应税率表 5.4，确定适用税率为 20%，速算扣除数为 1 410 元。

年终奖应交个人所得税 = 288 000 × 20% - 1 410 = 56 190（元）

李一军在规定时间内进行个人所得税汇算清缴时，选择全年一次性奖金不并入综合所得计税，全年应交个人所得税 = 56 190 + 648 = 56 838（元）。

已预缴个人所得税与年度应交个人所得税一致，可以不用办理汇算清缴。

如果李一军选择全年一次性奖金并入综合所得计税，则：

全年应纳税所得额 = 6 800 × 12 + 288 000 - 60 000 = 309 600（元）

根据表5-1，确认适用税率为25%，速算扣除数为31 920元。

全年应交个人所得税 = 309 600×25% – 31 920 = 45 480（元）

选择将年终奖并入综合所得计算应交个人所得税，可以申请退回多预缴的税款11 358元（56 838 – 45 480）。

2. 居民个人所得税的纳税调整。居民个人从中国境外取得的所得，可以从其应纳税额中抵免已在境外缴纳的个人所得税额，但抵免额不得超过该纳税人境外所得依照税法规定计算的应纳税额。有下列情形之一的，税务机关有权按照合理方法进行纳税调整：

（1）个人与其关联方之间的业务往来不符合独立交易原则而减少本人或其关联方应纳税额，且无正当理由。

关联方是指夫妻、直系血亲、兄弟姐妹及其他抚养、赡养、扶养关系的个人，在资金、经营、购销等方面有直接、间接控制关系，其他经济利益关系。独立交易原则是指没有关联关系的交易各方按公平成交价格和营业常规进行业务往来应遵循的原则。

（2）居民个人控制的，或者居民个人和居民企业共同控制的设立在实际税负明显偏低的国家（地区）的企业，无合理经营需要，对应当归属于居民个人的利润不做分配或减少分配。

纳税人能够提供资料证明其控制的企业满足国务院财政、税务主管部门规定条件的，可免予纳税调整。

（3）个人实施其他不具有合理商业目的（以减少、免除或推迟缴纳税款为主要目的）的安排而获取不当税收利益。

税务机关按规定作出的纳税调整，需要补征税款并依法加收利息的，纳税人应当补缴税款和利息。有关部门依法将纳税人、扣缴义务人遵守税法的情况纳入信用信息系统，并实施联合激励或惩戒。

3. 居民个人从中国境内和境外取得的综合所得、经营所得和其他所得。居民个人从中国境内和境外取得的综合所得、经营所得应当分别合并计算应纳税额；从中国境内和境外取得的其他所得，应当分别单独计算应纳税额。

已在境外缴纳的个人所得税额是居民个人来源于中国境外的所得依照该所得来源国家（地区，下同）的法律应当缴纳并且实际已经缴纳的所得税额。

纳税人境外所得依照税法规定计算的应纳税额，是居民个人抵免已在境外缴纳的综合所得、经营所得和其他所得的所得税额的限额（以下简称抵免限额）。除另有规定外，来源于中国境外一个国家的综合所得抵免限额、经营所得抵免限额和其他所得抵免限额之和，为来源于该国家所得的抵免限额，抵免限额计算公式为：

$$\text{来源于一国(地区)综合或} \atop \text{经营所得的抵免限额} = {\text{中国境内、境外综合或经营所得依照个人所得税法和} \atop \text{实施条例规定计算的综合或经营所得应纳税总额}}$$

$$\times {\text{来源于该国(地区)的综合或} \atop \text{经营所得收入额}} \div {\text{中国境内、境外综合} \atop \text{或经营所得收入总额}}$$

居民个人在中国境外某国实际已经缴纳的个人所得税额，低于按规定计算的来源于该国所得抵免限额的，应在中国缴纳差额部分的税款；超过来源于该国所得抵免限额的，其超过部分不得在本纳税年度应纳税额中抵免，但可在以后纳税年度来源于该国所得抵免限额的余额中补扣，补扣期限最长不得超过5年。

居民个人申请抵免已在境外缴纳的个人所得税额，应提供境外税务机关出具的税款所属年度的有关纳税凭证。

三、非居民个人所得税应纳税额的计算

扣缴义务人向非居民个人支付工资、薪金所得，劳务报酬所得，稿酬所得和特许权使用费所得时，应当按月或按次代扣代缴个人所得税。

1. 非居民个人的工资、薪金所得。以每月收入额扣除免征额5 000元后的余额为应纳税所得额，适用非居民个人综合所得个人所得税月度税率表（见表5.4）计算应纳税额。

$$\text{非居民个人综合所得应纳税额} = \text{应纳税所得额} \times \text{税率} - \text{速算扣除数}$$

2. 非居民个人取得来源于境内的劳务报酬所得、稿酬所得、特许权使用费所得，以税法规定的每次收入额为应纳税所得额，适用表5.4税率计算应纳税额。

【例5-8】以【例5-3】的资料为例，假如该演员系非居民个人，应扣缴个人所得税计算如下：

应纳税所得额 = 60 000 × (1 - 20%) = 48 000（元）

应纳税额 = 48 000 × 30% - 4 410 = 9 990（元）

【例5-9】以【例5-4】的资料为例，假如该作家系非居民个人，应扣缴个人所得税计算如下：

应纳税额 = 11 200 × 10% - 210 = 910（元）

四、经营所得应纳税额的计算

（一）个体工商户的应纳税额的计算

1. 基本规定。个体工商户的生产、经营所得，以每一纳税年度的收入总额，减去

成本、费用、税金、损失、其他支出以及允许弥补的以前年度亏损后的余额，为应纳税所得额。从事生产经营以及与生产经营有关的活动取得的货币形式和非货币形式的各项收入为收入总额，具体包括销售货物收入、提供劳务收入、转让财产收入、利息收入、租金收入、接受捐赠收入、其他收入。个人所得税的计算公式为：

$$应纳税所得额 = 收入总额 - (成本 + 费用 + 税金 + 损失 + 其他支出$$
$$+ 允许弥补的以前年度亏损)$$
$$应纳税额 = 应纳税所得额 \times 税率 - 速算扣除数$$

未提供完整、准确的纳税资料，不能正确计算应纳税所得额的，由主管税务机关核定其应纳税所得额。

企业应当分别核算生产经营活动中的生产经营费用和个人、家庭费用。对于生产经营与个人、家庭生活混用难以分清的费用，其40%视为与生产经营有关的费用，准予扣除。

纳税年度发生的亏损，准予向以后年度结转，结转年限最长不得超过5年。

2. 税前扣除项目和标准。

（1）企业向其从业人员实际支付的合理的工资薪金支出，允许在税前据实扣除。业主的工资薪金支出不得税前扣除，业主的费用扣除标准依照相关法律法规和政策规定执行。

（2）按照国务院有关主管部门或省级人民政府规定的范围和标准为其业主和从业人员缴纳的基本养老保险费、基本医疗保险费、失业保险费、生育保险费、工伤保险费和住房公积金，准予扣除。为从业人员缴纳的补充养老保险费、补充医疗保险费，分别在不超过从业人员工资总额5%标准内的部分据实扣除，超过部分不得扣除。

业主本人缴纳的补充养老保险费、补充医疗保险费，以当地（地级市）上年度社会平均工资的3倍为计算基数，分别在不超过该计算基数5%标准内的部分据实扣除，超过部分不得扣除。

（3）在生产经营活动中发生的下列利息支出准予扣除：向金融企业借款的利息支出；向非金融企业和个人借款的利息支出，不超过按照金融企业同期同类贷款利率计算的数额部分。

（4）向当地工会组织拨缴的工会经费、实际发生的职工福利费支出、职工教育经费支出分别在工资薪金总额的2%、14%、2.5%的标准内据实扣除。

（5）发生的与生产经营活动有关的业务招待费，按照实际发生额的60%扣除，但最高不得超过当年销售收入的5‰。

（6）每一纳税年度发生的与其生产经营活动直接相关的广告费和业务宣传费不超

过当年销售收入 15% 的部分，可以据实扣除；超过部分准予在以后纳税年度结转扣除。

（7）研究开发新产品、新技术、新工艺所发生的开发费用，以及研究开发新产品、新技术而购置单台价值在 10 万元以下的测试仪器和试验性装置的购置费准予直接扣除；单台价值在 10 万元以上（含 10 万元）的测试仪器和试验性装置，按固定资产管理，不得在当期直接扣除。

（二）个人独资和合伙企业应纳税额的计算

个人独资企业、合伙企业（以下简称独资合伙企业）的生产经营所得，应依法计算缴纳个人所得税，其应纳税额的计算有查账征收和核定征收两种方法。

1. 查账征收方法。

（1）独资合伙企业的自然人业主费用扣除标准统一确定为 60 000 元/年（5 000 元/月），投资者的工资不得在税前扣除。

（2）企业向其从业人员实际支付的合理的工资、薪金支出，允许在税前据实扣除。

（3）企业拨缴的工会经费、发生的职工福利费、职工教育经费支出分别在工资薪金总额 2%、14%、2.5% 的标准内据实扣除。

（4）企业每一纳税年度发生的广告费和业务宣传费用不超过当年销售收入 15% 的部分，可据实扣除；超过部分准予在以后纳税年度结转扣除。

（5）企业每一纳税年度发生的与其生产经营业务直接相关的业务招待费支出，按照发生额的 60% 扣除，但最高不得超过当年销售收入的 5‰。

（6）投资者及其家庭发生的生活费用不允许在税前扣除；如果发生的生活费用与企业生产经营费用混合在一起且难以划分的，全部视为投资者个人及其家庭发生的生活费用，不得在税前扣除。

（7）企业生产经营和投资者及其家庭生活共用的固定资产难以划分的，由主管税务机关根据企业的生产经营类型、规模等具体情况，核定准予在税前扣除的折旧费用的数额或比例。

（8）企业计提的各种准备金不得扣除。

（9）持有股权、股票、合伙企业财产份额等权益性投资的独资合伙企业，一律适用查账征收方式计征个人所得税。独资合伙企业应自持有权益性投资之日起 30 日内，主动向税务机关报送持有权益性投资的情况。

2. 核定征收方法。实行核定征收方法的，应交个人所得税计算公式为：

$$应纳税额 = 应纳税所得额 \times 适用税率$$
$$应纳税所得额 = 应税收入额 \times 应税所得率$$

或： 应纳税所得额 = 成本费用支出额 ÷ (1 - 应税所得率) × 应税所得率

个人所得税核定征收应税所得率如表5.6所示。

表5.6　　　　　　　　　个人所得税核定征收应税所得率表

行业	应税所得率（%）
工业、交通运输业、商业	5 ~ 20
建筑业、房地产开发业	7 ~ 20
饮食服务业	7 ~ 25
娱乐业	20 ~ 40
其他行业	10 ~ 30

第三节　个人所得税的会计核算

一、个人所得税会计科目的设置

个人所得税有代扣代缴和自行申报两种缴纳方式，根据缴纳方式的不同，会计科目的设置也有所不同。

个人所得税的扣缴义务人应在"应交税费"科目下设置"代扣代交个人所得税"明细科目，其贷方发生额反映扣缴义务人应代扣代缴或预扣预缴的个人所得税；借方发生额反映扣缴义务人实际缴纳（代缴、预缴）的个人所得税；期末余额在贷方，反映扣缴义务人尚未缴纳（代缴、预缴）的个人所得税。个人所得税的扣缴义务人也可以不在"应交税费"科目下设置"代扣代交个人所得税"明细科目，而是通过设置"应交个人所得税"明细科目来代替。

个体工商户、个人独资企业投资者、合伙企业自然人合伙人等取得经营所得的个人属于取得应税所得没有扣缴义务人的纳税人，需要自行申报缴纳个人所得税。因此，个体工商户、个人独资企业、合伙企业等应在"应交税费"科目下设置"应交个人所得税"明细科目，其贷方发生额反映个体工商户、个人独资企业投资者、合伙企业自然人合伙人等应缴纳的个人所得税额；借方发生额反映个体工商户、个人独资企业投资者、合伙企业自然人合伙人等实际缴纳的个人所得税；期末余额在贷方，反映个体工商户、个人独资企业投资者、合伙企业自然人合伙人等尚未缴纳的个人所得税。

二、不同类型所得的个人所得税会计核算

（一）工资、薪金所得个人所得税的会计核算

居民个人取得综合所得，按年计算个人所得税；有扣缴义务人的，由扣缴义务人按月或者按次预扣预缴税款；需要办理汇算清缴的，应当在取得所得的次年 3 月 1 日至 6 月 30 日内办理汇算清缴。非居民个人取得工资、薪金所得，有扣缴义务人的，由扣缴义务人按月或者按次代扣代缴税款，不办理汇算清缴。

企业在向职工支付工资、薪金并按规定代扣或预扣职工的个人所得税，以及代扣"三险一金"时，借记"应付职工薪酬"科目，贷记"银行存款""应交税费——代扣代交个人所得税""其他应付款——代扣代交三险一金"等科目；实际缴纳代扣或预扣个人所得税时，借记"应交税费——代扣代交个人所得税""其他应付款——代扣代交三险一金"科目，贷记"银行存款"等科目。

【例 5 - 10】阳光公司工程师曹国庆 20 × 3 年 1 月工资收入额 25 000 元，当月专项扣除额（"三险一金"）5 500 元、专项附加扣除额 4 000 元，无其他扣除额。公司预扣预缴曹国庆当月应交个人所得税及账务处理如下：

当月应纳税所得额 = 25 000 - 5 500 - 4 000 - 5 000 = 10 500（元）

当月预扣预缴个人所得税 = 10 500 × 3% = 315（元）

实际发放工资（实务中，会计分录当然是按总额反映，每人的信息在明细表中）时：

借：应付职工薪酬——工资薪金	25 000
贷：库存现金/银行存款	19 185
其他应付款——代扣代交三险一金	5 500
应交税费——代扣代交个人所得税	315

2 月初实际缴纳预扣的个人所得税时：

借：应交税费——代扣代交个人所得税	315
贷：银行存款	315

2 月初实际缴纳应由个人承担的"三险一金"时：

借：其他应付款——代扣代交三险一金	5 500
贷：银行存款	5 500

（二）劳务报酬所得、稿酬所得、特许权使用费所得个人所得税的会计核算

企业支付给个人劳务报酬、稿酬、特许权使用费时，作为扣缴义务人应代扣代缴个

人所得税，企业在支付上述费用并代扣个人所得税时，借记"生产成本""管理费用""销售费用""无形资产"等科目，贷记"银行存款""库存现金""应交税费——代扣代交个人所得税"等科目；实际缴纳代扣的个人所得税时，借记"应交税费——代扣代交个人所得税"科目，贷记"银行存款"科目。

【例5-11】阳光公司20×3年10月支付外聘兼职法律顾问王某（居民个人）法律咨询费、未扣除个人所得税之前的法律咨询费为32 000元，公司为王某预扣代缴了个人所得税。假如不考虑增值税等因素。居民个人劳务报酬所得预扣预缴个人所得税的预扣税率表如表5.2所示。公司为王某预扣预缴的个人所得税计算及账务处理如下：

王某劳务报酬所得的应纳税所得额=32 000×（1-20%）=25 600（元）

甲公司为王某预扣预缴的个人所得税=25 600×30%-2 000=5 680（元）

支付劳务报酬并预扣个人所得税时：

借：管理费用	32 000
贷：银行存款	26 320
应交税费——代扣代交个人所得税	5 680

实际缴纳预扣的个人所得税时：

借：应交税费——代扣代交个人所得税	5 680
贷：银行存款	5 680

（三）利息、股息、红利所得，财产租赁所得和偶然所得等个人所得税的会计核算

纳税人（个人）取得利息、股息、红利所得，财产租赁所得和偶然所得，按月或者按次计算个人所得税，有扣缴义务人的，由扣缴义务人按月或者按次代扣代缴税款。

企业支付内部职工集资利息并代扣个人所得税时，借记"财务费用"科目，贷记"银行存款""库存现金""应交税费——代扣代交个人所得税"等科目；实际缴纳代扣的个人所得税时，借记"应交税费——代扣代交个人所得税"科目，贷记"银行存款"科目。

股份公司向个人支付的股利包括现金股利和股票股利。公司支付现金股利时，代扣代缴的个人所得税从应付现金股利中直接扣除。公司进行利润分配时，按应支付给个人的现金股利，借记"利润分配——应付股利"科目，贷记"应付股利"科目；实际支付现金股利并代扣个人所得税时，借记"应付股利"科目，贷记"银行存款""库存现金""应交税费——代扣代交个人所得税"等科目；实际缴纳代扣的个人所得税时，借记"应交税费——代扣代交个人所得税"科目，贷记"银行存款"科目。

公司派发股票股利或以盈余公积对个人股东转增股本，应代扣代缴个人所得税。

公司按转增股本的金额，向个人收取现金以备代缴，或委托证券代理机构从个人股东账户代扣。当公司派发股票股利或以盈余公积对个人股东转增股本时，借记"利润分配——未分配利润""盈余公积"科目，贷记"股本"或"实收资本"科目；计提需要代扣的个人所得税时，借记"其他应收款——代扣个人所得税"科目，贷记"应交税费——代扣代交个人所得税"科目；收到个人股东缴来税款或证券代理机构扣缴税款时，借记"银行存款""库存现金"科目，贷记"其他应收款——个人所得税"科目；实际缴纳代扣的个人所得税时，借记"应交税费——代扣代交个人所得税"科目，贷记"银行存款"科目。

企业支付给个人财产租赁所得、偶然所得时，作为扣缴义务人应代扣代缴个人所得税。企业在支付上述费用并代扣个人所得税时，借记"生产成本""管理费用""销售费用""营业外支出"等科目，贷记"银行存款""库存现金""应交税费——代扣代交个人所得税"等科目；实际缴纳代扣的个人所得税时，借记"应交税费——代扣代交个人所得税"科目，贷记"银行存款"科目。

【例 5 –12】根据利润分配方案，股东李德旺 20×3 年从阳光公司分得现金股利，未扣除个人所得税之前的现金股利金额为 32 000 元，阳光公司为其代扣代缴了个人所得税。阳光公司应为其代扣代缴的个人所得税计算及相关账务处理如下：

李德旺利息、股息、红利所得的应纳税所得额 = 32 000（元）

阳光公司应为李德旺代扣代缴的个人所得税 = 32 000×20% = 6 400（元）

借：利润分配——应付股利	32 000
贷：应付股利	32 000

实际发放现金股利并代扣个人所得税时：

借：应付股利	32 000
贷：银行存款	25 600
应交税费——代扣代交个人所得税	6 400

实际缴纳代扣的个人所得税时：

借：应交税费——代扣代交个人所得税	6 400
贷：银行存款	6 400

（四）财产转让所得个人所得税的会计核算

纳税人（个人）取得财产转让所得，按月或者按次计算个人所得税；有扣缴义务人的，由扣缴义务人按月或者按次代扣代缴税款。

企业向个人购买的财产属于购建企业固定资产项目的，代扣的个人所得税应作为企业购建固定资产的价值组成部分，借记"固定资产"科目，贷记"银行存款""应交税费——代扣代交个人所得税"科目；企业向个人购买的财产属于无形资产项目的，代扣个人所得税应作为企业取得无形资产的价值组成部分，借记"无形资产"科目，贷记"银行存款""应交税费——代扣代交个人所得税"科目；企业向个人购买的财产属于原材料项目的，代扣的个人所得税应作为企业取得原材料的价值组成部分，借记"原材料"科目，贷记"银行存款""应交税费——代扣代交个人所得税"科目。实际缴纳代扣的个人所得税时，借记"应交税费——代扣代交个人所得税"科目，贷记"银行存款"科目。

【例5－13】 居民王文哲于20×3年11月将2年前购买的房屋转让给甲公司，原价为500 000元，购入时缴纳相关税费10 000元，转让房屋的售价为800 000元，转让房屋的相关税费为50 000元。甲公司应为王文哲代扣代缴的个人所得税及相关账务处理如下：

王文哲财产转让所得的应纳税所得额 = 800 000 - (500 000 + 10 000) - 50 000
$$= 240\ 000（元）$$

甲公司应为王文哲代扣代缴的个人所得税 = 240 000 × 20% = 48 000（元）

甲公司支付购买房屋的款项并代扣个人所得税时：

借：固定资产	800 000	
贷：银行存款		752 000
应交税费——代扣代交个人所得税		48 000

实际缴纳代扣的个人所得税时：

借：应交税费——代扣代交个人所得税	48 000	
贷：银行存款		48 000

（五）经营所得个人所得税的会计核算

纳税人取得经营所得，按年计算个人所得税，由纳税人在月度或者季度终了后15日内向税务机关报送纳税申报表，并预缴税款；在取得所得的次年3月31日前办理汇算清缴。

1. 个人独资企业个人所得税的会计核算。纳税人计提预缴的个人所得税时，借记"所得税费用"科目，贷记"应交税费——应交个人所得税"科目；实际预缴个人所得税时，借记"应交税费——应交个人所得税"科目，贷记"银行存款""库存现金"等科目。年度终了，计算出全年实际应缴纳的个人所得税，若需要补缴个人所得税，则按照需要补缴的个人所得税金额，借记"所得税费用"或"以前年度损益调整"科目，贷记"应交税费——应交个人所得税"科目，实际补缴个人所得税时，借记"应交税费——应交个人所得税"科目，贷记"银行存款""库存现金"等科目；若需要税务机关退回多缴的个人所得税，则按照需要退回的个人所得税金额，借记"应交税费——应交个人所得税"科目，贷记"所得税费用"或"以前年度损益调整"科目，实际收到税务机关退回的个人所得税时，借记"银行存款""库存现金"等科目，贷记"应交税费——应交个人所得税"科目。

【例5-14】个人独资企业甲20×3年经主管税务机关核定，按照20×2年实际应缴个人所得税税额，确定本年各季度的预缴个人所得税金额为15 000元。个人独资企业甲汇算清缴时计算的20×3年个人所得税应为100 000元。个人独资企业乙20×3年经过主管税务机关核定，按照20×2年实际应缴个人所得税税额，确定本年各季度的预缴个人所得税金额为15 000元。个人独资企业乙汇算清缴时计算的20×3年个人所得税应为40 000元。对个人独资企业甲和个人独资企业乙的上述业务进行账务处理。

个人独资企业甲20×3年每季度末计提预缴的个人所得税时：

借：所得税费用　　　　　　　　　　　　　　　　　　　15 000

　　贷：应交税费——应交个人所得税　　　　　　　　　　　15 000

个人独资企业甲20×3年每季度的次月申报期内预缴个人所得税时：

借：应交税费——应交个人所得税　　　　　　　　　　　15 000

　　贷：银行存款　　　　　　　　　　　　　　　　　　　15 000

20×3年年度终了个人独资企业甲汇算清缴全年个人所得税。

由于个人独资企业甲20×3年全年已经预缴个人所得税60 000元（15 000×4），20×4年3月31日前汇算清缴时，需要补缴个人所得税40 000元（100 000-60 000），账务处理如下：

20×4年3月31日前计提应缴的个人所得税时：

借：所得税费用（或"以前年度损益调整"）　　　　　　40 000

　　贷：应交税费——应交个人所得税　　　　　　　　　　　40 000

20×4年3月31日前补缴个人所得税时：

借：应交税费——应交个人所得税　　　　　　　　　　　40 000

　　贷：银行存款　　　　　　　　　　　　　　　　　　　40 000

个人独资企业乙20×3年每季度末计提预缴的个人所得税时：

借：所得税费用　　　　　　　　　　　　　　　　　　　15 000

　　贷：应交税费——应交个人所得税　　　　　　　　　　　15 000

个人独资企业乙20×3年每季度的次月申报期内预缴个人所得税时：

借：应交税费——应交个人所得税　　　　　　　　　　　15 000

　　贷：银行存款　　　　　　　　　　　　　　　　　　　15 000

20×3年年度终了个人独资企业乙汇算清缴全年个人所得税。

由于个人独资企业乙20×3年全年已经预缴个人所得税60 000元（15 000×4），20×4年3月31日前汇算清缴时，需要由税务机关退回多缴的个人所得税20 000元（60 000-40 000），账务处理如下：

20×4 年 3 月 31 日前计提应由税务机关退回的个人所得税时：

借：应交税费——应交个人所得税　　　　　　　　　　　20 000

　　贷：所得税费用（或"以前年度损益调整"）　　　　　　　　20 000

20×4 年 3 月 31 日前收到由税务机关退回的个人所得税时：

借：银行存款　　　　　　　　　　　　　　　　　　　　20 000

　　贷：应交税费——应交个人所得税　　　　　　　　　　　　20 000

2. 合伙企业个人所得税的会计核算。合伙企业以每一个合伙人为纳税人。合伙企业的合伙者按照合伙企业的全部生产经营所得和合伙协议约定的分配比例确定应纳税所得额；合伙协议没有约定分配比例的，以全部生产经营所得（包括企业分配给投资者个人的所得和企业当年留存利润）和合伙人数量平均计算每个投资者的应纳税所得额。投资者应纳的个人所得税款按年计算、分月或分季预缴，年度终了后 3 个月内汇算清缴，多退少补。合伙企业生产经营所得和其他所得采取"先分后税"的原则。

自然人合伙人缴纳的个人所得税不属于合伙企业的税款，不能计入合伙企业的费用。对合伙企业来说，该项税款属于预扣预缴税款，应记入"其他应收款"科目，以后从合伙企业向合伙人分配的利润中扣减。合伙人为法人和其他组织的，该合伙人取得的生产经营所得和其他所得应缴纳企业所得税。

【例 5 - 15】自然人王俊宏和天牧有限责任公司各出资 50% 设立一家合伙企业欣怡酒楼，合伙协议约定按出资比例分配利润。20×3 年欣怡酒楼账面利润总额为 100 万元，经纳税调整后的生产经营所得为 140 万元。王俊宏当年应交个人所得税 179 500 元（700 000×35% - 65 500），假设该年度王俊宏每季度预缴个人所得税 4.2 万元，还应补缴个人所得税 11 500 元。年终欣怡酒楼向王俊宏、天牧有限责任公司分配利润 40 万元。欣怡酒楼相关账务处理如下：

每季度计提应预缴个人所得税时：

借：其他应收款——王俊宏　　　　　　　　　　　　　　42 000

　　贷：应交税费——应交预扣个人所得税　　　　　　　　　　42 000

每季度预缴个人所得税时：

借：应交税费——应交预扣个人所得税　　　　　　　　　42 000

　　贷：银行存款　　　　　　　　　　　　　　　　　　　　42 000

年终汇算清缴，补缴个人所得税 11 500 元时：

借：其他应收款——王俊宏　　　　　　　　　　　　　　11 500

　　贷：应交税费——应交预扣个人所得税　　　　　　　　　　11 500

缴纳应补缴税款时：

借：应交税费——应交预扣个人所得税　　　　　　　　　11 500

　　贷：银行存款　　　　　　　　　　　　　　　　　　　　11 500

天牧有限责任公司当年从欣怡酒楼取得的应纳税所得额 70 万元，应并入该公司年度应纳税所得额，计算缴纳企业所得税。

年终，欣怡酒楼向王俊宏、天牧有限责任公司分配利润时：

借：利润分配——未分配利润　　　　　　　　　　　　　　　800 000
　　贷：应付利润——王俊宏　　　　　　　　　　　　　　　400 000
　　　　　　——天牧有限责任公司　　　　　　　　　　　　400 000

向王俊宏、天牧有限责任公司支付利润时：

借：应付利润——王俊宏　　　　　　　　　　　　　　　　　400 000
　　　　——天牧有限责任公司　　　　　　　　　　　　　　400 000
　　贷：其他应收款——王俊宏　　　　　　　　　　　　　　179 500
　　　　银行存款　　　　　　　　　　　　　　　　　　　　620 500

第四节　个人所得税的纳税申报

个人所得税的征收管理，依照《个人所得税法》和《税收征收管理法》的规定执行。采取由支付单位源泉扣缴和纳税人自行申报纳税两种征收方法。

一、代扣代缴个人所得税的纳税申报

扣缴义务人代扣代缴个人所得税时，应填报个人所得税基础信息表（A 表）和个人所得税扣缴申报表。

个人所得税基础信息表（A 表）由扣缴义务人填报，适用于扣缴义务人办理全员全额扣缴申报时，填报其支付所得的纳税人的基础信息。扣缴义务人首次向纳税人支付所得，或者纳税人相关基础信息发生变化的，应当填写本表，并于次月扣缴申报时向税务机关报送。

个人所得税扣缴申报表适用于扣缴义务人向居民个人支付工资、薪金所得，劳务报酬所得，稿酬所得和特许权使用费所得的个人所得税全员全额预扣预缴申报；向非居民个人支付工资、薪金所得，劳务报酬所得，稿酬所得和特许权使用费所得的个人所得税全员全额扣缴申报；向纳税人（居民个人和非居民个人）支付利息、股息、红利所得，财产租赁所得，财产转让所得和偶然所得的个人所得税全员全额扣缴申报。扣缴义务人应当在每月或者每次预扣、代扣税款的次月 15 日内，将已扣税款缴入国库，并向税务机关报送本表。

【例 5 – 16】阳光公司职工潘俊，20×3 年每月应发工资均为 30 000 元，每月的减除费用为 5 000 元，"三险一金"等专项扣除为 5 500 元（其中，养老保险费为 2 400元，基本医疗保险费为 600 元，失业保险费为 300 元，住房公积金为 2 200 元），享受的子女教育专项附加扣除为 1 000 元，没有减免收入及减免税额等情况。计算该职工1～3 月每月应预扣预缴的个人所得税税额，并填报 3 月的个人所得税扣缴申报表。

1 月应预扣预缴的个人所得税税额 = $(30\ 000 - 5\ 000 - 5\ 500 - 1\ 000) \times 3\%$
$$= 555（元）$$

2 月应预扣预缴的个人所得税税额 = $(30\ 000 \times 2 - 5\ 000 \times 2 - 5\ 500 \times 2 - 1\ 000 \times 2)$
$$\times 10\% - 2\ 520 - 555 = 625（元）$$

3 月应预扣预缴的个人所得税税额 = $(30\ 000 \times 3 - 5\ 000 \times 3 - 5\ 500 \times 3 - 1\ 000 \times 3)$
$$\times 10\% - 2\ 520 - 555 - 625 = 1\ 850（元）$$

3 月的个人所得税扣缴申报表如表5.7 所示。

在实务中，个人所得税网上申报系统中给出的"个人所得税扣缴申报表"中已经编辑好了相应的个人所得税计算公式，仅需会计人员录入企业每一位员工的"收入额"和"专项扣除"等信息，"个人所得税扣缴申报表"会自动计算出每一位员工的个人所得税以及企业所有员工的个人所得税合计数。

二、自行申报个人所得税的纳税申报

纳税人自行申报个人所得税时，根据不同的情况应分别填报个人所得税基础信息表（B 表）、个人所得税自行纳税申报表（A 表）、个人所得税年度自行纳税申报表（A 表）、个人所得税年度自行纳税申报表（B 表）、个人所得税经营所得纳税申报表（A 表）、个人所得税经营所得纳税申报表（B 表）、个人所得税经营所得纳税申报表（C 表）、个人所得税减免税事项报告表等申报表。

个人所得税基础信息表（B 表）适用于自然人纳税人基础信息的填报。自然人纳税人初次向税务机关办理相关涉税事宜时填报本表；在初次申报后，以后仅需在信息发生变化时填报。

个人所得税自行纳税申报表（A 表）适用于以下情形：

（1）居民个人取得应税所得且扣缴义务人未扣缴税款的，应当在取得所得的次年 6 月 30 日前办理纳税申报。税务机关通知限期缴纳的，纳税人应当按照期限缴纳税款。

（2）非居民个人取得应税所得且扣缴义务人未扣缴税款的，应当在取得所得的次年 6 月 30 日前办理纳税申报。非居民个人在次年 6 月 30 日前离境（临时离境除外）的，应当在离境前办理纳税申报。

（3）非居民个人在中国境内从两处以上取得工资、薪金所得的，应当在取得所得

表5.7

个人所得税扣缴申报表

税款所属期：20×3年3月1日至20×3年3月31日

扣缴义务人名称：阳光公司

扣缴义务人纳税人识别号（统一社会信用代码）：□□□□□□□□□□□□□□□□□□（略）

金额单位：人民币元（列至角分）

序号	姓名	身份证件类型	身份证件号码	纳税人识别号	是否为非居民个人	所得项目	收入额计算				本月（次）情况 专项扣除				其他扣除						累计情况													税款计算							备注
							收入	费用	免税收入	减除费用	基本养老保险费	基本医疗保险费	失业保险费	住房公积金	年金	商业健康保险	税延养老保险	财产原值	允许扣除的税费	其他	累计收入额	累计减除费用	累计专项扣除	子女教育	继续教育	住房贷款利息	住房租金	赡养老人	3岁以下婴幼儿照护	累计其他扣除	减按计税比例	准予扣除的捐赠额	应纳税所得额	税率/预扣率	速算扣除数	应纳税额	减免税额	已缴税额	应补/退税额	备注
1	2	3	4	5	6	7	8	9	10	11	12	13	14	15	16	17	18	19	20	21	22	23	24	25	26	27	28	29	30	31	32	33	34	35	36	37	38	39	40	41
1	潘俊				否	工资薪金	30 000			5 000	2 400	600	300	2 200							90 000	15 000	16 500	3 000									55 500	10%	2 520	3 030		1 180	1 850	
合计																																								

续表

序号	姓名	身份证件类型	身份证件号码	纳税人识别号	是否为非居民个人	所得项目	本月（次）情况														累计情况													税款计算						备注
							收入额计算				专项扣除				其他扣除						累计收入额	累计减除费用	累计专项扣除	累计专项附加扣除						累计其他扣除	减按计税比例	准予扣除的捐赠额	应纳税所得额	税率/预扣率	速算扣除数	应纳税额	减免税额	已缴税额	应补/退税额	
							收入	费用	免税收入	减除费用	基本养老保险费	基本医疗保险费	失业保险费	住房公积金	年金	商业健康保险	税延养老保险	财产原值	允许扣除的税费	其他				子女教育	继续教育	住房贷款利息	住房租金	赡养老人	3岁以下婴幼儿照护											

谨声明：本表是根据国家税收法律法规及相关规定填报的，是真实的、可靠的、完整的。

扣缴义务人（签章）： （阳光公司印章略） 20×3 年 4 月 15 日

经办人签字：

经办人身份证件号码： 代理机构签章：

代理机构统一社会信用代码：

受理人：

受理税务机关（章）：

受理日期： 年 月 日

的次月 15 日内办理纳税申报。

（4）其他需要纳税人办理自行申报的情形，按规定的申报期限办理。

个人所得税年度自行纳税申报表（A 表）适用于居民个人取得境内综合所得，按税法规定进行个人所得税汇算清缴。纳税人取得境外所得，则适用个人所得税年度自行纳税申报表（B 表）。

纳税人取得经营所得，按年计算个人所得税，由纳税人在月度或季度终了后 15 日内，向经营管理所在地主管税务机关办理预缴纳税申报，并报送个人所得税经营所得纳税申报表（A 表）。在取得所得的次年 3 月 31 日前，向经营管理所在地主管税务机关办理汇算清缴，并报送个人所得税经营所得纳税申报表（B 表）；从两处以上取得经营所得的，选择向其中一处经营管理所在地主管税务机关办理年度汇总申报，并报送个人所得税经营所得纳税申报表（C 表）。合伙企业有两个或者两个以上个人合伙人的，应分别填报个人所得税经营所得纳税申报表（A 表）与个人所得税经营所得纳税申报表（B 表）。

【例 5 - 17】以【例 5 - 6】的资料为例，计算张宝强 20 ×3 年综合所得汇算清缴时应补缴或者申请退回的个人所得税，并对张宝强 20 ×3 年综合所得的个人所得税进行汇算清缴，填写个人所得税年度自行纳税申报表。

20 ×3 年综合所得应申请退回个人所得税 = 9 040 – 923. 4 = 8 116. 6（元）

填写个人所得税年度自行纳税申报表如表 5. 8 所示。

表 5. 8　　　　　　个人所得税年度自行纳税申报表（A 表）

（仅取得境内综合所得年度汇算适用）

税款所属期：20 ×3 年 1 月 1 日至 20 ×3 年 12 月 31 日

纳税人姓名：张宝强

纳税人识别号：420 × × × × × × × × × × × × × ×　　　　　　金额单位：人民币元（列至角分）

项目	行次	金额
一、收入合计（第 1 行 = 第 2 行 + 第 3 行 + 第 4 行 + 第 5 行）	1	192 000
（一）工资、薪金	2	132 000
（二）劳务报酬	3	30 000
（三）稿酬	4	20 000
（四）特许权使用费	5	10 000
二、费用合计［第 6 行 =（第 3 行 + 第 4 行 + 第 5 行）×20%］	6	12 000
三、免税收入合计（第 7 行 = 第 8 行 + 第 9 行）	7	4 800
（一）稿酬所得免税部分［第 8 行 = 第 4 行 ×（1 –20%）×30%］	8	4 800
（二）其他免税收入（附报《个人所得税减免税事项报告表》）	9	
四、减除费用	10	60 000
五、专项扣除合计（第 11 行 = 第 12 行 + 第 13 行 + 第 14 行 + 第 15 行）	11	24 420

续表

项目	行次	金额
（一）基本养老保险费	12	10 560
（二）基本医疗保险费	13	2 640
（三）失业保险费	14	660
（四）住房公积金	15	10 560
六、专项附加扣除合计（附报《个人所得税专项附加扣除信息表》） （第 16 行 = 第 17 行 + 第 18 行 + 第 19 行 + 第 20 行 + 第 21 行 + 第 22 行 + 第 23 行）	16	60 000
（一）子女教育	17	24 000
（二）继续教育	18	
（三）大病医疗	19	
（四）住房贷款利息	20	
（五）住房租金	21	
（六）赡养老人	22	36 000
（七）3 岁以下婴幼儿照护	23	
七、其他扣除合计（第 24 行 = 第 25 行 + 第 26 行 + 第 27 行 + 第 28 行 + 第 29 行）	24	
（一）年金	25	
（二）商业健康保险（附报《商业健康保险税前扣除情况明细表》）	26	
（三）税延养老保险（附报《个人税收递延型商业养老保险税前扣除情况明细表》）	27	
（四）允许扣除的税费	28	
（五）其他	29	
八、准予扣除的捐赠额（附报《个人所得税公益慈善事业捐赠扣除明细表》）	30	
九、应纳税所得额 （第 31 行 = 第 1 行 − 第 6 行 − 第 7 行 − 第 10 行 − 第 11 行 − 第 16 行 − 第 24 行 − 第 30 行）	31	30 780
十、税率（%）	32	3%
十一、速算扣除数	33	0
十二、应纳税额（第 34 行 = 第 31 行 × 第 32 行 − 第 33 行）	34	923.4

全年一次性奖金个人所得税计算
（无住所居民个人预判为非居民个人取得的数月奖金，选择按全年一次性奖金计税的填写本部分）

项目	行次	金额
一、全年一次性奖金收入	35	
二、准予扣除的捐赠额（附报《个人所得税公益慈善事业捐赠扣除明细表》）	36	
三、税率（%）	37	
四、速算扣除数	38	
五、应纳税额［第 39 行 =（第 35 行 − 第 36 行）× 第 37 行 − 第 38 行］	39	

续表

项目	行次	金额
税额调整		
一、综合所得收入调整额（需在"备注"栏说明调整具体原因、计算方式等）	40	
二、应纳税额调整额	41	
应补/退个人所得税计算		
一、应纳税额合计（第 42 行 = 第 34 行 + 第 39 行 + 第 41 行）	42	923.4
二、减免税额（附报《个人所得税减免税事项报告表》）	43	
三、已缴税额	44	9 040
四、应补/退税额（第 45 行 = 第 42 行 – 第 43 行 – 第 44 行）	45	– 8 116.6

无住所个人附报信息			
纳税年度内在中国境内居住天数		已在中国境内居住年数	

退税申请
（应补/退税额小于 0 的填写本部分）

□申请退税（需填写"开户银行名称""开户银行省份""银行账号"）		□放弃退税	
开户银行名称		开户银行省份	
银行账号			

备注

谨声明：本表是根据国家税收法律法规及相关规定填报的，本人对填报内容（附带资料）的真实性、可靠性、完整性负责。

纳税人签字：　　　　　　　　　年　月　日

经办人签字： 经办人身份证件类型： 经办人身份证件号码： 代理机构签章： 代理机构统一社会信用代码：	受理人： 受理税务机关（章）： 受理日期：　　年　月　日

思考与练习

一、单项选择题

1. 根据个人所得税法律制度的规定，下列所得中应缴纳个人所得税的是（　　　）。
   A. 加班工资　　　　　　　　　B. 独生子女补贴
   C. 差旅费津贴　　　　　　　　D. 国债利息收入

2. 根据个人所得税法律制度的有关规定，下列各项中按照"稿酬所得"征收个人所得税的是（　　）。

    A. 作品出版或者发表　　　　　　B. 审稿收入

    C. 设计收入　　　　　　　　　　D. 讲课收入

3. 根据个人所得税法律制度的规定，下列收入中不应按照"劳务报酬所得"项目缴纳个人所得税的是（　　）。

    A. 技术服务收入　　　　　　　　B. 提供商标权的使用权取得的收入

    C. 法律服务收入　　　　　　　　D. 设计服务收入

4. 纳税人的子女接受全日制学历教育的相关支出，按照每个子女每月（　　）元的标准定额扣除。

    A. 1 000　　　　B. 2 000　　　　C. 3 000　　　　D. 4 000

5. 劳务报酬所得、稿酬所得、特许权使用费所得以收入减除（　　）的费用后的余额为收入额。

    A. 10%　　　　B. 15%　　　　C. 20%　　　　D. 25%

6. 根据个人所得税法律制度的规定，下列各项中属于个人所得税居民纳税人的是（　　）。

    A. 出国留学 5 年归来已在国内工作半年并在工作地有住所的赵某

    B. 在国内有房产，移民后一直居住在国外的钱某

    C. 2022 年 12 月 30 日在我国工作于 2023 年 5 月 1 日离境的杰克逊

    D. 2023 年 12 月入境、2024 年 1 月离境的约翰

7. 按照我国个人所得税法律法规，纳税人接受技能人员职业资格继续教育、专业技术人员职业资格继续教育的支出，在取得相关证书的当年，可按照一定的标准定额扣除，该标准是（　　）元。

    A. 2 000　　　　B. 3 600　　　　C. 4 800　　　　D. 12 000

8. 根据个人所得税法律制度的规定，个人从事下列非雇佣劳动取得的收入中，应按稿酬所得缴纳个人所得税的是（　　）。

    A. 审稿收入　　　　　　　　　　B. 翻译收入

    C. 题字收入　　　　　　　　　　D. 出版作品收入

9. 下列各项中，应按经营所得征收个人所得税的是（　　）。

    A. 个人独资企业的个人投资者以企业资金为本人购买住房，并归为个人名下

    B. 个体工商户对外投资取得的所得

    C. 股份制企业的个人投资者以该企业的资金为本人购买汽车并归为个人名下

    D. 股份制企业的个人投资者从该企业借款，在该纳税年度终了后既未归还又未用于企业生产经营的

10. 某外籍个人接受总部派遣，于 2023 年 6 月 5 日来中国，其任务是对境内的某

外商投资企业进行考察调研，并于 2023 年 8 月 25 日离境。该外籍个人境内工作天数为 ( ) 天。

  A. 79   B. 80   C. 81   D. 82

二、多项选择题

1. 工资、薪金所得，是指个人因任职或者受雇取得的 ( )。

  A. 年终加薪   B. 劳动分红   C. 津贴   D. 偶然所得

2. 财产租赁所得，是指个人出租 ( ) 而取得的所得。

  A. 不动产   B. 土地使用权   C. 机器设备   D. 车船以及其他财产

3. 财产转让所得，是指个人转让 ( ) 的所得。

  A. 有价证券   B. 股权

  C. 合伙企业中的财产份额   D. 不动产

4. 纳税人赡养一位及以上被赡养人的赡养支出，下列说法中正确的有 ( )。

  A. 纳税人为独生子女的，按照每月 2 000 元的标准定额扣除

  B. 纳税人为非独生子女的，由其与兄弟姐妹分摊每月 2 000 元的扣除额度，每人分摊的额度不能超过每月 1 000 元

  C. 可以由赡养人均摊或者约定分摊，也可以由被赡养人指定分摊

  D. 所称被赡养人是指年满 65 周岁的父母，以及子女均已去世的年满 65 周岁的祖父母、外祖父母

5. 下列各项个人所得中免征个人所得税的有 ( )。

  A. 国债和国家发行的金融债券利息

  B. 福利费、抚恤金、救济金

  C. 保险赔款

  D. 军人的转业费、复员费、退役金

三、判断题

1. 在中国境内有住所，或者无住所而一个纳税年度内在中国境内居住累计满 183 天的个人，为居民个人。   ( )

2. 稿酬所得，是指个人因其作品以图书、报刊形式出版、发表而取得的所得。

                          ( )

3. 个人所得税综合所得，适用 5% ~ 35% 的超额累进税率。   ( )

4. 直辖市、省会（首府）城市、计划单列市以及国务院确定的其他城市，住房租金扣除标准为每月 1 500 元。   ( )

5. 非居民个人在中国境内从两处以上取得工资、薪金所得的，应当在取得所得的次月 5 日内申报。   ( )

四、思考题

1. 简述个人所得税的纳税人与扣缴义务人。

2. 如何计算居民个人的综合所得？

3. 企业预扣工资、薪金所得的个人所得税税款应如何计算？如何进行会计处理？

4. 企业预扣劳务报酬所得的个人所得税税款应如何计算？如何进行会计处理？

5. 个人所得税年终汇算清缴时，扣缴义务人是否还需要做相应的会计分录？为什么？

五、计算分录题

1. 中国居民个人张某为我国境内甲公司员工，20×3 年 1 月含税工资为 20 000 元。甲公司每月代扣由个人负担的养老保险 1 600 元、医疗保险 400 元、失业保险 100 元、住房公积金 1 600 元。张某本年 1 月专项附加扣除中有子女教育专项附加扣除 2 000 元，依法确定的其他扣除均为零。

要求：

（1）计算张某 20×3 年 1 月应由甲公司预扣预缴的个人所得税。

（2）对甲公司上述业务进行账务处理。

2. 中国居民个人张某 20×3 年 1 月在我国境内甲公司做兼职培训，未扣除个人所得税的劳务报酬为 10 000 元。假设不考虑增值税等因素。

要求：

（1）计算张某 20×3 年 1 月应由甲公司预扣预缴的个人所得税。

（2）对甲公司上述业务进行账务处理。

3. 中国居民个人李某 20×3 年 1 月转让给我国境内的甲公司一项专利使用权，未扣除个人所得税的转让收入为 30 000 元。假设不考虑增值税等因素。

要求：

（1）计算李某 20×3 年 1 月应由甲公司预扣预缴的个人所得税。

（2）对甲公司上述业务进行账务处理。

第六章　财产和行为税会计

【学习目标】

通过本章学习，掌握城镇土地使用税、耕地占用税、房产税、车船税、环境保护税、资源税、烟叶税、土地增值税、契税和印花税的计算；掌握相关税种的会计科目设置，并能够进行会计核算；掌握财产和行为税的纳税申报表填写和申报。

【思政目标】

通过学习财产和行为税的设置目的和征收原则，使学生理解财产和行为税的设置初衷及目的，理解税收在调节经济、促进资源合理配置、推动经济结构的绿色调整和优化等方面的重要作用，增强对税收政策的理解和支持；通过本章税务会计内容的学习，增强绿色环保意识和责任担当能力，提升纳税遵从度，提升职业道德水平。

第一节　城镇土地使用税和耕地占用税会计

一、城镇土地使用税会计

城镇土地使用税法是指国家制定的调整城镇土地使用税征收与缴纳权利及义务关系的法律规范。现行城镇土地使用税法的基本规范是 2006 年 12 月 31 日国务院修改并颁布的《中华人民共和国城镇土地使用税暂行条例》。城镇土地使用税的开征有利于促进土地的合理使用，调节土地级差收入，也有利于筹集地方财政资金。

（一）城镇土地使用税税制要素

1. 城镇土地使用税的纳税人和征税范围。在我国城市、县城、建制镇、工矿区范围内使用土地的单位和个人，为城镇土地使用税的纳税人。城镇土地使用税的纳税人通常包括以下几类：

（1）拥有土地使用权的单位和个人。

（2）拥有土地使用权的单位和个人不在土地所在地的，其土地的实际使用人或代管人为纳税人。

（3）土地使用权未确定或权属纠纷未解决的，其实际使用人为纳税人。

（4）土地使用权共有的，共有各方都是纳税人，由共有各方分别纳税。

（5）在城镇土地使用税征税范围内，承租集体所有建设用地的，由直接从集体经济组织承租土地的单位和个人，缴纳城镇土地使用税。

城镇土地使用税的征税范围，为在城市、县城、建制镇和工矿区内的国家所有和集体所有的土地。对城市、县城、建制镇和工矿区的具体征税范围的确定，由省、自治区、直辖市人民政府具体划定。

2. 城镇土地使用税的税率、计税依据和应纳税额的计算。

（1）税率。城镇土地使用税采用定额税率，并在一定幅度内确定差额税额，按大、中、小城市和县城、建制镇、工矿区分别规定每平方米城镇土地使用税年应纳税额。即大城市 1.5～30 元；中等城市 1.2～24 元；小城市 0.9～18 元；县城、建制镇、工矿区 0.6～12 元。

各省、自治区、直辖市人民政府可根据市政建设情况和经济繁荣程度在规定税额幅度内，确定所辖地区的适用税额幅度。经济落后地区城镇土地使用税的适用税额标准可适当降低，但降低额不得超过上述规定最低税额标准的 30%。经济发达地区的适用税额标准可以适当提高，但须报财政部批准。

（2）计税依据及应纳税额的计算。城镇土地使用税以纳税人实际占用的土地面积为计税依据，土地面积计量标准为每平方米。其应纳税额计算公式为：

$$全年应纳税额 = 实际占用应税土地面积（平方米）\times 适用税额$$

【例 6-1】甲公司位于某经济落后地区，20×2 年 12 月取得一宗土地的使用权（未取得土地使用证书），假定 20×3 年 1 月已按 1 500 平方米申报缴纳了全年的城镇土地使用税。20×3 年 4 月该企业取得了政府部门核发的土地使用证书，上面注明的土地面积为 2 000 平方米。已知该地区城镇土地使用税适用 0.9～18 元/平方米的幅度税额，当地政府规定的固定税额为 0.9 元/平方米，并按照国家规定的最高比例降低税额标准。计算甲企业 20×3 年应该补缴的城镇土地使用税。

当地年固定税额 = 0.9×(1-30%) = 0.63（元/平方米）

甲企业应补税额 = (2 000-1 500)×0.63 = 315（元）

3. 城镇土地使用税的减免税优惠。城镇土地使用税的法定免征主要包括：国家机关、人民团体、军队自用的土地；由国家财政部门拨付事业经费的单位自用的土地；宗教寺庙、公园、名胜古迹自用的土地；市政街道、广场、绿化地带等公共用地；直接用于农、林、牧、渔业的生产用地；经批准开山填海整治的土地和改造的废弃土地，从使用的月份起免征城镇土地使用税 5～10 年；非营利性医疗机构、疾病控制机构和妇幼保健机构等卫生机构和非营利性科研机构自用的土地；对国家拨付事业经费和企业办的各类学校、托儿所、幼儿园自用的土地。除此之外，还有各省、自治区、直辖市税务局确定减免城镇土地使用税的用地。

4. 城镇土地使用税的征收管理。

（1）纳税义务发生时间。城镇土地使用税纳税义务发生时间具体规定如下：纳税人购置新建商品房，自房屋交付使用之次月起，缴纳城镇土地使用税；纳税人购置存量房，自办理房屋权属转移、变更登记手续，房地产权属登记机关签发房屋权属证书之次月起，缴纳城镇土地使用税；纳税人出租、出借房产，自交付出租、出借房产之次月起，缴纳城镇土地使用税；以出让或转让方式有偿取得土地使用权的，应由受让方从合同约定交付土地时间之次月起缴纳城镇土地使用税，合同未约定交付土地时间的，由受让方从合同签订之次月起缴纳城镇土地使用税；纳税人新征用的耕地，自批准征用之日起满1年时开始缴纳城镇土地使用税；纳税人新征用的非耕地，自批准征用次月起缴纳城镇土地使用税；自2009年1月1日起，纳税人因土地的权利发生变化而依法终止城镇土地使用税纳税义务的，其应纳税款的计算应截止到土地权利发生变化的当月月末。

（2）纳税期限及地点。城镇土地使用税实行按年计算、分期缴纳的征收办法，具体纳税期限由省、自治区、直辖市人民政府确定。

城镇土地使用税在土地所在地缴纳。纳税人使用的土地不属于同一省、自治区、直辖市管辖范围内的，由纳税人分别向土地所在地的税务机关申报缴纳城镇土地使用税；在同一省、自治区、直辖市管辖范围内，纳税人跨地区使用的土地，其纳税地点由各省、自治区、直辖市税务局确定纳税地点。

（二）城镇土地使用税的会计核算

企业计提应交城镇土地使用税时，借记"税金及附加"科目，贷记"应交税费——应交城镇土地使用税"科目；实际缴纳城镇土地使用税时，借记"应交税费——应交城镇土地使用税"科目，贷记"银行存款"科目。

【例6-2】某市甲公司20×3年实际占用土地80 000平方米。其中，厂办托儿所占地600平方米，职工子弟小学占地3 000平方米。该市政府核定的单位土地税额为9元/平方米。甲公司税款按年计算并一次缴纳。计算甲公司20×3年应纳城镇土地使用税，并进行相应的账务处理。

应纳城镇土地使用税 = （80 000 - 600 - 3 000）× 9 = 687 600（元）

计提应缴税款时：

借：税金及附加 687 600

　　贷：应交税费——应交城镇土地使用税 687 600

上缴税款时：

借：应交税费——应交城镇土地使用税　　　　　　　　687 600
　　贷：银行存款　　　　　　　　　　　　　　　　　　　687 600

（三）城镇土地使用税的纳税申报

城镇土地使用税的纳税人应该按照规定及时办理纳税申报，填报城镇土地使用税税源明细表、财产和行为税减免税明细申报表和财产和行为税纳税申报表。

二、耕地占用税会计

耕地占用税法，是指国家制定的调整耕地占用税征收与缴纳权利及义务关系的法律规范。现行耕地占用税法的基本规范是 2018 年 12 月 29 日第十三届全国人大常委会第七次会议审议通过的《中华人民共和国耕地占用税法》。耕地占用税的开征有利于合理利用土地资源，加强土地管理，保护农用耕地。

（一）耕地占用税税制要素

1. 耕地占用税的纳税人和征税范围。在我国境内占用耕地建设建筑物、构筑物或者从事非农业建设的单位和个人，为耕地占用税的纳税人。

耕地占用税的征税范围包括纳税人为建设建筑物、构筑物或者从事非农业建设而占用的耕地。

占用园地、林地、草地、农田水利用地、养殖水面、渔业水域滩涂以及其他农用土地建设建筑物、构筑物或从事其他非农业建设的，依法征收耕地占用税。建设直接为农业生产服务的生产设施占用的农用地，不征收耕地占用税。

占用已开发从事种植、养殖的滩涂、草场、水面和林地等从事非农业建设，由省、自治区、直辖市本着有利于保护土地资源和生态平衡的原则，结合具体情况确定是否征收耕地占用税。

2. 耕地占用税的税率、计税依据及应纳税额的计算。

（1）税率。耕地占用税采用定额税率，实行有幅度的地区差别税额。耕地占用税的税额幅度如表 6.1 所示。

表 6.1　　　　　　　　　　　　耕地占用税税率表

级数	县、自治县、不设区的市、市辖区人均耕地面积	税额（元/平方米）
1	1 亩以下（含 1 亩）	10 ~ 50
2	1 ~ 2 亩（含 2 亩）	8 ~ 40
3	2 ~ 3 亩（含 3 亩）	6 ~ 30
4	3 亩以上	5 ~ 25

各地区耕地占用税的适用税额，由省、自治区、直辖市人民政府根据人均耕地面积和经济发展等情况，在规定的税额幅度内提出，报同级人民代表大会常务委员会决定，并报全国人民代表大会常务委员会和国务院备案。

在人均耕地低于0.5亩的地区，省、自治区、直辖市可以根据当地经济发展情况，适当提高耕地占用税的适用税额，提高部分不得超过规定适用税额的50%。

（2）计税依据及应纳税额的计算。耕地占用税以纳税人实际占用的耕地面积（平方米）为计税依据，按应税土地当地适用税率计算应纳税额，一次性缴纳。

耕地占用税应纳税额为纳税人实际占用的应税土地面积（平方米）乘以适用税率。其计算公式为：

$$应纳税额 = 实际占用的耕地面积(平方米) \times 适用税额$$

【例6-3】某农户20×3年经批准占用耕地1 000平方米，其中900平方米用于种植花卉，剩余100平方米用于非搬迁新建自用住宅。当地耕地占用税适用税额25元/平方米，计算该农户应缴纳的耕地占用税。

实际占用的应税耕地面积 = 100平方米

应纳税额 = 100 × 25 × 50% = 1 250（元）

3. 耕地占用税的减免税优惠。

（1）军事设施、学校、幼儿园、社会福利机构、医疗机构占用耕地，免征耕地占用税。

（2）农村烈士遗属、因公牺牲军人遗属、残疾军人以及符合农村最低生活保障条件的农村居民，在规定用地标准以内新建自用住宅，免征耕地占用税。

（3）铁路线路、公路线路、飞机场跑道、停机坪、港口、航道、水利工程占用耕地，减按2元/平方米的税额征收耕地占用税。

（4）农村居民在规定用地标准以内占用耕地新建自用住宅，按照当地适用税额减半征收耕地占用税；其中农村居民经批准搬迁，新建自用住宅占用耕地不超过原宅基地面积的部分，免征耕地占用税。

免征或者减征耕地占用税后，纳税人改变原占地用途，不再属于免征或者减征耕地占用税情形的，应当按照当地适用税额补缴耕地占用税。

4. 耕地占用税的征收管理。耕地占用税的纳税义务发生时间为纳税人收到自然资源主管部门办理占用耕地手续的书面通知的当日。耕地占用税对占用耕地实行一次性征收，纳税人应当自纳税义务发生之日起30日内申报缴纳耕地占用税。

自然资源主管部门凭耕地占用税完税凭证或者免税凭证和其他有关文件发放建设用地批准书。

（二）耕地占用税的会计核算

企业可以不通过"应交税费"科目核算耕地占用税，实际缴纳时，直接记入"在建工程"科目。

【例6-4】某市乙公司20×3年新占用30 000平方米耕地用于工业建设，所占耕地适用的定额税率为20元/平方米。计算该企业应纳的耕地占用税，并进行相应的账务处理。

应缴纳的耕地占用税 = 30 000 × 20 = 600 000（元）

借：在建工程 　　　　　　　　　　　　　　　　　　600 000
　　贷：银行存款 　　　　　　　　　　　　　　　　　　　600 000

（三）耕地占用税的纳税申报

纳税人对耕地占用税进行纳税申报时，应填报耕地占用税税源明细表、财产和行为税减免税明细申报表和财产和行为税纳税申报表。

第二节　房产税和契税会计

一、房产税会计

房产税法是指国家制定的调整房产税征收与缴纳权利及义务关系的法律规范。现行房产税法的基本规范是1986年9月15日国务院颁布的《中华人民共和国房产税暂行条例》。房产税的征收有利于地方政府筹集财政收入和加强房产管理。

（一）房产税的税制要素

1. 房产税的纳税人和征税范围。在我国城市、县城、建制镇和工矿区内拥有房屋产权的单位和个人，为房产税的纳税人，包括产权所有人、承典人、房产代管人或者使用人。

（1）产权属国家所有的，其经营管理单位为纳税人；产权属集体和个人所有的，其集体单位和个人为纳税人。

（2）产权出典的，承典人为纳税人。

（3）产权所有人、承典人不在房屋所在地的，或者产权未确定及租典纠纷未解决的，房产代管人或者使用人为纳税人。

（4）无租使用其他单位房产的应税单位和个人，依照房产余值代缴房产税。

房产税的征税对象是房产，即有屋面和围护结构（有墙或两边有柱），能够遮风避雨，可供人们在其中生产、学习、工作、娱乐、居住或储藏物资的场所。房产税的征税范围为城市、县城、建制镇和工矿区，不包括农村。对城市、县城、建制镇和工矿区的具体征税范围的确定，由省、自治区、直辖市人民政府具体划定。

2. 房产税的税率。我国现行房产税采用比例税率。依据房产计税余值计税的，税率为1.2%；依据房产租金收入计税的，税率为12%。对个人出租住房，不区分用途，按4%的税率征收房产税；对企事业单位、社会团体以及其他组织向个人、专业化规模化住房租赁企业出租住房的，减按4%的税率征收房产税。

3. 房产税的计税依据。房产税的计税依据是房产的计税余值或房产的租金收入。

（1）房产的计税余值，是指依照税法规定按房产原值一次减除10%～30%损耗价值以后的余值。具体减除幅度由当地省、自治区、直辖市人民政府确定。

纳税人按照会计制度规定在会计账簿"固定资产"科目中记载的房屋原价作为房产原值。会计账簿中记载有房屋原价的，以房屋原价按规定减除一定比例后作为房产的计税余值计征房产税；没有记载房屋原价的，按照上述原则，参照同类房屋确定房产原值，计征房产税。房产原值应包括与房屋不可分割的各种附属设备或一般不单独计算价值的配套设施。属于房屋附属设备的排水、采暖、消防、中央空调、电气及智能楼宇设备等，无论在会计核算中是否单独记账与核算，都应计入房屋原值。纳税人对原有房屋进行改建、扩建的，要相应增加房屋的原值。

（2）房产的租金收入，是指房屋产权所有人出租房产使用权得到的报酬，包括货币收入和实物收入。

对以劳务或者其他形式为报酬抵付房租收入的，应根据当地同类房产的租金水平，确定一个标准租金额从租计征。

对出租房产，租赁双方签订的租赁合同约定有免收租金期限的，免收租金期间由产权所有人按照房产原值缴纳房产税。

4. 房产税应纳税额的计算。房产税应纳税额的计算分为按房产计税余值征税的从价计征和按房产租金收入征税的从租计征。

（1）从价计征是按房产的原值减除一定比例后的余值计征，其计算公式为：

$$应纳税额 = 应税房产原值 \times (1 - 扣除比例) \times 1.2\%$$

（2）从租计征是按房产的租金收入计征，其计算公式为：

$$应纳税额 = 租金收入 \times 12\%（或4\%）$$

【例6-5】甲公司20×0年购置办公大楼原值30 000万元，20×3年2月28日将其中部分闲置房间出租，租期2年。出租部分房产原值5 000万元，租金每年1 000万元（不含增值税）。当地规定房产原值减除比例为20%，计算20×3年该企业应缴纳的房产税。

$$自用房屋应纳房产税 = （30\ 000 - 5\ 000）\times（1 - 20\%）\times 1.2\% + 5\ 000 \times（1 - 20\%）$$
$$\times 1.2\% \times 2 \div 12 = 248（万元）$$

$$租金收入应纳房产税 = 1\ 000 \times 10 \div 12 \times 12\% = 100（万元）$$

$$全年应纳房产税总额 = 248 + 100 = 348（万元）$$

5. 房产税的减免税优惠。房产税的免税主要有：国家机关、人民团体、军队、宗教寺庙、公园、名胜古迹、非营利性医疗机构自用的房产；由国家财政部门拨付事业经费的单位，本身业务范围内使用的房产；企业办的各类学校、医院、托儿所、幼儿园自用的房产；按政府规定价格出租的公有住房和廉租住房；个人所有非营业用的房产。另外，纳税单位与免税单位共同使用的房屋，按各自使用的部分分别征收或免税房产税；房地产开发企业建造的商品房，在出售前不征收房产税，但出售前房地产开发企业已使用或出租、出借的商品房，应按规定征收房产税。

6. 房产税的征收管理。房产税的纳税义务发生时间具体规定如下：

（1）纳税人将原有房产用于生产经营，从生产经营之月起缴纳房产税。

（2）纳税人自行新建房屋用于生产经营，从建成之次月起，缴纳房产税。

（3）纳税人委托施工企业建设的房屋，从办理验收手续之次月起，缴纳房产税。

（4）纳税人购置新建商品房，自房屋交付使用之次月起，缴纳房产税。

（5）纳税人购置存量房，自办理房屋权属转移、变更登记手续，房地产权属登记机关签发房屋权属证书之次月起，缴纳房产税。

（6）纳税人出租、出借房产，自交付出租、出借房产之次月起，缴纳房产税。

（7）房地产开发企业自用、出租、出借本企业建造的商品房，自房屋使用或交付之次月起，缴纳房产税。

房产税按年计算，分期缴纳，具体纳税期限由省、自治区、直辖市人民政府规定。同时，房产税应向房产所在地的税务机关缴纳。如果房产不在同一地方的纳税人，应按房产的坐落地点分别向房产所在地的税务机关申报纳税。

（二）房产税的会计核算

企业经营自用的房屋，按规定计算应缴纳的房产税税额，借记"税金及附加"科目，贷记"应交税费——应交房产税"科目；实际缴纳房产税时，借记"应交税费——应交房产税"科目，贷记"银行存款"科目。企业出租的房屋，按规定计算应缴纳的房产税税额，借记"税金及附加"科目，贷记"应交税费——应交房产税"科目；实际缴纳房产税时，借记"应交税费——应交房产税"科目，贷记"银行存款"科目。

【例 6 - 6】甲公司拥有经营性房产 60 000 平方米，"固定资产"分类账中记载的房屋原价为 4 500 万元。20 ×3 年用于对外出租的房屋为 6 000 平方米，房产原值为 520 万元，每半年收取租金 18 万元（不含增值税）。当地政府规定，企业自用房屋，按房屋原值一次减除 30% 后的房产余值纳税。税务机关核定房产税每年征收一次。计算甲公司 20 ×3 年应缴纳的房产税，并进行相应的账务处理。

自用房屋应纳房产税 = (4 500 − 520) × (1 − 30%) × 1.2%

$$× 10 000 = 334 320（元）$$

租金收入应纳房产税 = 180 000 × 2 × 12% = 43 200（元）

应纳房产税总额 = 334 320 + 43 200 = 377 520（元）

计提应纳房产税时：

借：税金及附加　　　　　　　　　　　　　　　　377 520

　　贷：应交税费——应交房产税　　　　　　　　　　　377 520

缴纳房产税时：

借：应交税费——应交房产税　　　　　　　　　　377 520

　　贷：银行存款　　　　　　　　　　　　　　　　　377 520

（三）房产税的纳税申报

纳税人对房产税进行纳税申报时，应填报房产税税源明细表、财产和行为税减免税明细申报表和财产和行为税纳税申报表。

二、契税会计

（一）契税税制要素

契税法是指国家制定的调整契税征收与缴纳权利及义务关系的法律规范。现行契税法的基本规范是 2020 年 8 月 11 日全国人大常委会通过的《中华人民共和国契税法》。契税的开征有利于增加地方财政收入，有利于保护合法产权，避免产权纠纷。

1. 契税的纳税人及征税范围。在我国境内转移土地、房屋权属，承受的单位和个人，为契税的纳税人。土地、房屋权属是指土地使用权和房屋所有权。

契税以在我国境内转移土地、房屋权属的行为为征税对象。土地、房屋权属未发生转移的，不征收契税。具体征税范围包括土地使用权出让、转让，房屋买卖、赠与、互换。以作价投资入股、偿还债务、划转、奖励等方式转移土地房屋权属的，视同转移土地、房屋权属行为，依照规定征收契税。

国有土地使用权
出让

2. 契税的税率和计税依据。契税采用比例税率，并实行3%～5%的幅度税率。具体适用税率，由各省、自治区、直辖市人民政府在上述规定的税率幅度内提出，报同级人大常委会决定，并报全国人大常委会和国务院备案。

契税的计税依据不包括增值税。按照土地、房屋权属转移的形式和定价方法的不同，契税的计税依据确定如下：

（1）土地使用权出让、出售、房屋买卖，为土地、房屋权属转移合同确定的成交价格包括应交付的货币、实物、其他经济利益对应的价款。

（2）土地使用权交换、房屋交换，为所互换的土地使用权、房屋价格的差额。若互换价格相等，则互换双方计税依据为零。

（3）土地使用权赠与、房屋赠与以及其他没有价格的转移土地、房屋权属行为，为税务机关参照土地使用权出售、房屋买卖的市场价格依法核定的价格。

3. 契税应纳税额的计算。契税以所确定的计税依据和规定的比例税率计算应纳税额。其计算公式为：

$$应纳税额 = 计税依据 \times 税率$$

【例6－7】甲公司因拖欠乙公司2 000 000元的货款无力偿还，20×3年6月以一处房产抵偿该项货款，当月乙公司取得该房产的产权并支付给甲公司差价款500 000元。假定当地省政府规定的契税税率为3%。计算乙公司应缴纳的契税。

房屋抵债时，房屋权属的承受人为纳税人。

乙公司应缴纳的契税 = 2 500 000 × 3% = 75 000（元）

4. 契税的减免税优惠。

（1）国家机关、事业单位、社会团体、军事单位承受土地、房屋权属用于办公、教学、医疗、科研、军事设施免征契税。

（2）非营利性的学校、医疗机构、社会福利机构承受土地、房屋权属用于办公、教学、医疗、科研、养老、救助免征契税。

（3）承受荒山、荒地、荒滩土地使用权用于农、林、牧、渔业免征契税。

（4）婚姻关系存续期间夫妻之间变更土地、房屋权属免征契税。

（5）法定继承人通过继承承受土地、房屋权属免征契税。

（6）依照法律规定应当予以免税的外国驻华使领馆、领事馆和国际组织驻华代表机构承受土地、房屋权属免征契税。

（7）因土地、房屋被县级以上人民政府征收、征用、不可抗力灭失住房，重新承受土地、房屋权属，省级政府可以决定免征或减征契税。

5. 契税的征收管理。契税的纳税义务发生时间是纳税人签订土地、房屋权属转移合同的当日，或者纳税人取得其他具有土地、房屋权属转移合同性质凭证的当日。

纳税人应当在依法办理土地、房屋权属登记手续前向土地、房屋所在地的税务机关申报缴纳契税。纳税人办理纳税事宜后，税务机关应当开具契税完税凭证。纳税人办理土地、房屋权属登记，不动产登记机构应当查验契税完税、减免税凭证和其他有关信息，未按规定缴纳契税的，不予办理土地、房屋权属登记。

（二）契税的会计核算

企业按规定计算应缴纳的契税税额，借记"在建工程""固定资产""无形资产"科目，贷记"应交税费——应交契税"科目；实际缴纳契税时，借记"应交税费——应交契税"科目，贷记"银行存款"科目。

【例6-8】20×3年甲公司从房地产开发企业处购入一套商品房作为办公用房，取得的增值税专用发票上注明房屋价款3 000 000元、增值税额270 000元，房屋价税款以银行存款支付。当地政府规定的契税税率为3%。计算该公司应缴纳的契税并进行账务处理。

该公司应缴纳的契税 = 3 000 000 × 3% = 90 000（元）

借：固定资产 3 090 000
　　应交税费——应交增值税（进项税额） 270 000
　　贷：银行存款 3 270 000
　　　　应交税费——应交契税 900 000
借：应交税费——应交契税 90 000
　　贷：银行存款 90 000

（三）契税的纳税申报

纳税人对契税进行纳税申报时，应填报契税税源明细表、财产和行为税减免税明细申报表和财产和行为税纳税申报表。

第三节　车船税和印花税会计

一、车船税会计

（一）车船税税制要素

车船税法是指国家制定的调整车船税征收与缴纳权利及义务关系的法律规范。现行车船税法的基本规范是2011年2月25日全国人大常委会通过的《中华人民共和国车船税法》。车船税的开征有利于为地方政府筹集财政资金，有利于车船的管理和合理配置，也有利于调节财富差异。

1. 车船税的纳税人和征税范围。车船税的纳税人，是指在中华人民共和国境内拥有税法规定的车辆、船舶的所有人或者管理人。从事机动车第三方责任强制保险业务的保险机构为机动车车船税的扣缴义务人，应当在收取保险费时依法代收车船税，并出具代收税款凭证。

车船税的征税范围是指税法规定的车辆、船舶。车辆、船舶是指：

（1）依法应当在车船登记管理部门登记的机动车辆和船舶。

（2）依法不需要在车船登记管理部门登记、在单位内部场所行驶或者作业的机动车辆和船舶。

2. 车船税的税目和税率。车船税实行定额税率，适用的税目、税额如表 6.2 所示。车船税的具体适用税额由省、自治区、直辖市人民政府在规定的子税目税额幅度内确定。

表 6.2　　　　　　　　　　　　　　**车船税税目税额表**

目录		计税单位	年基准税额（元）	备注
乘用车按发动机气缸容量（排气量）分档	1.0 升（含）以下	每辆	60～360	核定载客人数 9 人（含）以下
	1.0 升以上至 1.6 升（含）		300～540	
	1.6 升以上至 2.0 升（含）		360～660	
	2.0 升以上至 2.5 升（含）		660～1 200	
	2.5 升以上至 3.0 升（含）		1 200～2 400	
	3.0 升以上至 4.0 升（含）		2 400～3 600	
	4.0 升以上		3 600～5 400	
商用车	客车	每辆	480～1 440	核定载客人数 9 人（包括电车）
	货车	整备质量每吨	16～120	（1）包括半挂牵引车、三轮、汽车和低速载货汽车等；（2）挂车按照货车税额的 50% 计算
其他车辆	专用作业车	整备质量每吨	16～120	不包括拖拉机
	轮式专用机械车			
摩托车		每辆	36～180	
船舶	机动船舶	净吨位每吨	3～6	拖船、非机动驳船分别按照机动船舶税额的 50% 计算
	游艇	艇身长度每米	600～2 000	游艇的税额另行规定

3. 车船税的计税依据和应纳税额的计算。车船税以车船的计税单位数量为计税依据。按车船的种类和性能，分别确定每辆、整备质量每吨和艇身长度每米为计税单位，以所确定的计税单位数量和规定的单位税额计算应纳税额。

（1）乘用车、客车、摩托车的应纳税额计算公式为：

$$应纳税额 = 应税车辆数 \times 适用单位税额$$

（2）货车、挂车、专用作业车、轮式专用机械车的应纳税额计算公式为：

$$应纳税额 = 整备质量吨数 \times 适用单位税额$$

（3）机动船舶的应纳税额计算公式为：

$$应纳税额 = 净吨位数 \times 适用单位税额$$

其中，拖船、非机动驳船分别按照机动船舶税额的 50% 计算。

（4）游艇的应纳税额计算公式为：

$$应纳税额 = 艇身长度 \times 适用单位税率$$

（5）购置的新车船，购置当年的应纳税额自纳税义务发生的当月起按月计算。相应的计算公式为：

$$应纳税额 = 年应纳税额 \div 12 \times 应纳税月份数$$

已缴纳车船税的车船在同一纳税年度内办理转让过户的，不另纳税，也不退税。

【例 6 - 9】 某航运公司 20 ×3 年共有机动船 20 艘，净吨位均为 500 吨，核定的年单位税额为 4 元/吨。此外，该公司还拥有各种车辆 37 辆。其中，货车 30 辆，每辆整备质量为 8 吨，核定的年单位税额为 45 元/吨；46 座以上大客车 4 辆，核定的年单位税额为 500 元/辆；摩托车 3 辆，核定的年单位税额为 100 元/辆。计算该航运公司应纳的车船税。

机动船 20 艘分别按净吨位计算的应纳税额 = 500 × 20 × 4 = 40 000（元）

载货车按整备质量计算的应纳税额 = 8 × 30 × 45 = 10 800（元）

客车按车辆数计算的应纳税额 = 500 × 4 = 2 000（元）

摩托车按车辆数计算的应纳税额 = 3 × 100 = 300（元）

该航运公司应缴纳的车船税总计 = 40 000 + 10 800 + 2 000 + 300 = 53 100（元）

4. 车船税的减免税优惠。

（1）捕捞、养殖渔船，军队、武警专用的车船，警用车船，悬挂应急救援专用号牌的国家综合性消防救援车船，依照法律规定应当予以免税的外国驻华使领馆、国际组织驻华代表机构及其有关人员的车船，免征车船税。

（2）对符合条件的新能源车船，免征车船税；对符合条件的节能汽车，减半征收车船税。

（3）省、自治区、直辖市人民政府根据当地实际情况，可以对公共交通车船、农村居民拥有并主要在农村地区使用的摩托车、三轮汽车和低速载货汽车定期减征或者免征车船税。

5. 车船税的征收管理。车船税纳税义务发生时间为取得车船所有权或者管理权的当月。以购买车船的发票或其他证明文件所载日期的当月为准。

车船税按年申报，分月计算，一次性缴纳。具体申报纳税期限由省、自治区、直辖市人民政府规定。

车船税由税务机关负责征收，纳税地点为车船的登记地或者车船税扣缴义务人所在地。其中，纳税人自行申报缴纳车船税的，纳税地点为车船登记地的主管税务机关所在地；扣缴义务人代收代缴车船税的，纳税地点为扣缴义务人所在地；依法不需要办理登记的车船，车船税的纳税地点为车船的所有人或者管理人所在地。

（二）车船税的会计核算

企业按规定计算应缴纳的车船税税额，借记"税金及附加"科目，贷记"应交税费——应交车船税"科目；实际缴纳车船税时，借记"应交税费——应交车船税"科目，贷记"银行存款"科目。

企业采用先缴纳后分摊车船税的方式，企业缴纳车船税时，借记"预付账款"科目，贷记"应交税费——应交车船税"科目，同时借记"应交税费——应交车船税"科目，贷记"银行存款"科目；以后各项分摊车船税时，借记"税金及附加"科目，贷记"预付账款"科目。

【例6-10】接【例6-9】，假设当地政府规定车船税按季缴纳，则该公司20×3年应纳税额为53 100元，月应纳税额为4 425元（53 100/12）。对上述车船税涉税业务作出相应的账务处理。

每月月末企业计算应缴纳的车船税时：

借：税金及附加 4 425

　　贷：应交税费——应交车船税 4 425

每个季度企业实际缴纳车船税［4 425×3＝13 275（元）］时：

借：应交税费——应交车船税 13 275

　　贷：银行存款 13 275

（三）车船税的纳税申报

纳税人对车船税进行纳税申报时，应填报车船税税源明细表、财产和行为税减免税明细申报表和财产和行为税纳税申报表。

二、印花税会计

(一) 印花税税制要素

印花税法是指国家制定的调整印花税征收与缴纳权利及义务关系的法律规范。现行的印花税法于 2021 年 6 月 10 日第十三届全国人大常委会第二十九次会议通过，并自 2022 年 7 月 1 日起施行。征收印花税有利于增加财政收入、配合和加强经济合同的监督管理，配合对其他应纳税种的监督管理。

1. 印花税的纳税人。凡在中华人民共和国境内书立应税凭证、进行证券交易的单位和个人，为印花税的纳税人。在中华人民共和国境外书立在境内使用的应税凭证的单位和个人，也应当依照本法规定缴纳印花税。印花税的纳税人包括：

(1) 立合同人。立合同人是指合同的当事人，或者对凭证有直接权利、义务关系的单位和个人，但不包括合同的担保人、证人、鉴定人。各类合同的纳税人是立合同人，各类合同包括买卖合同、承揽合同、建设工程合同、租赁合同、运输合同、仓储合同、借款合同、财产保险合同、技术合同等。

(2) 立据人。产权转移书据的纳税人是立据人。

(3) 立账簿人。营业账簿的纳税人是立账簿人，是指设立并使用营业账簿的单位和个人。

(4) 使用人。在国外书立、领受，但在国内使用的应税凭证，其纳税人是使用人。凡由两方或两方以上当事人共同书立的应税凭证，其当事人各方都是印花税的纳税人。

(5) 各类电子应税凭证的签订人，即以电子形式签订的各类应税凭证的当事人。

(6) 交易人。证券交易的纳税人是交易人。证券交易印花税对证券交易的出让方征收，不对受让方征收。

2. 印花税的征税对象。印花税的征税对象是指书立在中华人民共和国境内具有法律效力的应税凭证或在中华人民共和国境内进行的证券交易。

应税凭证是指《中华人民共和国印花税法》所附印花税税目税率表列明的合同、产权转移书据和营业账簿。

证券交易，是指转让在依法设立的证券交易所、国务院批准的其他全国性证券交易场所交易的股票和以股票为基础的存托凭证。

3. 印花税的税目和税率。印花税税目和税率如表 6.3 所示。

表 6.3　　　　　　　　　　　　　　印花税税目和税率表

税目		税率	备注
合同（指书面合同）	借款合同	借款金额的 0.05‰	指银行业金融机构、经国务院银行业监督管理机构批准设立的其他金融机构与借款人（不包括同业拆借）的借款合同
	融资租赁合同	租金的 0.05‰	
	买卖合同	价款的 0.3‰	指动产买卖合同（不包括个人书立的动产买卖合同）
	承揽合同	报酬的 0.3‰	
	建设工程合同	价款的 0.3‰	
	运输合同	运输费用的 0.3‰	指货运合同和多式联运合同（不包括管道运输合同）
	技术合同	价款、报酬或者使用费的 0.3‰	不包括专利权、专有技术使用权转让书据
	租赁合同	租金的 1‰	
	保管合同	保管费的 1‰	
	仓储合同	仓储费的 1‰	
	财产保险合同	保险费的 1‰	不包括再保险合同
产权转移书据	土地使用权出让书据	价款的 0.5‰	转让包括买卖（出售）、继承、赠与、互换、分割
	土地使用权，房屋等建筑物和构筑物所有权转让书据（不包括土地承包经营权和土地经营权转移）	价款的 0.5‰	
	股权转让书据（不包括应缴纳证券交易印花税的）	价款的 0.5‰	
	商标专用权、著作权、专利权、专有技术使用权转让书据	价款的 0.3‰	
营业账簿		实收资本（股本），资本公积合计金额的 0.25‰	
证券交易		成交金额的 1‰	

4. 印花税的计税依据。

（1）应税合同的计税依据，为合同所列的金额，不包括列明的增值税税款。

（2）应税产权转移书据的计税依据，为产权转移书据所列的金额，不包括列明的增值税税款。

（3）应税营业账簿的计税依据，为账簿记载的实收资本（股本）、资本公积合计金额。

（4）证券交易的计税依据，为成交金额。

（5）应税合同、产权转移书据未列明金额的，印花税的计税依据按照实际结算的金额确定。

（6）计税依据按照前款规定仍不能确定的，按照书立合同、产权转移书据时的市场价格确定；依法应当执行政府定价或者政府指导价的，按照国家有关规定确定。

（7）证券交易无转让价格的，按照办理过户登记手续时该证券前一个交易日收盘价计算确定计税依据；无收盘价的，按照证券面值计算确定计税依据。

5. 印花税应纳税额的计算。印花税的应纳税额按照计税依据乘以适用税率计算。

$$应纳税额 = 计税依据 × 税率$$

同一应税凭证载有两个以上税目事项并分别列明金额的，按照各自适用的税目税率分别计算应纳税额；未分别列明金额的，从高适用税率。

同一应税凭证由两方以上当事人书立的，按照各自涉及的金额分别计算应纳税额。

已缴纳印花税的营业账簿，以后年度记载的实收资本（股本）、资本公积合计金额比已缴纳印花税的实收资本（股本）、资本公积合计金额增加的，按照增加部分计算应纳税额。

【例6–11】甲企业20×3年在与客户签订的房屋租赁合同中，约定年租金14万元（不含税），增值税额1.26万元。以14万元作为印花税的计税依据，财产租赁合同按租赁金额1‰贴花。计算该企业应缴纳的印花税。

应纳税额 = 140 000 × 1‰ = 140（元）

如果在合同中约定年租金15.26万元（含税），未单独记载增值税额，则：

应纳税额 = 152 600 × 1‰ = 152.6（元）

【例6–12】甲企业20×3年以其持有的一套房产对子公司增资，该房产原值500万元。增资合同与产权转移书据注明，该房产作价1 000万元，子公司于增资合同签署当天调增了账簿记录，计算该子公司该增资事项应缴纳的印花税。

资金账簿应缴纳的印花税 = 1 000 × 0.025% = 0.25（万元）

产权转移书据应缴纳的印花税 = 1 000 × 0.05% = 0.5（万元）

应缴纳印花税合计 = 0.25 + 0.5 = 0.75（万元）

6. 印花税的减免税优惠。

（1）应税凭证的副本或者抄本免征印花税；

（2）依照法律规定应当予以免税的外国驻华使馆、领事馆和国际组织驻华代表机构为获得馆舍书立的应税凭证免征印花税；

（3）中国人民解放军、中国人民武装警察部队书立的应税凭证免征印花税；

（4）农民、家庭农场、农民专业合作社、农村集体经济组织、村民委员会购买农业生产资料或者销售农产品书立的买卖合同和农业保险合同免征印花税；

（5）无息或者贴息借款合同、国际金融组织向中国提供优惠贷款书立的借款合同免征印花税；

（6）财产所有权人将财产赠与政府、学校、社会福利机构、慈善组织书立的产权转移书据免征印花税；

（7）非营利性医疗卫生机构采购药品或者卫生材料书立的买卖合同免征印花税；

（8）个人与电子商务经营者订立的电子订单免征印花税。

7. 印花税的征收管理。

（1）纳税义务发生时间。印花税的纳税义务发生时间为纳税人书立应税凭证或者完成证券交易的当日。证券交易印花税扣缴义务发生时间为证券交易完成的当日。

（2）纳税期限。印花税按季、按年或者按次计征。实行按季、按年计征的，纳税人应当自季度、年度终了之日起 15 日内申报缴纳税款；实行按次计征的，纳税人应当自纳税义务发生之日起 15 日内申报缴纳税款。

证券交易印花税按周解缴。证券交易印花税扣缴义务人应当自每周终了之日起 5 日内申报解缴税款以及银行结算的利息。

（3）纳税地点。纳税人为单位的，应当向其机构所在地的主管税务机关申报缴纳印花税；纳税人为个人的，应当向应税凭证书立地或者纳税人居住地的主管税务机关申报缴纳印花税。

不动产产权发生转移的，纳税人应当向不动产所在地的主管税务机关申报缴纳印花税。纳税人为境外单位或者个人，在境内有代理人的，以其境内代理人为扣缴义务人；在境内没有代理人的，由纳税人自行申报缴纳印花税，具体办法由国务院税务主管部门规定。

证券登记结算机构为证券交易印花税的扣缴义务人，应当向其机构所在地的主管税务机关申报解缴税款以及银行结算的利息。

（二）印花税的会计核算

印花税的适用范围较广，记入的账户应视业务的具体情况予以确定：若是固定资产、无形资产的转让或租赁，作为购买方或承受方、承租方，其支付的印花税应借记"固定资产""无形资产""税金及附加"等科目；作为销售方或转让方、出租方，其支付的印花税应借记"固定资产清理""其他业务成本"等科目。在其他情况下，企业支付的印花税应借记"税金及附加"科目。企业在债务重组时，债务人应缴纳的印花税应借记"税金及附加"科目，贷记"银行存款"科目；债权人应借记"长期股权投资"科目，贷记"银行存款"科目。

【例 6 – 13】甲建筑安装公司 20 × 3 年 12 月承包某企业工程一项，工程造价为 8 000 万元，双方签订建筑承包工程合同。建筑安装承包合同，应按合同金额 0.3‰贴花。计算甲建筑安装公司应缴纳的印花税并进行账务处理。

应交印花税 = 80 000 000 × 0.3‰ = 24 000 （元）

借：税金及附加 24 000
　　贷：应交税费——应交印花税 24 000

缴纳时：

借：应交税费——应交印花税 24 000
　　贷：银行存款 24 000

【例 6 – 14】20 × 3 年甲公司向乙公司转让无形资产一项，双方协商的转让价格为 60 万元，已提减值准备 10 000 元，账面余额为 40 万元，甲公司增值税税率为 6%。双方均为一般纳税人，对上述业务进行账务处理。

应交印花税 = 600 000 × 0.3‰ = 180 （元）

甲公司应交增值税 = 600 000 ÷ （1 + 6%）× 6% = 33 962 （元）

甲公司：

借：银行存款 600 000
　　无形资产减值准备 10 000
　　贷：应交税费——应交增值税 33 962
　　　　无形资产 400 000
　　　　资产处置损益——转让无形资产 176 038

借：税金及附加 180
　　贷：应交税费——应交印花税 180

乙公司：

借：无形资产 566 218
　　应交税费——应交增值税（进项税额） 33 962
　　贷：银行存款 600 180

乙公司应纳的印花税计入无形资产的成本。

（三）印花税的纳税申报

纳税人对印花税进行纳税申报时，应填报印花税税源明细表、财产和行为税减免税明细申报表和财产和行为税纳税申报表。

第四节 环境保护税、资源税和烟叶税会计

一、环境保护税会计

（一）环境保护税税制要素

环境保护税法是指国家制定的调整环境保护税征收与缴纳权利及义务关系的法律规范。现行的环境保护税法于 2016 年 12 月 25 日第十二届全国人大常委会第二十五次会议通过，并自 2018 年 1 月 1 日起施行。制定环境保护税法是为了保护和改善环境，减少污染物排放，推进生态文明建设。

1. 环境保护税的纳税人。凡在中华人民共和国领域和中华人民共和国管辖的其他海域，直接向环境排放应税污染物的企业事业单位和其他生产经营者为环境保护税的纳税人。

2. 环境保护税的征税对象。

（1）环境保护税的征税对象是应税污染物，即环境保护税税目税额表、应税污染物和当量值表规定的大气污染物、水污染物、固体废物和噪声。

（2）有下列情形之一的，不属于直接向环境排放污染物，不缴纳相应污染物的环境保护税：企业事业单位和其他生产经营者向依法设立的污水集中处理、生活垃圾集中处理场所排放应税污染物的；企业事业单位和其他生产经营者在符合国家和地方环境保护标准的设施、场所贮存或者处置固体废物的。

（3）依法设立的城乡污水集中处理、生活垃圾集中处理场所超过国家和地方规定的排放标准向环境排放应税污染物的，应当缴纳环境保护税。

（4）企业事业单位和其他生产经营者贮存或者处置固体废物不符合国家和地方环境保护标准的，应当缴纳环境保护税。

（5）达到省级人民政府确定的规模标准并且有污染物排放口的畜禽养殖场，应当依法缴纳环境保护税；依法对畜禽养殖废弃物进行综合利用和无害化处理的，不属于直接向环境排放污染物，不缴纳环境保护税。

3. 环境保护税的税目与税额。环境保护税的税目与税额如表 6.4 所示。

表 6.4　　　　　　　　　　环境保护税税目税额表

税目	计税单位	税额	备注
大气污染物	每污染当量	1.2～12 元	
水污染物	每污染当量	1.4～14 元	

续表

	税目	计税单位	税额	备注
固体废物	煤矸石	每吨	5 元	
	尾矿	每吨	15 元	
	危险废物	每吨	1 000 元	
	冶炼渣、粉煤灰、炉渣、其他固体废物（含半固态、液态废物）	每吨	25 元	
噪声	工业噪声	超标 1～3 分贝	每月 350 元	（1）一个单位边界上有多处噪声超标，根据最高一处超标声级计算应纳税额；当沿边界长度超过 100 米有两处以上噪声超标，按照两个单位计算应纳税额； （2）一个单位有不同地点作业场所的，应当分别计算应纳税额，合并计征； （3）昼、夜均超标的环境噪声，昼、夜分别计算应纳税额，累计计征； （4）声源一个月内超标不足 15 天的，减半计算应纳税额； （5）夜间频繁突发和夜间偶然突发厂界超标噪声，按等效声级和峰值噪声两种指标中超标分贝值高的一项计算应纳税额
		超标 4～6 分贝	每月 700 元	
		超标 7～9 分贝	每月 1 400 元	
		超标 10～12 分贝	每月 2 800 元	
		超标 13～15 分贝	每月 5 600 元	
		超标 16 分贝以上	每月 11 200 元	

应税大气污染物和水污染物的具体适用税额的确定和调整，由省、自治区、直辖市人民政府统筹考虑本地区环境承载能力、污染物排放现状和经济社会生态发展目标要求，在规定的税额幅度内提出，报同级人大常委会决定，并报全国人大常委会和国务院备案。

4. 环境保护税的计税依据。应税污染物的计税依据，按照下列方法确定：

（1）应税固体废物按照固体废物的排放量确定。固体废物的排放量为当期应税固体废物的产生量减去当期应税固体废物的贮存量、处置量、综合利用量的余额。

（2）应税大气污染物、水污染物的计税依据，按照污染物排放量折合的污染当量数确定。

应税大气污染物、水污染物的污染当量数，以该污染物的排放量除以该污染物的污染当量值计算，计算公式为：

应税大气污染物、水污染物的污染当量数 = 该污染物的排放量 ÷ 该污染物的污染当量值

纳税人有下列情形之一的，以其当期应税大气污染物、水污染物的产生量作为污染物的排放量：未依法安装使用污染物自动监测设备或者未将污染物自动监测设备与

环境保护主管部门的监控设备联网；损毁或者擅自移动、改变污染物自动监测设备；篡改、伪造污染物监测数据；通过暗管、渗井、渗坑、灌注或者稀释排放以及不正常运行防治污染设施等方式违法排放应税污染物；进行虚假纳税申报。

（3）应税噪声按照超过国家规定标准的分贝数确定。超过国家规定标准的分贝数指实际产生的工业噪声与国家规定的工业噪声排放标准限值之间的差值。

（4）从两个以上排放口排放应税污染物的，对每一排放口排放的应税污染物分别计算征收环境保护税；纳税人持有排污许可证的，其污染物排放口按照排污许可证载明的污染物排放口确定。

省、自治区、直辖市人民政府根据本地区污染物减排的特殊需要，可以增加同一排放口征收环境保护税的应税污染物项目数，报同级人大常委会决定，并报全国人大常委会和国务院备案。

（5）应税大气污染物、水污染物、固体废物的排放量和噪声的分贝数，按照下列方法和顺序计算：纳税人安装使用符合国家规定和监测规范的污染物自动监测设备的，按照污染物自动监测数据计算；纳税人未安装使用污染物自动监测设备的，按照监测机构出具的符合国家有关规定和监测规范的监测数据计算；因排放污染物种类多等原因不具备监测条件的，按照国务院生态环境主管部门规定的排污系数、物料衡算方法计算；不能按照上述三项规定的方法计算的，按照省、自治区、直辖市人民政府生态环境主管部门规定的抽样测算的方法核定计算。

5. 环境保护税的免征优惠。

（1）农业生产（不包括规模化养殖）排放应税污染物的；

（2）机动车、铁路机车、非道路移动机械、船舶和航空器等流动污染源排放应税污染物的；

（3）依法设立的城乡污水集中处理、生活垃圾集中处理场所排放相应应税污染物，不超过国家和地方规定的排放标准的；

（4）纳税人综合利用的固体废物，符合国家和地方环境保护标准的；

（5）国务院批准免税的其他情形。

纳税人排放应税大气污染物或者水污染物的浓度值低于国家和地方规定的污染物排放标准30%的，减按75%征收环境保护税。纳税人排放应税大气污染物或者水污染物的浓度值低于国家和地方规定的污染物排放标准50%的，减按50%征收环境保护税。

6. 环境保护税的征收管理。环境保护税的纳税义务发生时间为纳税人排放应税污染物的当日。纳税人应当向应税污染物排放地的税务机关申报缴纳环境保护税。

环境保护税按月计算，按季申报缴纳。不能按固定期限计算缴纳的，可以按次申报缴纳。纳税人申报缴纳时，应当向税务机关报送所排放应税污染物的种类、数量，大气污染物、水污染物的浓度值，以及税务机关根据实际需要要求纳税人报送的其他纳税资料。

纳税人按季申报缴纳的，应当自季度终了之日起 15 日内，向税务机关办理纳税申报并缴纳税款。纳税人按次申报缴纳的，应当自纳税义务发生之日起 15 日内，向税务机关办理纳税申报并缴纳税款。

（二）环境保护税应纳税额的计算

1. 应税固体废物的应纳税额为固体废物排放量乘以具体适用税额，计算公式为：

应纳税额 = 固体废物排放量 × 适用税额

= （当期固体废物的产生量 − 当期固体废物的综合利用量

− 当期固体废物的贮存量 − 当期固体废物的处置量）× 适用税额

纳税人有下列情形之一的，以其当期应税固体废物的产生量作为固体废物的排放量：（1）非法倾倒应税固体废物；（2）进行虚假纳税申报。

【例 6 – 15】甲企业 20 × 3 年 12 月产生尾矿 1 500 吨，其中综合利用的尾矿 500 吨（符合国家相关规定），在符合国家和地方环境保护标准的设施贮存 400 吨，尾矿适用的税率为 15 元/吨。计算甲企业当月尾矿应缴纳的环境保护税。

环境保护税应纳税额 = （1 500 − 500 − 400）× 15 = 9 000 （元）

2. 应税大气污染物的应纳税额为污染当量数乘以具体适用税额，计算公式为：

应纳税额 = 污染当量数 × 适用税额

污染当量数 = 污染物排放量 ÷ 污染物污染当量值

每一排放口或者没有排放口的应税大气污染物，按照污染当量数从大到小排序，对前三项污染物征收环境保护税。

【例 6 – 16】甲企业 20 × 3 年 12 月向大气直接排放氮氧化物、氟化物各 150 千克、一氧化碳 200 千克、氯化氢 80 千克，假设当地大气污染物每污染当量税额 1.2 元，该企业只有一个排放口，氮氧化物、氟化物、一氧化碳、氯化氢的污染当量值分别为每千克 0.95、0.87、16.7 和 10.75，计算该企业当月应缴纳的环境保护税。

第一步，计算各污染物的污染当量数。

污染当量数 = 该污染物的排放量 ÷ 该污染物的污染当量值

氮氧化物污染当量数 = 150 ÷ 0.95 = 157.89

氟化物污染当量数 = 150 ÷ 0.87 = 172.41

一氧化碳污染当量数 = 200 ÷ 16.7 = 11.98

氯化氢污染当量数 = 80 ÷ 10.75 = 7.44

第二步，按污染当量数排序。

氟化物污染当量数（172.41）>氮氧化物污染当量数（157.89）>一氧化碳污染当量数（11.98）>氯化氢污染当量数（7.44）。

该企业只有一个排放口，排序选取计税前三项污染物：氟化物、氮氧化物、一氧化碳。

第三步，计算应纳税额。

应纳税额 = （172.41 + 157.89 + 11.98）×1.2 = 410.74（元）

3. 应税水污染物的应纳税额为污染当量数乘以具体适用税额。

（1）适用监测数据法的水污染物应纳税额的计算。每一排放口的应税水污染物，按照应税污染物当量值表计算污染当量数，区分第一类水污染物和其他类水污染物，按照污染当量数从大到小排序，对第一类水污染物按照前五项征收环境保护税，对其他类水污染物按照前三项征收环境保护税。

【例6－17】甲化工厂是环境保护税纳税人，该厂仅有1个污水排放口且直接向河流排放污水，已安装使用符合国家规定和监测规范的污染物自动监测设备。检测数据显示，该排放口20×3年12月共排放污水8万吨（折合8万立方米），应税污染物为六价铬，浓度为0.5mg/L。该厂所在省的水污染物税额为每污染当量2.8元，六价铬的污染当量值为每千克0.02。计算甲化工厂12月应缴纳的环境保护税。

计算污染当量数：

六价铬污染当量数 = 排放总量×浓度值÷当量值

$$= 80\ 000\ 000 \times 0.5 \div 1\ 000\ 000 \div 0.02 = 2\ 000$$

应纳税额 = 2 000 × 2.8 = 5 600（元）

（2）适用抽样测算法的水污染物应纳税额的计算。适用抽样测算法的纳税人按照环境保护法所附的禽畜养殖业、小型企业和第三产业水污染物污染当量值所规定的当量值计算污染当量值。

规模化禽畜养殖业水污染物应纳税额的计算公式为：

$$规模化禽畜养殖业水污染物应纳税额 = 污染当量数 \times 适用税额$$
$$= 禽畜养殖数量 \div 污染当量值$$
$$\times 适用税额$$

【例6－18】某养殖场20×4年2月养羊存栏量为300头，污染当量值为0.1头。假设当地水污染物适用税额为每污染当量2.8元，计算该养殖场当月应缴纳的环境保护税。

水污染物当量数 = 300 ÷ 0.1 = 3 000

应纳税额 = 3 000 × 2.8 = 8 400（元）

小型企业和第三产业水污染物应纳税额的计算公式为：

小型企业和第三产业水污染物应纳税额 = 污染当量数 × 适用税额
$$= 污水排放量(吨) ÷ 污染当量值(吨)$$
$$× 适用税额$$

【例6-19】甲酒店通过安装水流量计测得20×4年8月排放污水量为40吨，污染当量值为0.5吨。假设当地水污染物适用税额为每污染当量2.8元，计算该酒店当月应缴纳的环境保护税。

水污染物当量数 = 40 ÷ 0.5 = 80

应纳税额 = 80 × 2.8 = 224（元）

医院排放的水污染物应纳税额的计算公式为：

应纳税额 = 医院床位数 ÷ 污染当量值 × 适用税额

应纳税额 = 污水排放量 ÷ 污染当量值 × 适用税额

【例6-20】甲市医院20×4年7月床位70张，每月按时消毒，无法计量月污水排放量，污染当量值为0.14床，假设当地水污染物适用税额为每污染当量2.8元，计算该医院当月应缴纳的环境保护税。

水污染物当量数 = 70 ÷ 0.14 = 500

应纳税额 = 500 × 2.8 = 1 400（元）

4. 应税噪声的应纳税额为超过国家规定标准的分贝数对应的具体适用税额。

【例6-21】甲工业企业20×4年7月只有一个生产场所，只在昼间生产，边界处声环境功能区类型为1类，生产时产生噪声为60分贝，《工业企业厂界环境噪声排放标准》规定1类功能区昼间的噪声排放限值为55分贝，当月超标天数为18天。计算该企业当月噪声污染应缴纳的环境保护税。

超标分贝数：60 - 55 = 5（分贝），根据环境保护税税目税额表，可得出该企业当月噪声污染应缴纳环境保护税700元。

（三）环境保护税的会计核算

企业发生的环境保护税在实际计算时，借记"税金及附加"科目，贷记"应交税费——应交环境保护税"；实际缴纳时，借记"应交税费——应交环境保护税"，贷记"银行存款"等科目。

【例6-22】以【例6-20】为例，对环境保护税涉税业务进行会计核算。

计提时：

借：税金及附加　　　　　　　　　　　　　　　　　　　　1 400

　　贷：应交税费——应交环境保护税　　　　　　　　　　　　1 400

实际缴纳时：

借：应交税费——应交环境保护税   1 400

    贷：银行存款   1 400

（四）环境保护税的纳税申报

纳税人对环境保护税进行纳税申报时，应填报环境保护税税源明细表、财产和行为税减免税明细申报表和财产和行为税纳税申报表。

二、资源税会计

资源税法是指国家制定的调整资源税征收与缴纳权利及义务关系的法律规范。现行的资源税法自 2020 年 9 月 1 日起施行，征收资源税有利于合理开采和充分利用自然资源，促进企业节能减排，加快生态文明建设，形成健康、适度的消费观念和消费行为，构建人与自然的和谐环境等。

（一）资源税税制要素

1. 纳税人。资源税的纳税人是指在中华人民共和国领域和中华人民共和国管辖的其他海域开发应税资源的单位和个人。应税资源的具体范围，由《中华人民共和国资源税法》所附资源税税目税率表确定。资源税规定仅对在中国境内开发应税资源的单位和个人征收，因此，进口的矿产品和盐不征收资源税。由于对进口应税产品不征收资源税，相应地，对出口应税产品也不免征或退还已纳资源税。

纳税人自用应税产品，如果属于应当缴纳资源税的情形，应按规定缴纳资源税。纳税人自用应税产品应当缴纳资源税的情形包括：纳税人以应税产品用于非货币性资产交换、捐赠、偿债、赞助、集资、投资、广告、样品、职工福利、利润分配或者连续生产非应税产品等。纳税人开采或者生产应税产品自用于连续生产应税产品的，不缴纳资源税。如铁原矿用于继续生产铁精粉的，在移送铁原矿时不缴纳资源税；但对于生产非应税产品的，如将铁精粉继续用于冶炼的，应当在移送环节缴纳资源税。

开采海洋或陆上油气资源的中外合作油气田，在 2011 年 11 月 1 日前已签订的合同继续缴纳矿区使用费，不缴纳资源税；合同期满后，依法缴纳资源税。

2. 税目与税率。

（1）税目。资源税税目包括五大类，即能源矿产、金属矿产、非金属矿产、水气矿产、盐。目前在 5 类税目下面又设有 164 个子目。资源税法所列的税目涵盖了所有已经发现的矿种和盐。各税目征税时有的对原矿征税，有的对选矿征税，具体适用的征税对象按照资源税税目税率表（见表 6.5）的规定执行。

（2）税率。资源税法按原矿、选矿分别设定税率。对原油、天然气、中重稀土、钨、钼等战略资源实行固定税率，由税法直接确定。其他应税资源实行幅度税率，其具体适用税率由省、自治区、直辖市人民政府统筹考虑该应税资源的品位、开采条件以及对生态环境的影响等情况，在规定的税率幅度内提出，报同级人大常委会决定，并报全国人大常委会和国务院备案。资源税税目税率表如表6.5所示。

表6.5　　　　　　　　　　　　　　资源税税目税率表

税目			征税对象	税率
能源矿产	原油		原矿	6%
	天然气、页岩气、天然气水合物		原矿	6%
	煤		原矿或者选矿	2%～10%
	煤成（层）气		原矿	1%～2%
	铀、钍		原矿	4%
	油页岩、油砂、天然沥青、石煤		原矿或者选矿	1%～4%
	地热		原矿	1%～20%或者每立方米1～30元
金属矿产	黑色金属	铁、锰、铬、钒、钛	原矿或者选矿	1%～9%
	有色金属	铜、铅、锌、锡、镍、镁、钴、铋、汞	原矿或者选矿	2%～10%
		铝土矿	原矿或者选矿	2%～9%
		钨	选矿	6.5%
		钼	选矿	8%
		金、银	原矿或者选矿	2%～6%
		铂、钯、钌、锇、铱、铑	原矿或者选矿	5%～10%
		轻稀土	选矿	7%～12%
		中重稀土	选矿	20%
		铍、锂、锆、锶、铷、铯、铌、钽、锗、镓、铟、铊、铪、铼、镉、硒、碲	原矿或者选矿	2%～10%
非金属矿产	矿物类	高岭土	原矿或者选矿	1%～6%
		石灰岩	原矿或者选矿	1%～6%或者每吨（或者每立方米）1～10元
		磷	原矿或者选矿	3%～8%
		石墨	原矿或者选矿	3%～12%
		萤石、硫铁矿、自然硫	原矿或者选矿	1%～8%

续表

税目			征税对象	税率
非金属矿产	矿物类	天然石英砂、脉石英、粉石英、水晶、工业用金刚石、冰洲石、蓝晶石、硅线石（砂线石）、长石、滑石、刚玉、菱镁矿、颜料矿物、天然碱、芒硝、钠硝石、明矾石、砷、硼、碘、溴、膨润土、硅藻土、陶瓷土、耐火粘土、铁矾土、凹凸棒石粘土、海泡石粘土、伊利石粘土、累托石粘土	原矿或者选矿	1%～12%
		叶蜡石、硅灰石、透辉石、珍珠岩、云母、沸石、重晶石、毒重石、方解石、蛭石、透闪石、工业用电气石、白垩、石棉、蓝石棉、红柱石、石榴子石、石膏	原矿或者选矿	2%～12%
		其他粘土（铸型用粘土、砖瓦用粘土、陶粒用粘土、水泥配料用粘土、水泥配料用红土、水泥配料用黄土、水泥配料用泥岩、保温材料用粘土）	原矿或者选矿	1%～5%或者每吨（或者每立方米）0.1～5元
	岩石类	大理岩、花岗岩、白云岩、石英岩、砂岩、辉绿岩、安山岩、闪长岩、板岩、玄武岩、片麻岩、角闪岩、页岩、浮石、凝灰岩、黑曜岩、霞石正长岩、蛇纹岩、麦饭石、泥灰岩、含钾岩石、含钾砂页岩、天然油石、橄榄岩、松脂岩、粗面岩、辉长岩、辉石岩、正长岩、火山灰、火山渣、泥炭	原矿或者选矿	1%～10%
		砂石	原矿或者选矿	1%～5%或者每吨（或每立方米）0.1～5元
	宝玉石类	宝石、玉石、宝石级金刚石、玛瑙、黄玉、碧玺	原矿或者选矿	4%～20%
水气矿产		二氧化碳气、硫化氢气、氮气、氦气	原矿	2%～5%
		矿泉水	原矿	1%～20%或者每立方米1～30元
盐		钠盐、钾盐、镁盐、锂盐	选矿	3%～15%
		天然卤水	原矿	3%～15%或者每吨（或者每立方米）1～10元
		海盐		2%～5%

纳税人开采或者生产不同税目应税产品的，应当分别核算不同税目应税产品的销

售额或者销售数量；未分别核算或者不能准确提供不同税目应税产品的销售额或者销售数量的，从高适用税率。

纳税人开采或者生产同一税目下适用不同税率应税产品的，应当分别核算不同税率应税产品的销售额或者销售数量；未分别核算或者不能准确提供不同税率应税产品的销售额或者销售数量的，从高适用税率。

3. 计税依据。资源税的计税依据为应税产品的销售额或销售量，各税目的征税对象包括原矿、精矿等。资源税适用从价计征为主、从量计征为辅的征税方式。根据资源税税目税率表的规定，地热、砂石、矿泉水和天然卤水可采用从价计征或从量计征的方式，其他应税产品统一适用从价定率征收的方式。

（1）从价定率征收的计税依据。资源税应税产品（以下简称应税产品）的销售额，按照纳税人销售应税产品向购买方收取的全部价款确定，不包括增值税税款。计入销售额中的相关运杂费用，凡取得增值税发票或者其他合法有效凭据的，准予从销售额中扣除。相关运杂费用是指应税产品从坑口或者洗选（加工）地到车站、码头或者购买方指定地点的运输费用、建设基金，以及随运销产生的装卸、仓储、港杂费用。

纳税人申报的应税产品销售额明显偏低且无正当理由的，或者有自用应税产品行为而无销售额的，主管税务机关按相关规定确定其应税产品销售额。

税务机关确定
销售额的顺序
和方法

（2）从量定额征收的计税依据。实行从量定额征收的，以应税产品的销售数量为计税依据。应税产品的销售数量，包括纳税人开采或者生产应税产品的实际销售数量和自用于应当缴纳资源税情形的应税产品数量。

4. 减免税优惠。

（1）免征资源税。有下列情形之一的，免征资源税：开采原油以及油田范围内运输原油过程中用于加热的原油、天然气；煤炭开采企业因安全生产需要抽采的煤成（层）气。

（2）减征资源税。有下列情形之一的，减征资源税：从低丰度油气田开采的原油、天然气减征 20% 资源税；高含硫天然气、三次采油和从深水油气田开采的原油、天然气，减征 30% 资源税；稠油、高凝油减征 40% 资源税；从衰竭期矿山开采的矿产品，减征 30% 资源税。

根据国民经济和社会发展的需要，国务院对有利于促进资源节约集约利用、保护环境等情形可以规定免征或者减征资源税，报全国人大常委会备案。

（3）可由省、自治区、直辖市人民政府决定的减税或者免税。有下列情形之一的，省、自治区、直辖市人民政府可以决定减税或者免税：纳税人开采或者生产应税产品过程中，因意外事故或者自然灾害等原因遭受重大损失的；纳税人开采共伴生矿、低品位矿、尾矿。

上述两项的免征或者减征的具体办法，由省、自治区、直辖市人民政府提出，报同级人大常委会决定，并报全国人大常委会和国务院备案。

（4）其他减税、免税。纳税人开采或者生产同一应税产品，其中既有享受减免税政策的，又有不享受减免税政策的，按照免税、减税项目的产量占比等方法分别核算确定免税、减税项目的销售额或者销售数量。

纳税人开采或者生产同一应税产品同时符合两项或者两项以上减征资源税优惠政策的，除另有规定外，只能选择其中一项执行。

5. 征收管理。

（1）纳税义务发生时间。纳税人销售应税产品，纳税义务发生时间为收讫销售款或者取得索取销售款凭据的当日；自用应税产品的，纳税义务发生时间为移送应税产品的当日。

（2）纳税期限。资源税按月或者按季申报缴纳；不能按固定期限计算缴纳的，可以按次申报缴纳。纳税人按月或者按季申报缴纳的，应当自月度或者季度终了之日起15日内向税务机关办理纳税申报并缴纳税款。

（3）纳税地点。纳税人应当在矿产品的开采地或者海盐的生产地缴纳资源税。海上开采的原油和天然气资源税由海洋石油税务管理机构征收管理。税务机关与自然资源等相关部门应当建立工作配合机制，加强资源税征收管理。

（二）资源税应纳税额的计算

资源税的应纳税额，按照从价定率或者从量定额的办法，分别以应税产品的销售额乘以纳税人具体适用的比例税率，或者以应税产品的销售数量乘以纳税人具体适用的定额税率计算。

1. 从价定率方式应纳税额的计算。

（1）实行从价定率方式征收资源税的，根据应税产品的销售额和规定的适用税率计算应纳税额，具体计算公式为：

$$应纳税额 = 销售额 \times 适用税率$$

【例6-23】甲煤矿20×3年1月开采原煤50万吨，当月对外销售35万吨，取得不含税收入24 500万元；因管理不善当月开采的原煤发生火灾损失3万吨，原煤资源税税率为5%。计算该煤矿当月应纳资源税。

按规定，因管理不善而造成的损失不能减免资源税。

应纳资源税 = 24 500×5% + 24 500÷35×3×5% = 1 330（万元）

【例6-24】甲油田20×3年1月对外销售原油，销售额为500 000元，适用税率为 6%。在开采原油的同时，开采天然气 300 万立方米，当月全部用于职工食堂，已知开采成本 94 万元，当地无同类天然气售价，当地规定的天然气成本利润率为 8%，资源税适用税率为 6%。计算该油田当月应纳资源税。

原油应纳资源税 = 500 000 × 6% = 30 000（元）

天然气组成计税价格 = 940 000 × (1 + 8%) ÷ (1 − 6%) = 1 080 000（元）

应纳资源税 = 1 080 000 × 6% = 64 800（元）

该油田当月应纳资源税 = 30 000 + 64 800 = 94 800（元）

（2）外购应税产品的扣减方法。纳税人外购应税产品与自采应税产品混合销售或者混合加工为应税产品销售的，在计算应税产品销售额或者销售数量时，按下列公式计算准予扣减外购应税产品的销售额或者销售数量：

$$\begin{matrix} \text{准予扣减的外购应税产品} \\ \text{购进金额（数量）} \end{matrix} = \begin{matrix} \text{外购原矿购进} \\ \text{金额（数量）} \end{matrix} \times \left(\begin{matrix} \text{本地区原矿} \\ \text{适用税率} \end{matrix} \div \begin{matrix} \text{本地区选矿产品} \\ \text{适用税率} \end{matrix} \right)$$

当期不足扣减的，可结转下期扣减。纳税人应当准确核算外购应税产品的购进金额或者购进数量，未准确核算的，一并计算缴纳资源税。

【例 6 – 25】甲煤炭企业 20 × 3 年 7 月将外购 300 万元原煤与自采 500 万元原煤混合洗选加工为选煤销售，选煤销售额为 600 万元。当地原煤税率为 3%，选煤税率为 2%，计算准予扣减的外购应税产品购进金额及应纳资源税。

准予扣减的外购应税产品购进金额 = 300 × (3% ÷ 2%) = 450（万元）

甲企业应纳资源税 = (600 − 450) × 2% = 3（万元）

纳税人以外购原矿与自采原矿混合为原矿销售，或者以外购选矿产品与自产选矿产品混合为选矿产品销售的，在计算应税产品销售额或者销售数量时，直接扣减外购原矿或者外购选矿产品的购进金额或者购进数量。

【例 6 – 26】甲采矿企业 20 × 3 年 8 月外购铁矿原矿 10 000 吨，取得增值税专用发票注明不含税金额 800 万元，增值税 104 万元。本月将其中 4 500 吨铁矿原矿与自采铁矿原矿混合对外销售，取得不含税销售额 500 万元。已知甲企业所在地铁矿原矿税率为 5%。计算甲采矿企业应纳资源税。

应纳资源税 = (500 − 800 ÷ 10 000 × 4 500) × 5% = 7（万元）

2. 从量定额方式应纳税额的计算。实行从量定额征收资源税的，根据应税产品的课税数量和规定的单位税额计算应纳税额，具体计算公式为：

$$\text{应纳税额} = \text{课税数量} \times \text{单位税额}$$

【例 6 – 27】甲砂石厂 20 × 3 年 4 月开采砂石 8 000 吨，当月对外销售 5 000 吨，为建职工宿舍耗用自采砂石 200 吨，其余砂石待售。每吨资源税税额为 4.5 元，计算当月应纳资源税。

应纳资源税 = (5 000 + 200) × 4.5 = 23 400 (万元)

(三) 资源税会计核算

1. 直接销售应税产品的会计核算。直接销售应税产品应缴纳的资源税应借记"税金及附加"科目,贷记"应交税费——应交资源税"科目。

2. 自产自用应税产品的会计核算。自产自用应税产品应缴纳的资源税应借记"生产成本""制造费用"等科目,贷记"应交税费——应交资源税"科目。实际缴纳时,借记"应交税费——应交资源税"科目,贷记"银行存款"科目。

【例6-28】丙公司20×3年9月开采应税矿产品12 000吨,适用资源税税率为2%,当月对外销售6 000吨,售价每吨1 000元,企业生产自用矿产品4 000吨,对上述资源税涉税业务进行账务处理。

计算并计提丙公司对外销售矿产品应纳资源税:

应纳资源税 = 6 000 × 1 000 × 2% = 120 000 (元)

借:税金及附加	120 000
贷:应交税费——应交资源税	120 000

计算并计提丙公司生产自用矿产品应纳资源税:

应纳资源税 = 4 000 × 1 000 × 2% = 80 000 (元)

借:生产成本	80 000
贷:应交税费——应交资源税	80 000

丙公司实际缴纳资源税时:

应纳资源税合计 = 120 000 + 80 000 = 200 000 (元)

借:应交税费——应交资源税	200 000
贷:银行存款	200 000

【例6-29】对上述【例6-24】的业务进行账务处理。

借:税金及附加	30 000
应付职工薪酬——集体福利	64 800
贷:应交税费——应交资源税	94 800

(四) 资源税的纳税申报

纳税人对资源税进行纳税申报时,应填报资源税税源明细表、财产和行为税减免税明细申报表和财产和行为税纳税申报表。

三、烟叶税会计

烟叶税法是指国家制定的调整烟叶税征收与缴纳权利及义务关系的法律规范。现行的烟叶税法于 2017 年 12 月 27 日第十二届全国人大常委会第三十一次会议通过，并自 2018 年 7 月 1 日起施行。征收烟叶税，保持了政策的连续性，并充分兼顾地方利益，有利于烟叶产区可持续发展。

（一）烟叶税税制要素

1. 纳税人和征税范围。在中华人民共和国境内，依照《中华人民共和国烟草专卖法》的规定收购烟叶的单位为烟叶税的纳税人。烟叶税的征税范围包括晾晒烟叶、烤烟叶。

2. 计税依据和税率。烟叶税的计税依据为纳税人收购烟叶实际支付的价款总额。烟叶税实行比例税率，税率为 20%。

3. 应纳税额的计算。烟叶税的应纳税额按照纳税人收购烟叶实际支付的价款总额乘以税率计算，计算公式为：

$$应纳税额 = 实际支付价款 \times 税率$$

纳税人收购烟叶实际支付的价款总额包括纳税人支付给烟叶生产销售单位和个人的烟叶收购价款和价外补贴。其中，价外补贴统一并按烟叶收购价款的 10% 计算，计算公式为：

$$实际支付价款 = 收购价款 \times (1 + 10\%)$$

4. 征收管理。烟叶税的纳税义务发生时间为纳税人收购烟叶的当日。收购烟叶的当日是指纳税人向烟叶销售者付讫收购烟叶款项或者开具收购烟叶凭据的当日。纳税人收购烟叶，应当向烟叶收购地的主管税务机关申报缴纳烟叶税。烟叶税按月计征，纳税人应当于纳税义务发生月终了之日起 15 日内申报并缴纳税款。

（二）烟叶税会计核算

烟叶收购企业收购烟叶时支付的烟叶税应当计入原材料成本，借记"原材料"等科目，贷记"银行存款""应交税费——应交烟叶税"等科目；实际缴纳烟叶税时，借记"应交税费——应交烟叶税"科目，贷记"银行存款"科目。

【例 6 – 30】甲烟草公司系增值税一般纳税人，原材料采用实际成本核算，20 × 3 年 10 月收购烟叶 500 000 千克，烟叶收购价格 10 元/千克，总计 5 000 000 元，货款已全部支付，收购烟叶已全部验收入库。计算甲烟草公司当月收购烟叶应缴纳的烟叶税，并进行账务处理。

支付的价外补贴 = 5 000 000 × 10% = 500 000（元）

应纳烟叶税 = 收购价款 × (1 + 10%) × 税率

$$= 5\ 000\ 000 \times (1 + 10\%) \times 20\% = 1\ 100\ 000（元）$$

收购烟叶成本 = 5 000 000 + 500 000 + 1 100 000 = 6 600 000（元）

收购烟叶时可抵扣的增值税进项税额 = 6 600 000 × 9% = 594 000（元）

借：原材料　　　　　　　　　　　　　　　　　　　　6 600 000

　　应交税费——应交增值税（进项税额）　　　　　　　594 000

　　　贷：银行存款　　　　　　　　　　　　　　　　　　6 094 000

　　　　　应交税费——应交烟叶税　　　　　　　　　　　1 100 000

甲公司实际缴纳烟叶税时：

借：应交税费——应交烟叶税　　　　　　　　　　　　1 100 000

　　贷：银行存款　　　　　　　　　　　　　　　　　　　1 100 000

（三）烟叶税的纳税申报

纳税人对烟叶税进行纳税申报时，应填报烟叶税税源明细表、财产和行为税减免税明细申报表和财产和行为税纳税申报表。

第五节　土地增值税会计

土地增值税法是指国家制定的调整土地增值税征收与缴纳权利及义务关系的法律规范。现行土地增值税法的基本规范是 1993 年 12 月 13 日国务院公布的《中华人民共和国土地增值税暂行条例》。征收土地增值税增强了政府对房地产开发和交易市场的调控，有利于抑制炒买炒卖土地获取暴利的行为，也增加了国家财政收入。

一、土地增值税税制要素

1. 纳税人。土地增值税的纳税人为转让国有土地使用权、地上的建筑物及其附着物（以下简称转让房地产）并取得收入的单位和个人。单位包括各类企业、事业单位、国家机关和社会团体及其他组织；个人包括个体经营者和其他个人。

2. 征税范围。土地增值税是对转让国有土地使用权及其地上建筑物和附着物的行为征税，不包括国有土地使用权出让所取得的收入。

国有土地使用权的转让，是指土地使用者通过出让等形式取得土地使用权后，将土地使用权再转让的行为，包括出售、交换和赠与，它属于土地买卖的二级市场。土地使用权转让，其地上的建筑物、其他附着物的所有权随之转让。土地使用权的转让，属于土地增值税的征税范围。

土地增值税的征税范围不包括未转让土地使用权、房产产权的行为，是否发生转让行为主要以房地产权属（指土地使用权和房产权）的变更为标准。凡土地使用权、房产产权未转让的（如房地产的出租），不征收土地增值税。

土地承包经营权流转，不征收土地增值税。

3. 税率。土地增值税实行四级超率累进税率：

（1）增值额未超过扣除项目金额 50% 的部分，税率为 30%。

（2）增值额超过扣除项目金额 50% 未超过扣除项目金额 100% 的部分，税率为 40%。

（3）增值额超过扣除项目金额 100% 未超过扣除项目金额 200% 的部分，税率为 50%。

（4）增值额超过扣除项目金额 200% 的部分，税率为 60%。

上述所列四级超率累进税率，每级"增值额未超过扣除项目金额"的比例，均包括本比例数。超率累进税率如表 6.6 所示。

表 6.6　　　　　　　　　　　　土地增值税四级超率累进税率表

级数	增值额与扣除项目金额的比率	税率（%）	速算扣除系数（%）
1	不超过 50% 的部分	30	0
2	超过 50% 至 100% 的部分	40	5
3	超过 100% 至 200% 的部分	50	15
4	超过 200% 的部分	60	35

4. 土地增值税的纳税期限与纳税地点。土地增值税的纳税人应于转让房地产合同签订后的 7 日内到房地产所在地的税务机关办理纳税申报，并向税务机关提交房屋及建筑物产权、土地使用权证书，土地转让、房产买卖合同，房地产评估报告及其他与转让房地产有关的资料。

纳税人因经常发生房地产转让而难以在每次转让后申报的，经税务机关审核同意后，可以定期进行纳税申报，具体期限由税务机关根据情况确定。

纳税人转让房地产坐落在两个或两个以上地区的，应按房地产所在地分别申报纳税。

5. 土地增值税的减免税优惠。

（1）纳税人建造普通标准住宅出售，增值额未超过扣除项目金额 20%，免征土地增值税。对于纳税人既建造普通标准住宅，又建造其他房地产开发的，应分别核算增值额。不分别核算增值额或不能准确核算增值额的，其建造的普通标准住宅不能适用这一免税规定。

（2）对企事业单位、社会团体以及其他组织转让旧房作为公租房房源，且增值额未超过扣除项目金额 20%，免征土地增值税。

（3）因国家建设需要依法征用、收回的房地产免征土地增值税。

（4）因城市规划、国家建设需要而搬迁由纳税人自行转让原房地产免征土地增值税。

（5）自 2008 年 11 月 1 日起，对个人销售住房暂免征收土地增值税。

二、土地增值税应纳税额的计算

（一）应税收入

纳税人转让房地产取得的应税收入（不含增值税），应包括转让房地产的全部价款及有关的经济收益。从收入的形式来看，包括货币收入、实物收入和其他收入。

（1）货币收入，是指纳税人转让房地产而取得的现金、银行存款、支票、银行本票、汇票等各种信用票据和国库券、金融债券、企业债券、股票等有价证券。

（2）实物收入，是指纳税人转让房地产而取得的各种实物形态的收入，如钢材、水泥等建材，房屋、土地等不动产等。

（3）其他收入，是指纳税人转让房地产而取得的无形资产收入或具有财产价值的权利，如专利权、商标权、著作权、专有技术使用权、土地使用权、商誉权等。

（二）扣除项目

依据税法规定，在计算土地增值税的增值额时，准予从房地产转让收入额中减除下列相关项目金额：

1. 取得土地使用权所支付的金额。（1）纳税人为取得土地使用权所支付的地价款；（2）纳税人在取得土地使用权时按国家统一规定缴纳的有关费用，如按国家统一规定缴纳的有关登记、过户手续费。

2. 房地产开发成本。房地产开发成本是指纳税人房地产开发项目实际发生的成本，包括土地的征用及拆迁补偿费、前期工程费、建筑安装工程费、基础设施费、公共配套设施费、开发间接费用等。

3. 房地产开发费用。房地产开发费用，是指与房地产开发项目有关的销售费用、管理费用和财务费用。根据现行财务会计制度的规定，这三项费用作为期间费用，直接计入当期损益，不按成本核算对象进行分摊。在土地增值税扣除项目的房地产开发费用，不按纳税人房地产开发项目实际发生的费用进行扣除，而是按下述规定的标准进行扣除。

房地产开发成本

（1）纳税人能够按转让房地产项目计算分摊利息支出，并能提供金融机构的贷款证明的，其允许扣除的房地产开发费用为：利息① + （取得土地使用权所支付的金额 + 房地产开发成本）×5% 内。

（2）纳税人不能按转让房地产项目计算分摊利息支出或不能提供金融机构贷款证明的，其允许扣除的房地产开发费用为：（取得土地使用权所支付的金额 + 房地产开发成本）×10% 内。

全部使用自有资金，没有利息支出的，按照以上方法扣除。上述具体适用的比例按省级人民政府规定的比例执行。

（3）房地产开发企业既向金融机构借款，又有其他借款的，其房地产开发费用计算扣除时不能同时适用上述两种办法。

（4）土地增值税清算时，已经计入房地产开发成本的利息支出，应调整至财务费用中计算扣除。

此外，对于扣除项目金额中超过国家规定上浮幅度部分的利息支出、超过贷款期限的利息和加罚的利息不允许扣除。

4. 与转让房地产有关的税金。与转让房地产有关的税金，是指在转让房地产时缴纳的城市维护建设税、印花税。因转让房地产缴纳的教育费附加，也可视同税金予以扣除。

房地产开发企业在转让房地产时缴纳的印花税已列入"税金及附加"中，故不允许再单独扣除。其他纳税人缴纳的印花税允许在此扣除。

5. 财政部确定的其他扣除项目。对从事房地产开发的纳税人，允许按取得土地使用权所支付的金额和房地产开发成本之和，加计 20% 扣除。需要特别指出的是，此条优惠只适用于从事房地产开发的纳税人，除此之外的其他纳税人不适用。

6. 旧房及建筑物的评估价格。纳税人转让旧房的，应按房屋及建筑物的评估价格、取得土地使用权所支付的地价款或出让金、按国家统一规定缴纳的有关费用和转让环节缴纳的税金作为扣除项目金额计征土地增值税。对取得土地使用权时未支付地价款或不能提供已支付的地价款凭据的，在计征土地增值税时不允许扣除。

纳税人转让旧房及建筑物，凡不能取得评估价格，但能够提供购房发票的，经当地税务部门确认，可按发票所载金额并从购买年度起至转让年度止每年加计 5% 计算扣除。计算扣除项目时"每年"按购房发票所载日期起至售房发票开具之日止，每满 12 个月计 1 年；超过 1 年，未满 12 个月但超过 6 个月的，可以视同为 1 年。

对纳税人购房时缴纳的契税，凡能提供契税完税凭证的，准予作为"与转让房地产有关的税金"予以扣除，但不作为加计 5% 基数。

对于转让旧房及建筑物，既没有评估价格，又不能提供购房发票的，地方税务机

---

① 利息最高不能超过按商业银行同类同期贷款利率计算的金额。

关可以根据《税收征收管理法》第三十五条的规定，实行核定征收。

（三）应纳税额的计算

应纳税额的计算公式为：

$$应纳税额 = 每级距的增值额 × 适用税率$$

或：
$$= 增值额 × 税率 - 扣除项目金额 × 速算扣除系数$$

根据上述公式，土地增值税应纳税额的计算分为以下四步：

（1）计算增值额。

$$增值额 = 房地产所转让收入 - 扣除项目金额$$

（2）计算增值率。

$$增值率 = 增值额 ÷ 扣除项目金额 × 100\%$$

（3）确定适用税率和速算扣除系数。根据计算出的增值率，从表6.6中查出对应的税率和速算扣除系数。

（4）计算应纳税额。

$$应纳税额 = 土地增值额 × 适用税率 - 扣除项目金额 × 速算扣除系数$$

【例6-31】位于市区的甲房地产公司系增值税一般纳税人，20×3年9月销售自己开发的房地产项目，取得含税销售收入12 000万元。在扣除项目中，土地出让金为2 400万元，开发成本中建筑材料含税金额为2 400万元，外包建筑劳务含税金额为800万元，房地产开发费用中的利息支出为960万元（不能按转让房地产项目计算分摊利息支出，也不能提供金融机构证明），房地产开发费用的计算扣除比例为10%。假设所有成本均取得按照适用税率计税的增值税专用发票，不考虑印花税因素，计算该公司应纳土地增值税。

第一步，确定转让收入。

转让房地产应交增值税 = (12 000 - 2 400) ÷ (1 + 9%) × 9% = 792.66（万元）

不含税转让收入 = 12 000 - 792.66 = 11 207.34（万元）

第二步，扣除项目金额的确认计量。

土地出让金 = 2 400万元

开发成本 = 2 400 ÷ (1 + 13%) + 800 ÷ (1 + 9%) = 2 857.84（万元）

开发费用 = (2 400 + 2 857.84) × 10% = 525.78（万元）

与转让房地产有关的税金 = 城市维护建设税 + 教育费附加 + 地方教育附加
$$= [792.66 - 2 400 ÷ (1 + 13\%) × 13\% - 800$$
$$÷ (1 + 9\%) × 9\%] × (7\% + 3\% + 2\%)$$

$$=450.50 \times 12\% = 54.06 \text{（万元）}$$

加计扣除 $= (2\,400 + 2\,857.84) \times 20\% = 1\,051.57$（万元）

以上五项扣除金额合计 $= 2\,400 + 2\,857.84 + 525.78 + 54.06 + 1\,051.57$

$$= 6\,889.25 \text{（万元）}$$

第三步，计算增值额和增值率。

增值额 $= 11\,207.34 - 6\,889.25 = 4\,318.09$（万元）

增值率 $= 4318.09 \div 6\,889.25 \times 100\% = 62.68\%$

第四步，查表6.6确定税率和速算扣除系数，计算应纳土地增值税。适用税率为40%，速算扣除系数为5%。

应纳土地增值税 $= (11\,207.34 - 6\,889.25) \times 40\% - 6\,889.25 \times 5\%$

$$= 1\,382.77 \text{（万元）}$$

（四）房地产开发企业土地增值税清算

土地增值税清算是指纳税人在符合土地增值税清算条件后，依照税收法律、法规及土地增值税有关政策的规定，计算房地产开发项目应缴纳的土地增值税，并填写土地增值税清算申报表，向主管税务机关提供有关资料，办理土地增值税清算手续，结清该房地产项目应缴纳土地增值税税款的行为。

土地增值税以国家有关部门审批的房地产开发项目为单位进行清算，对于分期开发的项目，以分期项目为单位清算。开发项目中同时包含普通住宅和非普通住宅的，应分别计算增值额。符合下列情形之一的、纳税人应进行土地增值税的清算：

（1）房地产开发项目全部竣工、完成销售的。

（2）整体转让未竣工决算房地产开发项目的。

（3）直接转让土地使用权的。

符合特定条件的主管税务机关可要求纳税人进行土地增值税清算。

三、土地增值税会计核算

1. 房地产开发企业土地增值税的会计核算。房地产企业计算应缴纳的土地增值税，借记"税金及附加"科目，贷记"应交税费——应交土地增值税"科目；企业实际缴纳土地增值税时，借记"应交税费——应交土地增值税"科目，贷记"银行存款"科目等。

房地产开发企业在项目全部竣工前转让房地产取得的收入，由于涉及成本计算及其他原因，无法据以计算土地增值税，可以预缴土地增值税，待项目全部竣工办理结算手续后，再进行清算，多退少补。纳税人按税法规定预缴的土地增值税，借记"应交税费——应交土地增值税"科目，贷记"银行存款"等科目；待项目办理完土地增值税清算时，借记"税金及附加"科目，贷记"应交税费——应交土地增值税"科目；若收到退回多缴的土地增值税，借记"银行存款"等科目，贷记"应交税费——应交土地增值税"科目；若补缴土地增值税，则做相反的会计分录。

【例6-32】甲房地产公司20×3年8月销售A项目，取得普通住宅预收款8 880万元，开工许可证在营改增后取得，适用增值税一般计税方法，本省规定的土地增值税预征率为2%。对上述业务进行账务处理。

预缴增值税 = 8 880 ÷ (1 + 9%) × 3% = 244.4（万元）

预缴土地增值税 = (8 880 - 244.4) × 2% = 172.71（万元）

收到预收款时：

借：银行存款　　　　　　　　　　　　　　　　　88 800 000

　　贷：预收账款　　　　　　　　　　　　　　　　　88 800 000

次月预缴增值税时：

借：应交税费——预交增值税　　　　　　　　　　2 444 000

　　贷：银行存款　　　　　　　　　　　　　　　　　2 444 000

缴纳土地增值税时：

借：应交税费——土地增值税　　　　　　　　　　1 727 100

　　贷：银行存款　　　　　　　　　　　　　　　　　1 727 100

【例6-33】甲房地产公司20×3年11月有偿转让高级住宅楼一栋，建筑面积为5 000平方米，单位售价为6 800元/平方米，共取得销售收入3 400万元，开发房产的扣除项目金额合计为2 004万元，以上金额均不含增值税，计算企业应纳土地增值税，并进行账务处理。

土地增值额 = 3 400 - 2 004 = 1 396（万元）

增值率 = 1 396 ÷ 2 004 × 100% = 69.66%

应纳土地增值税 = 1 396 × 40% - 2 004 × 5% = 558.4 - 100.2 = 458.2（万元）

计提土地增值税时：

借：税金及附加　　　　　　　　　　　　　　　　4 582 000

　　贷：应交税费——应交土地增值税　　　　　　　　4 582 000

实际缴纳时：

借：应交税费——应交土地增值税　　　　　　　　4 582 000

　　贷：银行存款　　　　　　　　　　　　　　　　　4 582 000

2. 非房地产企业土地增值税的会计核算。企业转让的土地使用权连同地上建筑物及其附着物一并在"固定资产"科目核算的，转让时应缴纳的土地增值税，借记"固定资产清理"科目，贷记"应交税费——应交土地增值税"科目；土地使用权在"无形资产"科目核算的，借记"银行存款""累计摊销""无形资产减值准备"等科目，贷记"无形资产""应交税费——应交土地增值税"科目，按其差额，借记或贷记"资产处置损益"科目。

【例6-34】位于市区的一般纳税人甲企业，20×3年11月转让一处房产的土地使用权及地上房产，该房产于营改增前购置并投入使用。根据有关凭证，确认企业为取得该房产支付的成本为4 800万元，转让房产取得的含增值税收入为6 900万元，房产累计折旧504万元。房产评估价格为5 000万元，成新率为八成新，该企业在计算增值税时选择了简易计税方法，暂不考虑城市维护建设税、教育费附加及印花税。计算应缴纳的土地增值税，并进行账务处理。

增值税额 = $(6\ 900 - 4\ 800) \div (1 + 5\%) \times 5\% = 100$（万元）

土地增值额 = $(6\ 900 - 100) - 5\ 000 \times 80\% = 2\ 800$（万元）

增值率 = $2\ 800 \div (5\ 000 \times 80\%) = 70\%$

应纳土地增值税 = $2\ 800 \times 40\% - 5\ 000 \times 80\% \times 5\% = 920$（万元）

转让房地产时：

借：固定资产清理	42 960 000	
累计折旧	5 040 000	
贷：固定资产		48 000 000

收到转让收入时：

借：银行存款	69 000 000	
贷：固定资产清理		68 000 000
应交税费——简易计税		1 000 000

计提土地增值税时：

借：固定资产清理	9 200 000	
贷：应交税费——应交土地增值税		9 200 000

上缴税费时：

借：应交税费——应交土地增值税	9 200 000	
贷：银行存款		9 200 000

结转固定资产清理损益时：

借：固定资产清理	15 840 000	
贷：资产处置损益		15 840 000

四、土地增值税的纳税申报

纳税人对土地增值税进行纳税申报时，应填报土地增值税税源明细表、财产和行为税减免税明细申报表和财产和行为税纳税申报表。

【例6-35】以【例6-34】为例，填写甲企业20×3年土地增值税的纳税申报表（见表6.7）。除土地增值税外的其他财产和行为税的纳税申报表填写以此为例。

表6.7　　　　　　　　　　　　　　财产和行为税纳税申报表

纳税人识别号（统一社会信用代码）：□□□□□□□□□□□□□□□□□□

纳税人名称：×××有限公司　　　（纳税人名称全称）　　　　　　　　金额单位：人民币元（列至角分）

序号	税种	税目	税款所属期起	税款所属期止	计税依据	税率	应纳税额	减免税额	已缴税额	应补（退）税额
1	土地增值税	××	××	××	28 000 000	40%	9 200 000	××	××	××
2										
3										
4										
5										
6										
7										
8										
9										
10										
11	合计	—	—	—	—	—	××	××	××	××

声明：此表是根据国家税收法律法规及相关规定填写的，本人（单位）对填报内容（及附带资料）的真实性、可靠性、完整性负责。

纳税人（签章）：20××年×月×日

经办人：×× 经办人身份证号：×× 代理机构签章： 代理机构统一社会信用代码：	受理人：×× 受理税务机关（章）： 受理日期：20××年×月×日

思考与练习

一、单项选择题

1. 下列涉税处理不正确的是（　　）。

A. 某煤矿企业销售原煤，计算应缴纳的资源税，借记"税金及附加"科目，

贷记"应交税费——应交资源税"科目

    B. 某房地产开发企业销售商品房，计算应缴纳的土地增值税，借记"开发成本"科目，贷记"应交税费——应交土地增值税"科目

    C. 某工业企业处置旧厂房，计算应缴纳的土地增值税，借记"固定资产清理"科目，贷记"应交税费——应交土地增值税"科目

    D. 某企业按规定占用耕地修建厂房，计算应缴纳的耕地占用税，借记"在建工程"科目，贷记"银行存款"科目

2. 企业按期计提车船税时，下列分录正确的是（　　）。

    A. 借：管理费用

          贷：应交税费——应交车船税

    B. 借：税金及附加

          贷：应交税费——应交车船税

    C. 借：应交税费——应交车船税

          贷：银行存款

    D. 借：固定资产

          贷：应交税费——应交车船税

3. 在计算土地增值税时，下列属于房地产开发成本的是（　　）。

    A. 耕地占用税

    B. 借款利息费用

    C. 土地出让金

    D. 房地产开发企业取得土地使用权所支付的契税

4. 某企业 6 月生产产生 1 000 吨固体废物，按照国家标准贮存 400 吨，已知固体废物单位税额为 25 元/吨。则该企业排放固体废物需要缴纳的环境保护税为（　　）元。

    A. 15 000   B. 25 000   C. 35 000   D. 10 000

5. 某油田为增值税一般纳税人，20×2 年 9 月开采原油 10 万吨，其中 5 万吨从低丰度油气田中开采。当月开采的原油全部销售，不含税单价 5 000 元/吨。该油田当月应纳资源税（　　）万元（原油资源税税率为 6%）。

    A. 3 000   B. 2 700   C. 2 550   D. 2 500

6. 下列关于房产税纳税义务人的表述中，符合税法规定的是（　　）。

    A. 房屋出租的，由承租人纳税

    B. 房屋产权出典的，由出典人纳税

    C. 无租使用房产管理部门房产的，由房产管理部门纳税

    D. 房屋出租并约定有免租金期的，免收租金期由产权所有人纳税

7. 下列各项中属于土地增值税征税范围，应缴纳土地增值税的是（　　）。

    A. 房地产的代建房行为　　　　　　B. 公司与公司之间互换房产

    C. 双方合作建房后按比例分房自用　D. 房地产的出租行为

8. 车船税的申报符合税法规定的是（　　）。

    A. 按月申报，年终汇算清缴

    B. 按季申报，年终汇算清缴

    C. 按半年申报，年终汇算清缴

    D. 按年申报，分月计算，一次性缴纳

9. 甲企业与乙运输公司签订货物运输合同，记载的运输费用为 180 万元，装卸费为 15 万元，保险费为 5 万元，则甲企业按"运输合同"税目计算缴纳印花税的计税依据为（　　）万元。

    A. 180　　　　　B. 185　　　　　C. 195　　　　　D. 200

10. 20 × 3 年 10 月某烟叶收购企业向烟农收购一批烟叶时，向烟农支付烟叶收购价款金额为 300 万元，另外再支付给烟农价外补贴金额为 45 万元，则该企业本月应缴纳的烟叶税税款为（　　）万元。

    A. 60　　　　　B. 66　　　　　C. 69　　　　　D. 75.9

二、多项选择题

1. 下列税种需要通过"应交税费"科目核算的有（　　）。

    A. 土地增值税　　　　　　　　　　B. 代扣代缴的个人所得税

    C. 房产税　　　　　　　　　　　　D. 车船税

2. 企业以下会计处理中，正确的有（　　）。

    A. 某工业企业出售使用过的厂房，缴纳的土地增值税记入"固定资产清理"科目

    B. 某制造企业转让办公楼时缴纳的印花税记入"税金及附加"科目

    C. 某企业购买商品房一套，缴纳的契税记入"管理费用"科目

    D. 某工厂生产车间缴纳的房产税记入"管理费用"科目

3. 下列应税污染物以污染当量数为计税依据的有（　　）。

    A. 二氧化硫　　B. 水污染物　　C. 一般性粉尘　　D. 固体废物

4. 下列有关烟叶税的规定，表述正确的有（　　）。

    A. 烟叶税是对我国境内收购烟叶的行为以实际支付的价款总额为征税依据而征收的一种税

    B. 在中华人民共和国境内收购烟叶的单位为烟叶税的纳税人

    C. 烟叶税的征税对象是烟叶，包括烤烟叶、晾晒烟叶

    D. 烟叶税实行比例税率，税率为 20%

5. 房地产开发企业确定土地增值税扣除项目时，支付的下列相关税费可以计入加计20%扣除基数的有（　　　）。

    A. 土地征用及拆迁补偿费   B. 开发的间接费用

    C. 取得土地使用权所支付的金额   D. 占用耕地缴纳的耕地占用税

6. 下列关于资源税的表述中，正确的有（　　　）。

    A. 纳税人将其开采的原矿，自用于非应税资源产品生产，原矿在移送使用环节不缴纳资源税

    B. 从价计征资源税的计税依据为应税资源税产品的销售额

    C. 纳税人将其开采的原煤，自用于其他方面的，视同销售原煤，按照规定确定销售额计算缴纳资源税

    D. 纳税开采或者生产不同税目的应税产品，未分别核算的，从高适用税率

7. 下列房产中，免征房产税的有（　　　）。

    A. 国家机关自用房产   B. 公园自用办公楼

    C. 军队自用办公用房   D. 个人拥有的营业用房

8. 下列关于城镇土地使用税纳税义务发生时间的表述中，正确的有（　　　）。

    A. 纳税人出租房产，自交付出租房产之次月起纳税

    B. 纳税人新征用的耕地，自批准征用之次月起纳税

    C. 纳税人购置新建商品房，自房屋交付使用之次月起纳税

    D. 纳税人出借房产，自出借房产之次月起纳税

9. 交通运输企业的下列车船需要缴纳车船税的有（　　　）。

    A. 购置的电动乘用车   B. 购置的节能汽车

    C. 出租给某境外企业的自用船舶   D. 租入的某外籍船舶

三、判断题

1. 纳税人将原有房产用于生产经营的，应从生产经营之次月起申报缴纳房产税。

    （　　　）

2. 烟叶税的纳税义务人是烟叶种植户。   （　　　）

3. 开采资源税应税产品销售的，应向销售所在地的主管税务机关缴纳资源税。

    （　　　）

4. 房地产开发企业应缴纳的土地增值税应记入"税金及附加"科目。 （　　　）

5. 财产保险合同以财产总价值作为计税依据计算应缴纳的印花税。 （　　　）

6. 车船税纳税义务发生时间是按自取得车船所有权或管理权的次月起。 （　　　）

7. 耕地占用税可以不通过"应交税费"科目进行会计核算。 （　　　）

四、思考题

1. 土地增值税扣除项目的主要内容有哪些？如何进行土地增值税的会计处理？

2. 城镇土地使用税和房产税的计税依据如何确定？

3. 如何进行资源税的会计核算？

4. 对房产税、车船税和城镇土地使用税纳税义务发生时间进行比较。

5. 计算可以抵扣的增值税进项税额和烟叶税时，支付烟农的价外补贴是否存在不同处理？

6. 车船税的计算分几种情况？其缴纳是如何规定的？

五、计算分录题

1. 某房地产公司某月有偿转让住宅楼一栋，建筑面积为 5 000 平方米，单位售价为 6 800 元/平方米，共取得销售收入 3 400 万元，开发房产的扣除项目金额合计为 2 004 万元，以上金额均不含增值税。

要求：计算该公司应缴纳的土地增值税，并进行账务处理。

2. 某煤矿企业某月发生以下业务：

（1）销售自产原煤 1 万吨，销售价格为 80 元/吨。

（2）将 100 吨原煤用于本企业职工宿舍集体供暖。

（3）将开采的原煤 1 万吨向某发电厂进行投资，协议确定价格为 80 元/吨。

（4）以开采的原煤 60 万元支付外单位投资利润。

该企业所开采原煤适用 8% 的税率（不考虑增值税）。

要求：计算该企业应缴纳的资源税，并进行账务处理。

第七章　其他税种会计

【学习目标】

通过本章学习，熟悉城市维护建设税及附加税费、关税、船舶吨税、车辆购置税等税种相关的税制要素，掌握其应纳税额的计算及其会计核算和纳税申报。

【思政目标】

通过学习城市维护建设税等税种的设置目的和征税范围，增强学生对城市基础设施建设和维护的认识与关注，培养学生的城市意识和责任感；通过学习关税会计，让学生理解关税作为国家主权的重要体现，其首要目标是维护国家主权和利益，通过关税政策，促进对外经济贸易和科技文化交往，维护国家经济稳定和安全；通过学习车辆购置税会计及其优惠政策，使学生理解税收在调节经济、调整产业结构等方面的重要作用，增强对税收政策的理解和支持。

第一节　城市维护建设税及教育费附加会计

一、城市维护建设税会计

城市维护建设税法是指国家制定的用以调整城市维护建设税征收与缴纳之间权利与义务关系的法律规范。现行城市维护建设税法的基本法律规范于 2020 年 8 月 11 日第十三届全国人大常委会第二十一次会议表决通过，并自 2021 年 9 月 1 日起施行。征收城市维护建设税，可以有效地扩大城市维护建设资金的来源，确保城市基础设施的建设和维护得到足够的资金支持。

（一）城市维护建设税税制要素

1. 城市维护建设税纳税人。在中华人民共和国境内缴纳增值税、消费税的单位和个人，为城市维护建设税的纳税人，应当依照规定缴纳城市维护建设税。

对进口货物或者境外单位和个人向境内销售劳务、服务、无形资产缴纳的增值税、消费税税额，不征收城市维护建设税。

城市维护建设税的扣缴义务人为负有增值税、消费税扣缴义务的单位和个人，在扣缴增值税、消费税的同时扣缴城市维护建设税。

2. 城市维护建设税税率、计税依据和应纳税额的计算。

（1）税率。城市维护建设税按纳税人所在地的不同，设置了三档地区差别比例税率，除特殊规定外，纳税人所在地为市区的，税率为 7%；纳税人所在地为县城、镇的，税率为 5%；纳税人所在地不在市区、县城或者镇的，税率为 1%。

上述所称"纳税人所在地"，是指纳税人住所地或者与纳税人生产经营活动相关的其他地点，具体地点由省、自治区、直辖市确定。

（2）计税依据。城市维护建设税的计税依据，是指纳税人依法实际缴纳的增值税、消费税税额。

计税依据应当按照规定扣除期末留抵退税退还的增值税税额。

$$计税依据 = 依法实际缴纳的增值税税额 + 依法实际缴纳的消费税税额$$

其中：

$$依法实际缴纳的增值税税额 = 纳税人应当缴纳的增值税税额 + 增值税免抵税额 - 直接减免的增值税税额 - 留抵退税额$$

$$依法实际缴纳的消费税税额 = 纳税人应当缴纳的消费税税额 - 直接减免的消费税税额$$

纳税人违反增值税、消费税有关税法而加收的滞纳金和罚款，不作为城市维护建设税的计税依据；但纳税人在被查补增值税、消费税并被处以罚款时，应同时对其偷漏的城市维护建设税进行补税、征收滞纳金，并处罚款。

城市维护建设税以增值税、消费税税额为计税依据并同时征收，如果要免征或者减征增值税、消费税，也要同时免征或者减征城市维护建设税。但对出口产品退还增值税、消费税的，不退还已缴纳的城市维护建设税。

（3）应纳税额的计算。城市维护建设税的应纳税额是由纳税人实际缴纳的增值税、消费税税额决定的，其计算公式为：

$$应纳税额 = 计税依据 \times 适用税率$$

【例 7 – 1】 位于某市市区的甲企业（城市维护建设税适用税率为 7%），20×3 年 10 月申报期，享受直接减免增值税优惠（不包含先征后退、即征即退，下同）后申报缴纳增值税 50 万元，9 月已核准增值税免抵税额 10 万元，9 月收到增值税留抵退税额 5 万元，计算该企业 10 月应申报缴纳的城市维护建设税。

10 月应申报缴纳的城市维护建设税 =（50 + 10 - 5）×7% = 3.85（万元）

3. 城市维护建设税税收优惠和征收管理。根据国民经济和社会发展的需要，国务院对重大公共基础设施建设、特殊产业和群体以及重大突发事件应对等情形可以规定减征或者免征城市维护建设税，报全国人大常委会备案。

城市维护建设税的纳税义务发生时间与增值税、消费税的纳税义务发生时间一致。分别与增值税、消费税同时缴纳。

城市维护建设税以增值税和消费税税额为计税依据并同时征收，如果要免征或者减征增值税和消费税，就会同时免征或者减征城市维护建设税。

对实行增值税期末留抵退税的纳税人，允许其从城市维护建设税的计税依据中扣除退还的增值税税额。

（二）城市维护建设税会计处理

企业按规定计算出应缴纳的城市维护建设税，借记"税金及附加"等科目，贷记"应交税费——应交城市维护建设税"科目。缴纳城市维护建设税，借记"应交税费——应交城市维护建设税"科目，贷记"银行存款"科目。

【例 7 – 2】甲公司为增值税一般纳税人，适用的城市维护建设税税率为 7%，20×3 年 9 月实际缴纳增值税 600 000 元、消费税 400 000 元。计算该企业应纳的城市维护建设税税额并进行相关业务的会计处理。

$$应纳城市维护建设税税额 = (600\ 000 + 400\ 000) \times 7\%$$
$$= 70\ 000\ （元）$$

计提甲公司当期应缴纳城市维护建设税：

借：税金及附加	70 000	
贷：应交税费——应交城市维护建设税		70 000

甲公司实际缴纳城市维护建设税时：

借：应交税费——应交城市维护建设税	70 000	
贷：银行存款		70 000

二、教育费附加会计

教育费附加是对缴纳增值税、消费税的单位和个人，就其实际缴纳的税额为计算依据征收的一种附加费。

1. 教育费附加的纳税人。凡缴纳增值税、消费税的单位和个人都是教育费附加的纳税人。对海关进口的产品征收的增值税、消费税，不征收教育费附加。

2. 教育费附加的计算和缴纳。教育费附加和地方教育附加以纳税人实际缴纳的增值税、消费税税款为计征依据，分别与增值税、消费税同时缴纳。现行教育费附加征收比率为 3%，地方教育附加征收率统一为 2%。

教育费附加和地方教育附加的计算公式为：

应纳教育费附加或地方教育附加 = 实际缴纳的增值税、消费税 × 征收比率(3% 或 2%)

【例7-3】甲企业20×3年11月缴纳增值税3万元、消费税2万元。计算该企业应缴纳的教育费附加和地方教育附加。

计税依据为企业所缴纳的增值税、消费税之和，教育费附加和地方教育附加征收率分别为3%、2%。

应缴纳的教育费附加=（30 000+20 000）×3%=1 500（元）

应缴纳的地方教育附加=（30 000+20 000）×2%=1 000（元）

3. 教育费附加的减免规定。对由于减免增值税、消费税而发生退税的，可同时退还已征收的教育费附加。但对出口产品退还增值税、消费税的，不退还已征的教育费附加。

4. 教育费附加会计处理。企业按规定计算出应缴纳的教育费附加，借记"税金及附加"等科目，贷记"应交税费——应交教育费附加"科目。缴纳教育费附加时，借记"应交税费——应交教育费附加"科目，贷记"银行存款"科目。

【例7-4】乙公司为增值税一般纳税人，适用的教育费附加征收率为3%，地方教育附加征收率为2%，20×3年9月实际缴纳增值税600 000元、消费税400 000元。计算该公司应纳的城市维护建设税税额并进行相关业务的会计处理。

计算乙公司当期应缴纳城市维护建设税：

应缴纳教育费附加=（600 000+400 000）×3%

　　　　　　　　=30 000（元）

应缴纳地方教育附加=（600 000+400 000）×2%

　　　　　　　　　=20 000（元）

计提乙公司当期应纳教育费附加和地方教育附加：

借：税金及附加　　　　　　　　　　　　　　　　　　　50 000

　　贷：应交税费——应交教育费附加　　　　　　　　　　　30 000

　　　　　　　　——应交地方教育附加　　　　　　　　　　20 000

乙公司实际缴纳教育费附加和地方教育附加时：

借：应交税费——应交教育费附加　　　　　　　　　　　30 000

　　　　　　——应交地方教育附加　　　　　　　　　　20 000

　　贷：银行存款　　　　　　　　　　　　　　　　　　　50 000

三、城市维护建设费与教育费附加的申报

自2021年8月1日起，城市维护建设费与教育费附加税费申报表与增值税、消费税申报表进行整合申报，具体申报表如表7.1所示。

表 7.1 　　　　　　　　增值税及附加税费申报表附列资料（五）

（附加税费情况表）

税（费）款所属时间：　　年　月　日至　　年　月　日　　　　　　　　　纳税人名称：（公章）

税（费）种		计税（费）依据			税（费）率（%）	本期应纳税（费）额	本期减免税（费）额		试点建设培育产教融合型企业		本期已缴税（费）额	本期应补（退）税（费）额
		增值税税额	增值税免抵税额	留抵退税本期扣除额			减免性质代码	减免税（费）额	减免性质代码	本期抵免金额		
		1	2	3	4	5＝(1+2－3)×4	6	7	8	9	10	11＝5－7－9－10
城市维护建设税	1								—	—		
教育费附加	2											
地方教育附加	3											
合计	4	—	—	—								

本期是否适用试点建设培育产教融合型企业抵免政策	□是 □否	当期新增投资额	5	
		上期留抵可抵免金额	6	
		结转下期可抵免金额	7	
可用于扣除的增值税留抵退税额使用情况		当期新增可用于扣除的留抵退税额	8	
		上期结存可用于扣除的留抵退税额	9	
		结转下期可用于扣除的留抵退税额	10	

第二节　关税和船舶吨税会计

一、关税会计

关税法是指国家制定的用以调整关税征收与缴纳之间权利与义务关系的法律规范。现行关税法律规范于 2024 年 4 月 26 日第十四届全国人大常委会第九次会议通过，并自 2024 年 12 月 1 日起施行。征收关税是为了维护进出口秩序，促进对外贸易，推进高水平对外开放，推动高质量发展，维护国家主权和利益，保护纳税人合法权益。

（一）关税税制要素

1. 关税征税对象。关税的征税对象是准许进出境的货物和物品。货物是指贸易性商品；物品是指入境旅客随身携带的行李物品、个人邮递物品、各种运输工具上的服务人员携带进口的自用物品、馈赠物品以及其他方式进境的个人物品。

2. 关税纳税人。进口货物的收货人、出口货物的发货人、进境物品的携带人或者收件人，是关税的纳税人。从事跨境电子商务零售进口的电子商务平台经营者、物流企业和报关企业，以及法律、行政法规规定负有代扣代缴、代收代缴关税税款义务的单位和个人，是关税的扣缴义务人。

个人合理自用的进境物品，按照简易征收办法征收关税。超过个人合理自用数量的进境物品，按照进口货物征收关税。个人合理自用的进境物品，在规定数额以内的免征关税。

3. 进出口税则。进出口税则是一国政府根据国家关税政策和经济政策，通过一定的立法程序制定公布实施的进出口货物和物品应税的关税税率表。进出口税则以税率表为主体，通常还包括实施税则的法令、使用税则的有关说明和附录等。《海关进出口税则》是我国海关凭以征收关税的法律依据，也是我国关税政策的具体体现。

税则归类，就是按照税则的规定，将每项具体进出口商品按其特性在税则中找出其最适合的某一个税号，即"对号入座"，以便确定其适用的税率，计算关税税负。

4. 关税税率。

（1）关税税率种类。进口关税设置最惠国税率、协定税率、特惠税率、普通税率。出口关税设置出口税率。

对实行关税配额管理的进出口货物，设置关税配额税率。

对进出口货物在一定期限内可以实行暂定税率。

（2）关税税率的适用原则。关税税率的适用应当符合相应的原产地规则。

完全在一个国家或者地区获得的货物，以该国家或者地区为原产地；两个以上国家或者地区参与生产的货物，以最后完成实质性改变的国家或者地区为原产地。国务院根据中华人民共和国缔结或者共同参加的国际条约、协定对原产地的确定另有规定的，依照其规定。

原产于共同适用最惠国待遇条款的世界贸易组织成员的进口货物，原产于与中华人民共和国缔结或者共同参加含有相互给予最惠国待遇条款的国际条约、协定的国家或者地区的进口货物，以及原产于中华人民共和国境内的进口货物，适用最惠国税率。

原产于与中华人民共和国缔结或者共同参加含有关税优惠条款的国际条约、协定的国家或者地区且符合国际条约、协定有关规定的进口货物，适用协定税率。

原产于中华人民共和国给予特殊关税优惠安排的国家或者地区且符合国家原产地管理规定的进口货物，适用特惠税率。

原产于其他国家或者地区的进口货物，以及原产地不明的进口货物，适用普通税率。

适用最惠国税率的进口货物有暂定税率的，适用暂定税率。

适用协定税率的进口货物有暂定税率的，从低适用税率；其最惠国税率低于协定税率且无暂定税率的，适用最惠国税率。

适用特惠税率的进口货物有暂定税率的，从低适用税率。

适用普通税率的进口货物，不适用暂定税率。

适用出口税率的出口货物有暂定税率的，适用暂定税率。

实行关税配额管理的进出口货物，关税配额内的适用关税配额税率，有暂定税率的适用暂定税率；关税配额以外的，其税率的适用按照相关规定执行。

5. 关税的减免税优惠。

（1）关税的免税规定。对国务院规定的免征额度内的一票货物；无商业价值的广告品和货样；进出境运输工具装载的途中必需的燃料、物料和饮食用品；在海关放行前损毁或者灭失的货物、进境物品；外国政府、国际组织无偿赠送的物资；中华人民共和国缔结或者共同参加的国际条约、协定规定免征关税的货物、进境物品；依照有关法律规定免征关税的其他货物、进境物品等免征关税。

（2）减征规定。对在海关放行前遭受损坏的货物、进境物品；中华人民共和国缔结或者共同参加的国际条约、协定规定减征关税的货物、进境物品；依照有关法律规定减征关税的其他货物、进境物品等减征关税。

减免税货物应当依法办理手续。需由海关监管使用的减免税货物应当接受海关监管，在监管年限内转让、移作他用或者进行其他处置，按照国家有关规定需要补税的，应当补缴关税。

（3）其他的减免税政策依照相关规定执行。

6. 关税的征收管理。关税征收管理可以实施货物放行与税额确定相分离的模式。

进出口货物的纳税人、扣缴义务人可以按照规定选择海关办理申报纳税。

纳税人、扣缴义务人应当按照规定的期限和要求如实向海关申报税额，并提供相关资料。必要时，海关可以要求纳税人、扣缴义务人补充申报。

进出口货物的纳税人、扣缴义务人应当自完成申报之日起 15 日内缴纳税款；符合海关规定条件并提供担保的，可以于次月第 5 个工作日结束前汇总缴纳税款。因不可抗力或者国家税收政策调整，不能按期缴纳的，经向海关申请并提供担保，可以延期缴纳，但最长不得超过 6 个月。

（二）关税的应纳税额计算

1. 关税的计税价格。

（1）进口货物的计税价格。进口货物的计税价格以成交价格以及该货物运抵中华人民共和国境内输入地点起卸前的运输及其相关费用、保险费为基础确定。进口货物的成交价格，是指卖方向中华人民共和国境内销售该货物时买方为进口该货物向卖方实付、应付的，并按照有关规定调整后的价款总额，包括直接支付的价款和间接支付的价款。

应当计入进口货物计税价格的项目包括：由买方负担的购货佣金以外的佣金和经纪费；由买方负担的与该货物视为一体的容器的费用；由买方负担的包装材料费用和包装劳务费用；与该货物的生产和向中华人民共和国境内销售有关的，由买方以免费或者以低于成本的方式提供并可以按适当比例分摊的料件、工具、模具、消耗材料及类似货物的价款，以及在中华人民共和国境外开发、设计等相关服务的费用；作为该货物向中华人民共和国境内销售的条件，买方必须支付的、与该货物有关的特许权使用费；卖方直接或者间接从买方获得的该货物进口后转售、处置或者使用的收益。

进口时在货物的价款中列明不计入该货物的计税价格的项目包括：厂房、机械、设备等货物进口后进行建设、安装、装配、维修和技术服务的费用，但保修费用除外；进口货物运抵中华人民共和国境内输入地点起卸后的运输及其相关费用、保险费；进口关税及国内税收。

进口货物的成交价格不符合规定的条件，或者成交价格不能确定的，海关经了解有关情况，并与纳税人进行价格磋商后，依次以下列价格估定该货物的计税价格：与该货物同时或者大约同时向中华人民共和国境内销售的相同货物的成交价格；与该货物同时或者大约同时向中华人民共和国境内销售的类似货物的成交价格；与该货物进口的同时或者大约同时，将该进口货物、相同或者类似进口货物在中华人民共和国境内第一级销售环节销售给无特殊关系买方最大销售总量的单位价格，但应当扣除规定的项目；按照生产该货物所使用的料件成本和加工费用，向中华人民共和国境内销售同等级或者同种类货物通常的利润和一般费用，该货物运抵中华人民共和国境内输入地点起卸前的运输及其相关费用、保险费的总和计算的价格；以合理方法估定的价格。

进口货物的成交价格应当符合的条件

扣除项目的规定

（2）出口货物的计税价格。出口货物的计税价格以该货物的成交价格以及该货物运至中华人民共和国境内输出地点装载前的运输及其相关费用、保险费为基础确定。

出口货物的成交价格，是指该货物出口时卖方为出口该货物应当向买方直接收取和间接收取的价款总额。

出口货物的成交价格不能确定的，海关经了解有关情况，并与纳税人进行价格磋商后，依次以下列价格估定该货物的计税价格：与该货物同时或者大约同时向同一国家或者地区出口的相同货物的成交价格；与该货物同时或者大约同时向同一国家或者地区出口的类似货物的成交价格；按照中华人民共和国境内生产相同或者类似货物的料件成本、加工费用，通常的利润和一般费用，境内发生的运输及其相关费用、保险费的合计数确定的价格；以合理方法估定的价格。

海关可以依申请或者依职权，对进出口货物、进境物品的计税价格、商品归类和原产地依法进行确定。必要时，海关可以组织化验、检验，并将海关认定的化验、检验结果作为确定计税价格、商品归类和原产地的依据。

2. 应纳税额的计算。

（1）实行从价计征的，应纳税额＝计税价格×比例税率。

（2）实行从量计征的，应纳税额＝应税进出口货物数量×定额税率。

（3）实行复合计征的，应纳税额＝计税价格×比例税率＋应税进出口货物数量×定额税率。

【例7－5】甲进出口公司20×3年11月从加拿大进口水果，进口申报价格折合为人民币3 000 000元，税率为5.5%。计算进口水果的完税价格。

完税价格＝3 000 000元

应交进口关税＝3 000 000×5.5%＝165 000（元）

（三）关税会计核算

1. 进口关税的会计核算。

（1）自营进口业务关税的会计核算。企业自营进口货物的，对于应缴纳的进口关税，借记"材料采购""在途物资"等科目，贷记"应交税费——应交进口关税"科目，实际缴纳时，借记"应交税费——应交进口关税"科目，贷记"银行存款"科目；也可以不通过"应交税费"科目核算，而是将其与进口原材料的价款、国外运费、装卸费、保险费、国内费用一并直接计入进口原材料的采购成本，借记"在途物资""原材料"等科目，贷记"银行存款""应付账款"等科目。

【例7－6】甲公司于20×3年5月进口一批应税小汽车。该批货物在国外的买价折合人民币为1 000万元，货物运抵我国入关前发生的运输费、保险费和其他费用折合人民币合计为200万元。货物报关后，该公司按规定缴纳了进口环节的增值税和消费税，并取得了海关开具的缴款书。该批小汽车进口关税税率为25%，增值税税率为13%，消费税税率为25%。计算甲公司该批小汽车进口环节应缴纳的关税、增值税和消费税，并进行账务处理。

关税完税价格 = 1 000 + 200 = 1 200（万元）

应缴纳进口关税 = 1 200 × 25% = 300（万元）

进口消费税的组成计税价格 =（1 200 + 300）÷（1 − 25%）= 2 000（万元）

进口环节应缴纳增值税 = 2 000 × 13% = 260（万元）

进口环节应缴纳消费税 = 2 000 × 25% = 500（万元）

借：库存商品　　　　　　　　　　　　　　　　　　　20 000 000

　　应交税费——应交增值税（进项税额）　　　　　　 2 600 000

　　　贷：银行存款　　　　　　　　　　　　　　　　　　　22 600 000

或：

借：库存商品　　　　　　　　　　　　　　　　　　　20 000 000

　　应交税费——应交增值税（进项税额）　　　　　　 2 600 000

　　　贷：应付账款　　　　　　　　　　　　　　　　　　　14 600 000

　　　　　应交税费——应交进口关税　　　　　　　　　　　 3 000 000

　　　　　　　　　　——应交消费税　　　　　　　　　　　 5 000 000

借：应付账款　　　　　　　　　　　　　　　　　　　14 600 000

　　应交税费——应交进口关税　　　　　　　　　　　 3 000 000

　　　　　　——应交消费税　　　　　　　　　　　　 5 000 000

　　　贷：银行存款　　　　　　　　　　　　　　　　　　　22 600 000

（2）代理进口业务关税的会计核算。代理进口业务，对受托方来说，一般不垫付货款，多以收取手续费形式为委托方提供代理服务，因此，由于进口商品而计缴的关税应由委托方缴纳，受托代理进口业务的一方只是代垫或代付关税，日后要与委托方结算。受托方发生代垫或代付关税时，借记“应付账款”“应收账款”“银行存款”等科目，贷记“应交税费——应交进口关税”科目。

【例7-7】甲进出口公司20×3年11月受乙单位委托代理进口商品一批，该进口商品完税价格折合人民币为1 210 000元，进口关税税率为20%，收取劳务费20 000元，该批商品已运达指定口岸，公司与委托单位办理有关结算，对上述甲公司代理业务的进口关税进行账务处理。

应交进口关税税额 = 1 210 000 × 20% = 242 000（元）

借：应收账款——乙单位　　　　　　　　　　　　　　　242 000

　　　贷：应交税费——应交进口关税　　　　　　　　　　　　242 000

借：应交税费——应交进口关税　　　　　　　　　　　242 000

　　　贷：银行存款　　　　　　　　　　　　　　　　　　　242 000

收取劳务费：

借：应收账款——乙单位　　　　　　　　　　　　　　　 20 000

　　贷：其他业务收入　　　　　　　　　　　　　　　　　　　20 000

　　2. 出口关税的会计核算。

　　（1）自营出口业务关税的会计核算。自营出口业务按规定计算的出口关税税额，借记"税金及附加"科目，贷记"应交税费——应交出口关税"科目；也可以不通过"应交税费——应交出口关税"科目核算，直接借记"税金及附加"科目，贷记"银行存款"科目。

　　（2）代理出口业务关税的会计核算。代理出口企业按计算代缴的出口关税税额，借记"应收账款"科目，贷记"应交税费——应交出口关税"科目；日后再与委托方结算。

　　【例7-8】甲外贸公司代理A公司20×3年11月出口一批货物，出口离岸价格为990 000元，出口货物适用关税10%，协议收取手续费40 000元。计算甲公司代理该批货物出口时代缴的关税，并进行账务处理。

　　应缴出口关税 = 990 000 ÷ (1 + 10%) × 10% = 90 000（元）

　　借：应收账款——A公司（出口关税）　　　　　　90 000
　　　　贷：应交税费——应交出口关税　　　　　　　　　　90 000

　　收到出口货物货款（同时支付出口关税）：

　　借：银行存款　　　　　　　　　　　　　　　990 000
　　　　贷：应付账款——A公司　　　　　　　　　　　　990 000
　　借：应交税费——应交出口关税　　　　　　　90 000
　　　　贷：银行存款　　　　　　　　　　　　　　　　　90 000

　　向A支公司支付代销货款：

　　借：应付账款——A公司　　　　　　　　　　990 000
　　　　贷：银行存款　　　　　　　　　　　　　　　　　860 000
　　　　　　其他业务收入——手续费　　　　　　　　　　40 000
　　　　　　应收账款——A出公司（出口关税）　　　　　90 000

（四）关税专用缴款书的填制

　　关税的缴纳是根据纳税人申报及进出口货物的具体情况确定，主要有两种方式：（1）关境地征收，即口岸征收。进出口货物在哪里通关，纳税人就在哪里缴纳。这是最常见的方式。（2）主管地征收，即集中征收。由纳税人所在地的海关（主管地海关）监管其通关，并在所在地缴纳关税。这种方式适用于集装箱运输的贸易方法。

　　海关（进出口关税）专用缴款书一式六联（见表7.2）。其中，第一联为收据联，国库收款签章后交缴款单位或纳税人作为证明完税的法律文书，也是关税会计核算的原始凭证。第二联为付款凭证联，由缴款单位开户银行作为付出税款的法律文书，也是开户银行的会计凭证。第三联为收款凭证联，由收款国库单位作为收到关税时会计核算的原始凭证。第四联为回执联，由国库收到关税税款盖章后退回海关财务部门作为海关会计核算的原始凭证。第五联为报查联，国库收到关税税款后退回海关，由海关交送当地税务机关作为检查纳税人纳税情况的法律文件。第六联为存根联，由填发单位存档备查。

表7.2　　　　　　　　　　海关（进出口关税）专用缴款书

收入系统：　　　　　　　填发日期：　年　月　日　　　　　　　No.

收款单位	收入机关	×××		缴款单位（人）	名称	
	科目		预算级次		账号	
	收缴国库	×××			开户银行	

税号	货物名称	数量	单位	计税价格（¥）	税率（%）	税款金额（¥）	
××							第一联：（收据）国库收款签章后交缴款单位或缴款人

金额人民币（大写）			合计（¥）	

申请单位编号	×××	报关单编号	×××	填制单位	收缴国库（银行）
合同（批文）号		运输工具号			
缴款日期		提/装货单号		制单人：××	
				复核人：××	

备注	一般征税：
	国际代码：

从填发缴款书之日起限15日内缴纳（期末遇法定节假日顺延），逾期按日征收税款总额0.5‰的滞纳金。

二、船舶吨税会计

船舶吨税法是指国家制定的用以调整船舶吨税征收与缴纳之间权利与义务关系的法律规范。现行船舶吨税的基本规范是2017年12月27日第十二届全国人大常委会第三十一次会议通过的《中华人民共和国船舶吨税法》，并自2018年7月1日起施行。征收船舶吨税有助于促进港口基础设施的建设和维护，进而促进港口所在地区的经济发展，促进航运业的健康、可持续发展。

（一）船舶吨税税制要素

1. 船舶吨税征税范围。自中华人民共和国境外港口进入境内港口的船舶（以下简称应税船舶），应当缴纳船舶吨税（以下简称吨税）。

2. 船舶吨税税率。船舶吨税设置优惠税率和普通税率。中华人民共和国国籍的应税船舶，船籍国（地区）与中华人民共和国签订含有相互给予船舶税费最惠国待遇条款的条约或者协定的应税船舶，适用优惠税率。其他应税船舶，适用普通税率。船舶吨税税目税率表如表7.3所示。

表7.3 船舶吨税税目税率表

税目（按船舶净吨位划分）	税率（元/净吨）						备注
	普通税率			优惠税率			
	（按执照期限划分）			（按执照期限划分）			
	1 年	90 日	30 日	1 年	90 日	30 日	
不超过 2 000 净吨	12.6	4.2	2.1	9	3	1.5	（1）拖船按照发动机功率每千瓦折合净吨位 0.67 吨（2）无法提供净吨位证明文件的游艇，按照发动机功率每千瓦折合净吨位 0.05 吨（3）拖船和非机动驳船分别按相同净吨位船舶税率的 50% 计征税款
超过 2 000 净吨，但不超过 10 000 净吨	24	8	4	17.4	5.8	2.9	
超过 10 000 净吨，但不超过 50 000 净吨	27.6	9.2	4.6	19.8	6.6	3.3	
超过 50 000 净吨	31.8	10.6	5.3	22.8	7.6	3.8	

3. 船舶吨税的税收优惠。

（1）直接免征的优惠。下列船舶免征吨税：应纳税额在人民币 50 元以下的船舶；自境外以购买、受赠、继承等方式取得船舶所有权的初次进口到港的空载船舶；吨税执照期满后 24 小时内不上下客货的船舶；非机动船舶（不包括非机动驳船）；捕捞、养殖渔船；避难、防疫隔离、修理、改造、终止运营或者拆解，并不上下客货的船舶；军队、武装警察部队专用或者征用的船舶；警用船舶；依照法律规定应当予以免税的外国驻华使领馆、国际组织驻华代表机构及其有关人员的船舶；国务院规定的其他船舶。

（2）延期优惠。在船舶吨税执照期限内，应税船舶发生下列情形之一的，海关按照实际发生的天数批注延长吨税执照期限：避难、防疫隔离、修理、改造，并不上下客货；军队、武装警察部队征用。

4. 船舶吨税的征收管理。

（1）船舶吨税纳税义务发生时间为应税船舶进入港口的当日。应税船舶在船舶吨税执照期满后尚未离开港口的，应当申领新的吨税执照，自上一次执照期满的次日起续缴船舶吨税。

（2）应税船舶在进入港口办理入境手续时，应当向海关申报纳税领取船舶吨税执照，或者交验船舶吨税执照（或者申请核验吨税执照电子信息）。应税船舶在离开港口办理出境手续时，应当交验船舶吨税执照（或者申请核验船舶吨税执照电子信息）。

应税船舶负责人申领船舶吨税执照时，应当向海关提供下列文件：船舶国籍证书或者海事部门签发的船舶国籍证书收存证明；船舶吨位证明。

应税船舶因不可抗力在未设立海关地点停泊的，船舶负责人应当立即向附近海关报告，并在不可抗力原因消除后，依照本法规定向海关申报纳税。

（二）应纳税额的计算

船舶吨税按照船舶净吨位和吨税执照期限征收。净吨位，是指由船籍国（地区）政府签发或者授权签发的船舶吨位证明书上标明的净吨位；船舶吨税执照期限，是指按照公历年、日计算的期间。应税船舶负责人在每次申报纳税时，可以按照船舶吨税税目税率表选择申领一种期限的吨税执照。吨税的应纳税额按照船舶净吨位乘以适用税率计算，计算公式为：

$$应纳税额 = 船舶净吨位 \times 定额税率$$

（三）船舶吨税会计核算

企业发生的船舶吨税在实际缴纳时，借记"税金及附加"科目，贷记"银行存款"等科目。

【例7－9】甲运输公司20×3年11月一艘货轮驶入我国某港口，该货轮净吨位为40 000吨，货轮负责人已向海关领取了吨税执照，在港口停留期限为30天。计算该货轮负责人应向海关缴纳的船舶吨税，并进行账务处理。

根据吨税的相关规定，该货轮享受优惠税率，每净吨位为3.3元。

应缴纳的船舶吨税 = 40 000 × 3.3 = 132 000（元）

实际缴纳船舶吨税时：

借：税金及附加　　　　　　　　　　　　　　　　　　　　132 000

　　贷：银行存款　　　　　　　　　　　　　　　　　　　　　132 000

第三节　车辆购置税会计

一、车辆购置税税制要素

车辆购置税法是指国家制定的用以调整车辆购置税征收与缴纳之间权利与义务关系的法律规范。现行车辆购置税法的基本规范是2018年12月29日全国人大常委会通过的《中华人民共和国车辆购置税法》。车辆购置税的开征有利于合理筹集财政资金、规范政府行为和调节收入差距，也有利于配合打击车辆走私和维护国家权益。

（一）车辆购置税纳税人和征税范围

在我国境内购置汽车、有轨电车、汽车挂车、排气量超过 150 毫升的摩托车的单位和个人，为车辆购置税的纳税人。其中，购置是指以购买、进口、自产、受赠、获奖或者其他方式取得并自用应税车辆的行为。

车辆购置税以列举的车辆作为征税对象，未列举的不纳税。其征税范围包括汽车、有轨电车、汽车挂车、排气量超过 150 毫升的摩托车。

（二）车辆购置税的税率、计税依据和应纳税额的计算

1. 车辆购置税税率和计税依据。我国车辆购置税实行统一比例税率，税率为 10%。

车辆购置税的计税依据为应税车辆的计税价格。计税价格根据不同情况，按照下列规定确定：

（1）纳税人购买自用应税车辆的计税价格，为发票电子信息中的不含增值税价格。应税车辆存在多条发票信息或者没有发票电子信息的，纳税人按照购置应税车辆实际支付给销售方的全部价款（不包括增值税税款）申报纳税。

（2）纳税人直接从境外进口或委托代理进口自用的应税车辆的计税价格，为关税完税价格加上关税和消费税。

（3）自产自用应税车辆的计税价格，按照纳税人生产的同类应税车辆（即车辆配置序列号相同的车辆）的销售价格确定，不包括增值税税款。没有同类应税车辆销售价格的，按照组成计税价格确定。组成计税价格计算公式为：

$$组成计税价格 = 成本 \times (1 + 成本利润率)$$

属于应征消费税的应税车辆，其组成计税价格中应加上消费税。

上述公式中的成本利润率，由国家税务总局各省、自治区、直辖市和计划单列市税务局确定。

（4）纳税人以受赠、获奖或者其他方式取得自用应税车辆的计税价格，按照购置应税车辆时相关凭证载明的价格确定，不包括增值税税款。

（5）免税、减税车辆因转让、改变用途等原因不再属于免税、减税范围的，纳税人应当在办理车辆转移登记或者变更登记前缴纳车辆购置税。计税价格以免税、减税车辆初次办理纳税申报时确定的计税价格为基准，每满 1 年扣减 10%。

2. 应纳税额的计算。车辆购置税以所确定的计税价格和规定的比例税率计算应纳税额。应缴车辆购置税的基本计算公式为：

$$应交车辆购置税 = 计税价格 \times 税率$$

【例 7 - 10】20×3 年 3 月李某从汽车 4S 店（增值税一般纳税人）购置了一辆排气量为 2.2 升的乘用车，支付不含增值税购车款 260 000 元，取得机动车销售统一发票，支付该车辆装饰费用 5 160 元并取得 4S 店开具的票据。计算李某应缴纳的车辆购置税。

装饰车辆实际发生的车辆装饰费不属于购车价款范畴，不是车辆购置税的计税依据。

李某应缴纳的车辆购置税 = 260 000 × 10% = 26 000（元）

【例 7 - 11】某公司 20×3 年 12 月进口 10 辆小轿车，海关审定的关税完税价格为 25 万元/辆，小轿车关税税率为 28%，消费税税率为 9%。计算该公司应缴纳的车辆购置税。

该公司应缴纳的车辆购置税 = 10 × (25 + 25 × 28%) ÷ (1 - 9%) × 10%
= 35.16（万元）

（三）车辆购置税的减免税优惠

纳税人在办理车辆购置税免税、减税时，应提供车辆价格证明、车辆合格证明、纳税申报表和其他车辆减免税证明资料，向税务机关申请减免税。减免税范围主要有：

（1）外国驻华使馆、领事馆和国际组织驻华机构及其外交人员自用车辆，免征车辆购置税。

（2）军队、武警部队列入装备订货计划的车辆，免征车辆购置税。

（3）悬挂应急救援专用号牌的国家综合性消防救援车辆，免征车辆购置税。

（4）设有固定装置的非运输专用作业车辆，免征车辆购置税。

（5）城市公交企业购置的公共汽电车辆，免征车辆购置税。

（6）自 2024 年 1 月 1 日至 2025 年 12 月 31 日，对购置的新能源汽车免征车辆购置税，其中，每辆新能源乘用车免税额不超过 3 万元；自 2026 年 1 月 1 日至 2027 年 12 月 31 日，对购置的新能源汽车减半征收车辆购置税，其中，每辆新能源乘用车减税额不超过 1.5 万元。

（四）车辆购置税的征收管理

1. 纳税环节。车辆购置税是对应税车辆的购置使用行为课征，征收环节单一，实行一次课征制度。征税环节为使用环节（即最终消费环节）。具体而言，纳税人应当在向公安机关交通管理部门办理车辆登记注册前，缴纳车辆购置税。

2. 纳税义务发生时间和纳税期限。车辆购置税的纳税义务发生时间为纳税人购置应税车辆的当日，且纳税人应当自纳税义务发生之日起 60 日内申报缴纳车辆购置税。

3. 纳税地点。纳税人购置应税车辆,应当向车辆登记地的主管税务机关申报纳税;购置不需办理车辆登记手续的应税车辆,应当向纳税人所在地的主管税务机关申报纳税。

二、车辆购置税的会计核算

车辆购置税一般在发生当期直接缴纳,可以不通过"应交税费——应交车辆购置税"科目。企业实际缴纳车辆购置税税额时,借记"固定资产"等科目,贷记"银行存款"科目。

企业购置应税车辆或者免税、减税车辆因转让、改变用途等原因不再属于免税、减税范围的,按应计提或应补交的车辆购置税税额,借记"固定资产"科目,贷记"应交税费——应交车辆购置税"科目;实际缴纳车辆购置税时,借记"应交税费——应交车辆购置税"科目,贷记"银行存款"科目。

【例 7 - 12】某企业系增值税一般纳税人,20 × 3 年进口一辆轿车,海关到岸价格为 60 000 美元(当日美元兑人民币的外汇牌价为 1 : 6. 85),进口关税税率为 15% ,消费税税率为 12% ,增值税税率为 13% ,符合相关抵扣规定。计算该企业应缴纳进口环节的相关税费和车辆购置税,并进行相应的账务处理。

进口轿车应纳关税 = 60 000 × 6. 85 × 15% = 61 650(元)

进口轿车消费税的计税价格 = 60 000 × 6. 85 × (1 + 15%) ÷ (1 − 12%)

= 537 102. 27(元)

进口轿车应纳车辆购置税 = 537 102. 27 × 10% = 53 710. 23(元)

进口轿车应纳消费税 = 537 102. 27 × 12% = 64 452. 27(元)

进口轿车应纳增值税 = 537 102. 27 × 13% = 69 823. 30(元)

借:固定资产——轿车 590 812. 5

应交税费——应交增值税(进项税额) 69 823. 3

贷:银行存款 660 635. 8

或:

借:固定资产——轿车 590 812. 5

应交税费——应交增值税(进项税额) 69 823. 3

贷:银行存款 480 823. 3

应交税费——应交进口关税 61 650

——应交消费税 64 452. 27

——应交车辆购置税 53 710. 23

借：应交税费——应交进口关税　　　　　　　　　　　　61 650

　　　　　　——应交消费税　　　　　　　　　　　　　64 452.27

　　　　　　——应交车辆购置税　　　　　　　　　　　53 710.23

　　贷：银行存款　　　　　　　　　　　　　　　　　　　179 812.5

三、车辆购置税的纳税申报

纳税人对车辆购置税进行纳税申报时，应填写车辆购置税纳税申报表。

【例7－13】对【例7－10】的车辆购置税进行纳税申报（见表7.4），除车辆购置税的信息外，其他基础数据略。

表7.4　　　　　　　　　　　　**车辆购置税纳税申报表**

填表日期：　　年　　月　　日　　　　　　　　　　　　　　　　　金额单位：元

纳税人名称	略		申报类型	□征税　□免税　□减税	
证件名称			证件号码		
联系电话			地址		
合格证编号（货物进口证明书号）			车辆识别代号／车架号		
厂牌型号					
排量（cc）			机动车销售统一发票代码		
机动车销售统一发票号码			不含税价		
海关进口关税专用缴款书（进出口货物征免税证明）号码					
关税完税价格	411 000	关税	61 650	消费税	64 452.27
其他有效凭证名称		其他有效凭证号码		其他有效凭证价格	
购置日期		申报计税价格	537 102.27	申报免（减）税条件或者代码	
是否办理车辆登记		车辆拟登记地点			

纳税人声明：

本纳税申报表是根据国家税收法律法规及相关规定填报的，我确定它是真实的、可靠的、完整的。

　　　　　　　　　　　　　　　　　　　　　　　　　纳税人（签名或盖章）：

续表

委托声明：

现委托（姓名）＿＿＿＿＿＿（证件号码）＿＿＿＿＿＿＿＿＿办理车辆购置税涉税事宜，提供的凭证、资料是真实、可靠、完整的。任何与本申报表有关的往来文件，都可交予此人。

委托人（签名或盖章）：　　　　　　　　　　被委托人（签名或盖章）：

以下由税务机关填写

免（减）税条件代码

计税价格	税率	应纳税额	免（减）税额	实纳税额	滞纳金金额

受理人： 年　月　日	复核人（适用于免、减税申报）： 年　月　日	主管税务机关（章）

思考与练习

一、单项选择题

1. 甲公司 20×3 年 11 月实际缴纳增值税 500 000 元、消费税 400 000 元，资源税 100 000 元，土地增值税 50 000 元，甲公司适用的城市维护建设税税率为 7%，教育费附加征收率为 3%，甲公司当月应缴纳的城市维护建设税和教育费附加为（　　）元。

A. 100 500　　　　B. 100 000　　　　C. 90 000　　　　D. 50 000

2. 核算企业缴纳的车辆购置税时不会涉及的会计科目是（　　）。

A. 税金及附加　　B. 银行存款　　C. 固定资产　　D. 应交税费

3. 乙公司为增值税一般纳税人，20×4 年 3 月从国外进口一批应税消费品，海关核定的关税完税价格为 200 万元。已知进口关税税率为 20%，增值税税率为 13%，消费税税率为 20%。下列选项错误的是（　　）。

A. 该业务应交关税 40 万元　　　　B. 该业务应交消费税 60 万元

C. 该业务应交增值税 39 万元　　　D. 该批应税消费品成本为 240 万元

4. 纳税人进口大型机械，采用成交价格估价办法的，对于进口后发生的单独列明的下列费用应计入关税完税价格的是（　　）。

A. 安装费用　　B. 保修费用　　C. 维修费用　　D. 装配费用

5. 国外净吨位为 3 000 吨的非机动驳船，在港口停留 30 天，已经签订最惠国条款，非机动驳船停留 30 天，普通税率 4 元/吨，优惠税率 3 元/吨，应缴纳船舶吨税为

（ ）元。

    A. 12 000   B. 6 000   C. 9 000   D. 4 500

6. 下列说法不符合教育费附加和地方教育附加规定的是（ ）。

    A. 纳税人缴纳消费税的地点，就是该纳税人缴纳教育费附加和地方教育附加的地点

    B. 因减免增值税、消费税而发生的退税，应同时退还已征收的教育费附加

    C. 教育费附加征收比率统一为3%，地方教育附加征收比率统一为2%

    D. 纳税人因延迟缴纳增值税而加收的滞纳金，需要补缴教育费附加和地方教育附加

二、多项选择题

1. 城市维护建设税的计税依据有（ ）。

    A. 应交增值税   B. 实缴增值税

    C. 应交消费税   D. 实缴消费税

2. 下列各项中，应当计入进口货物关税完税价格的有（ ）。

    A. 境内运费

    B. 货物进口后发生的安装费用

    C. 由买方负担的境外包装劳务费用

    D. 由买方负担的与进口货物视为一体的容器费用

3. 应税船舶负责人每次申报纳税时，可按规定选择申领一种期限的吨税执照，下列期限属于可选择吨税执照期限的有（ ）。

    A. 30 日   B. 90 日   C. 180 日   D. 1 年

4. 海关在采用计算价格估价方法审查确定进口货物的关税完税价格时，下列各项应计入完税价格的有（ ）。

    A. 生产该货物所使用的料件成本

    B. 生产该货物所使用的加工费

    C. 运抵境内输入地点起卸前的运输费

    D. 运抵境内输入地点起卸前的保险费

5. 下列各项中，符合车辆购置税相关规定的有（ ）。

    A. 购买自用摩托车的计税依据是支付的不含增值税的全部价款

    B. 接受投资人入股的车辆不征收车辆购置税

    C. 设有固定装置的非运输专用作业车辆免征车辆购置税

    D. 车辆购置税实行统一比例税率，税率为10%

三、判断题

1. 无论纳税人所在地是否在城镇，只要实际发生缴纳增值税业务均应按规定缴纳

城市维护建设税和教育费附加。   （   ）

 2. 运往境外修理的机械器具、运输工具或其他货物，出境时已向海关报明，并在海关规定期限内复运进境的，应当以境外修理费和物料费为基础审查确定完税价格，按规定缴纳关税。   （   ）

 3. 船舶吨税按照船舶净吨位和吨税执照期限征收，在实际缴纳时直接计入当期损益。   （   ）

 4. 对出口货物、劳务和跨境销售服务、无形资产以及因优惠政策退还增值税、消费税的，退还已缴纳的城市维护建设税。   （   ）

 5. 车辆购置税实行一次性征收，由应税车辆购买方缴纳。   （   ）

四、思考题

 1. 城市维护建设税和教育费附加为什么叫"附加税"？其主要作用是什么？

 2. 关税税率的种类有哪些？进口货物关税完税价是如何构成的？

 3. 比较车辆购置税与车船税的征税范围与会计处理的异同。

五、计算分录题

 甲公司是一家从事自营出口的生产企业，为增值税一般纳税人。20×3年10月免抵退申报汇总表中的当期免抵退税额为140万元，应退税额为50万元，免抵税额为90万元。甲公司所在地在市区。

 要求：计算甲公司上述业务应纳的城市维护建设税、教育费附加和地方教育附加，并进行账务处理。

参 考 文 献

［1］中国注册会计师协会．税法［M］．北京：中国财政经济出版社，2023．

［2］全国税务师职业资格考试教材编写组．税法（Ⅰ）［M］．北京：中国税务出版社，2023．

［3］全国税务师职业资格考试教材编写组．税法（Ⅱ）［M］．北京：中国税务出版社，2023．

［4］全国税务师职业资格考试教材编写组．涉税服务实务［M］．北京：中国税务出版社，2023．

［5］全国税务师职业资格考试教材编写组．财务与会计［M］．北京：中国税务出版社，2021．

［6］梁文涛，彭新媛．税务会计实务［M］．5版．大连：东北财经大学出版社，2023．

［7］盖地．税务会计学［M］．15版．北京：中国人民大学出版社，2022．

［8］梁俊娇，寇恩惠，王怡璞．税务会计［M］．5版．北京：中国人民大学出版社，2022．

［9］李贺，官福民，孙慧玲．税务会计［M］．2版．上海：上海财经大学出版社，2021．

［10］中华人民共和国财政部．企业会计准则［M］．上海：立信会计出版社，2021．

［11］企业会计准则编审委员会．企业会计准则案例讲解［M］．上海：立信会计出版社，2021．

［12］中华人民共和国财政部．企业会计准则应用指南［M］．上海：立信会计出版社，2021．

［13］财政部．关于印发《增值税会计处理规定》的通知［Z］．2016 - 12 - 03．

［14］国家税务总局，http：/www. chinatax. gov. cn．

［15］国家税务总局上海税务局，https：//shanghai. chinatax. gov. cn．

［16］中华人民共和国财政部，http：/www. mof. gov. cn/index. htm．